中原名师出版工程
教育思想与实践系列

语文教学『死』与『活』的辩证艺术

王海东 著

中原出版传媒集团
中原传媒股份公司
大象出版社
·郑州·

图书在版编目(CIP)数据

语文教学"死"与"活"的辩证艺术/王海东著.— 郑州：大象出版社，2019.5
(中原名师出版工程)
ISBN 978-7-5347-9922-8

Ⅰ.①语… Ⅱ.①王… Ⅲ.①语文教学—教学研究 Ⅳ.①H19

中国版本图书馆CIP数据核字(2018)第197513号

语文教学"死"与"活"的辩证艺术
王海东　著

出 版 人	王刘纯
责任编辑	包　卉　宋海波　刘丹博
责任校对	钟　骄

出版发行	大象出版社（郑州市郑东新区祥盛街27号　邮政编码450016）
	发行科　0371-63863551　总编室　0371-65597936
网　　址	www.daxiang.cn
印　　刷	河南文华印务有限公司
经　　销	各地新华书店经销
开　　本	787mm×1092mm　1/16
印　　张	17
字　　数	258千字
版　　次	2019年5月第1版　2019年5月第1次印刷
定　　价	42.00元

若发现印、装质量问题，影响阅读，请与承印厂联系调换。
印厂地址　新乡市获嘉县亢村镇工业园
邮政编码　453800　　　　电话　0373-5969992　5961789

"中原名师出版工程"编委会

主　任　丁武营

副主任　张振新　周跃良

委　员　郑文哲　林一钢　吕关心　闫　学　张文质　姜根华
　　　　　陈秉初　黄　晓　杨光伟　刘　力　童志斌　罗晓杰
　　　　　钟晨音　吴惠强　刘燕飞　丁亚宏　窦兴明　李　丽
　　　　　刘富森　申宣成　杨伟东　禹海军　张海营　张　琳
　　　　　谢蕾蕾　董中山　郭德军

总 序

对于一个优秀教师来说，将自己对教育教学的思考在写作中表达出来，是非常自然的一件事。正如玛格丽特·杜拉斯在《写作》中说的："写作像风一样吹过来，赤裸裸的，它是墨水，是笔头的东西，它和生活中的其他东西不一样，仅此而已，除了生活以外。"杜拉斯把自己的写作区别于日常生活中具体的事物，而将其看作生活本身。我十分认同这样的说法。从许多优秀教师的成长经历来看，教育写作就是教育生活本身。当我们学会了把教育生活中的各种场景纳入自己的视野，融入自己的思考，通过写作诚实地记录下来，我们就找到了一条属于自己的专业发展之路。

正是看到了教育写作在教师专业发展中的重要意义，河南省教育厅与浙江师范大学启动了"中原名师教育写作出版计划"。河南是我国的教育大省，有一大批非常优秀的教师逐渐崭露头角，而"中原名师"是其中的佼佼者，他们在各自的学校和不同的教育教学领域取得了一定的成绩，及时总结、提炼、展示、推广他们的研究成果非常必要。我和张文质老师被聘请为"中原名师教育写作出版计划"的首席写作导师，肩负指导"中原名师"写作、出版教育教学专著的重任。这可能也是目前国内唯一旨在帮助优秀教师实现教育教学专著出版的省级培训项目，开辟了教师培训内容与形式的崭新领域，具有开创性意义。经过近两年的艰苦努力，目前这项计划终于迎来了阶段性成果：弯丽君等第一批9位"中原名师"的12本教育教学专著即将正式出版。从书稿情况来看，选题、内容可谓多样：既有学科教学方面的，也有班级管理方面的；既有比较严谨的学术论著，也有可读性较强的教育教学随笔；既有义务教育阶段的，也有幼儿、高中阶段的。另外，还有计划第二批出版的书稿正在整理之中。

捧读这些沉甸甸的书稿，我心中充满感慨。

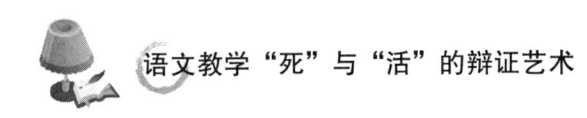

我想到了每一位作者的面庞，看到了那些闪亮的眼神。大家都非常清楚，对于一个渴望成长、追求专业发展的教师来说，教育写作是自我提高的一条基本路径。教育写作能清晰地记录一个教师专业成长的轨迹。教师可以在写作的过程中不断审视、反思自我，不断积累、总结与提炼，无论是初尝成功的经验，还是尝试摸索中的所谓教训，都是十分宝贵的财富。苏霍姆林斯基曾鼓励教师每天都写教育日记（也就是我们常说的"教育叙事"），认为这样的写作具有重大价值："凡是引起你的注意的，甚至引起你一些模糊的猜想的每一个事实，你都把它记入记事簿里。积累事实，善于从具体事物中看出共性的东西——这是一种智力基础，有了这个基础，就必然会有那么一个时刻，你会顿然醒悟，那长久躲闪着你的真理的实质，会突然在你面前打开。"这些"中原名师"正是通过写作将自己日常教育教学的点点滴滴慢慢积累起来的，而实施"中原名师教育写作出版计划"就是为了帮助他们打开真理之门。

我还想到了每本书稿选题的艰难，想到了那些为了确立书稿选题所经历的热烈讨论，既有面对面的沟通，也有无数次邮件、短信与电话往来。由于每一位作者所在的区域不同，所教学段、学科不同，研究基础、研究方向也各不一样，如何将那些最有价值的研究成果梳理、提炼出来，并形成相对集中的研究主题以专著的形式呈现，是我和张文质老师以及每一位作者需要面对的挑战。沟通、选择的过程非常重要，也非常辛苦。这主要是由于各位作者在实践层面的经验、成果内容非常多样造成的：往往一个教师提供的同一本书稿，在内容上既有学科教学方面的，也有班级管理方面的，甚至还有其他学科领域的，这固然反映了一线教师工作繁杂多面的实际情况，但对于专著出版来说，主题不够突出无疑是大忌，也会遮蔽那些更有价值、更值得推广的内容。经过半年多的反复讨论，第一批"中原名师"作者如弯丽君、李阿慧、徐艳霞、李桂荣、孟红梅等老师，首先确定了选题，开启了教育写作之路；而另一批作者如刘忠伟老师则更改了选题，另起炉灶，毅然开启了新的写作计划，这其中的勇气也让人深为佩服。

当然，我也想到了每一位作者所经历的艰苦的写作过程。由于绝大多数老师积累的文稿是基于实践经验，有些内容在学理上存在问题，论述、

总 序

论据都不够严谨，容易引起歧义；也有些内容所呈现的研究过程与研究成果不够完整，材料繁杂、枝蔓较多，如何去芜存菁留下最有价值的东西，如何修改、完善那些不够成熟的地方，也是摆在每一位作者面前的挑战。值得指出的是，对文稿不断修改、完善的过程虽然艰苦，但其实是非常宝贵的研究经历——看似是教育写作的过程，其实又是学术研究的过程，写作本身成为思维与学术的双重训练，成为提炼教育教学理念、凸显教育教学风格的基本路径。如韩秀清、董文华、王海东、李桂荣等几位老师，正是经历了这样的写作和研究过程，才最终创作出很有价值的作品。如果说在专著出版之前，这些老师的教育教学风格还不够鲜明，尚未在更大的范围内得到认可，那么我相信，专著的公开出版，将有力地促进他们教育教学成果以及个人教育教学风格的传播与推广，塑造"中原名师"更加美好、专业的形象，成为河南教师乃至全国教师的偶像。而这，也是河南省教育厅与浙江师范大学决定实施该项教育写作出版计划的重要目的之一。

对于各位作者而言，他们没有辜负岁月，岁月也没有辜负他们。

对于导师而言，能够参与这个项目，帮助各位作者，是充满欣慰的，甚至超过了自己出书时的喜悦。

感谢各位读者，如果您翻开这些书，您会看到有那么一些人，是如何执拗地表达着对岁月和信仰的敬意。

闫 学

2018 年 8 月 18 日于杭州

序 言

　　语文在中小学是重头课程，但历来对语文教学的争论最多，可说是意见纷纭。语文课的性质是工具性还是文化性？语文教材中的文言文应该多一点还是少一点？语文教学是以阅读为中心还是以作文为中心？是以传授语文知识为主还是以发展能力为主？等等。其实，充分理解语文的性质和语文教学的任务以后，这些问题就会迎刃而解。

　　语言是交流和思维的工具，语文是语言的书面形式。关于语文教学的任务，2011年颁布的《义务教育语文课程标准》中写道："语文课程致力于培养学生的语言文字运用能力，提升学生的综合素养，为学好其他课程打下基础；为学生形成正确的世界观、人生观、价值观，形成良好个性和健全人格打下基础；为学生的全面发展和终身发展打下基础。"2017年颁布的《普通高中语文课程标准》中也写道："语文课程应引导学生在真实的语言运用情境中，通过自主的语言实践活动，积累言语经验，把握祖国语言文字的特点和运用规律，加深对祖国语言文字的理解与热爱，培养运用祖国语言文字的能力；同时，发展思辨能力，提升思维品质，培育社会主义核心价值观，培养高尚的审美情趣，积累丰厚的文化底蕴，理解文化多样性。"这让我想起2006年我曾经写过的三句话，它们也符合新的课程标准的要求。这三句话是：

　　语文是工具，有了它，才能思维，才能表达，才能交流。
　　语文是基础，有了它，才能学习，才能生活，才能工作。
　　语文是文化，有了它，才有精神，才有智慧，才有品格。

　　因此，以上关于语文教学的争论，其实都是辩证的统一。语言是交流的工具，当然首先要掌握它，只有会运用祖国的语言文字，才能学习好其他课程，才能与人更好地交流。而交流的内容就是文化，无论是交流生产知识还是生活经验，都是一种文化交流。因此，语文是文化的载体，语文

语文教学"死"与"活"的辩证艺术

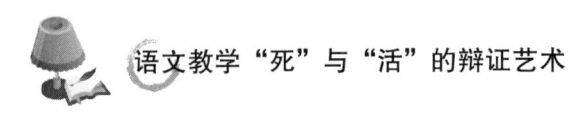

里装着思想、装着文化。一个民族的语文是这个民族世代创造的文明的结晶，它反映着民族生活、民族精神。语文课本里的内容大多是我国经典著作里的名家名篇，是民族文化的精髓。交流离不开文化，语文教育当然更离不开文化。所以，语文课的工具性和文化性是辩证统一的。

语文是思维的工具，因此语文课要发展学生的思维。语文教学不能只是教师讲解课文，更应该让学生阅读、体会，在阅读中发现问题、提出问题、分析问题、解决问题，从而培养学生的逻辑思维、分析思维能力。

语文课本中所选的名篇名作是很有限的，光靠课本中的文章是难以完成语文教学任务的。因此要引导学生阅读，把课内、课外的阅读结合起来，养成阅读的习惯。学生养成终身阅读的习惯，对其一生的发展是特别重要的。

总之，对语文教学中的问题不要绝对化，要用辩证唯物主义方法来认识。河南漯河高中王海东校长从事语文教学近30年，经过实践与思考、积累与沉淀，形成了自己的教育教学理念和思想。他的三本论著《语文教学"多"与"少"的辩证艺术》《语文教学"快"与"慢"的辩证艺术》《语文教学"死"与"活"的辩证艺术》，从三个方面辩证地探讨分析了语文教学的本质、语文教学的任务和课堂教学的问题，辩证地解答了教育教学和教改中的"量""速""态"三大问题。文章精思傅会，特色鲜明，语言朴实，既有知识性又有趣味性，既有前瞻性又有思辨性，值得大家一读。

当前教育改革轰轰烈烈，课外活动开展得丰富多彩。但我认为，还是要把主要精力放在课堂教学的改革上，首先要上好每一节课，再与课外活动结合，提高课堂教学的质量，使学生的全面素质达到课程标准的要求。王海东老师为我们做出了榜样。

王海东老师邀我为他的论著作序，但我因年事已高，视力欠佳，无法拜读他的全书，只是看了目录，并有感于历来语文教学的争论，写了几句感想。是为序。

2018年8月26日

目 录
CONTENTS

第一章　语文教学"死"的艺术 / 1

　　第一节　何为语文教学的"死" / 3

　　第二节　语文教学为何要"死" / 27

　　第三节　如何掌握语文教学"死"的艺术 / 30

第二章　语文教学"活"的艺术 / 59

　　第一节　何为语文教学的"活" / 61

　　第二节　语文教学为何要"活" / 84

　　第三节　如何掌握语文教学"活"的艺术 / 93

第三章　语文教学"死""活"兼顾的艺术实施策略 / 119

　　第一节　"死""活"兼顾符合辩证之法和教育规律 / 121

　　第二节　"死""活"兼顾的注意事项和实施策略 / 126

第四章　语文教学"死""活"兼顾之案例分析与点评 / 143

　　打好语文基础，提高学生诗词鉴赏能力

　　　　——中原名师王海东《沁园春　长沙》教学案例 / 145

　　强化情感教育，使教学灵活而富有诗意

　　　　——全国百佳语文教师张荣谦《边城》教学案例 / 155

　　分组合作探究，带领学生走进文本世界

　　　　——高级教师张旭《哈姆莱特》教学案例 / 165

　　唤醒学生思维，与文本进行诗意的融汇

　　　　——中原名师程克勇《念奴娇　赤壁怀古》教学案例 / 175

品析经典文本,提升学生问题解决能力

  ——中原名师胡卫党《孔雀东南飞》教学案例/184

同主题诗共赏,借蒙太奇手法品析文本

  ——骨干教师邓彩霞"边塞诗阅读"教学案例/196

引导规范写作,使议论文升格有章可循

  ——骨干教师冯文权"高考议论文写作技巧指导"

  教学案例/212

品鉴经典,探究勇士精神

  ——骨干教师张晨华《荆轲刺秦王》教学案例/228

学大家评点法,推敲探究小说人物形象

  ——青年教师柴研珂《林黛玉进贾府》教学案例/236

注重品读细节,问题设计生成教学精彩

  ——青年教师赵晓嫔《项脊轩志》教学案例/247

后记/257

第一章

语文教学"死"的艺术

第一章　语文教学"死"的艺术

第一节　何为语文教学的"死"

　　无论多忙，到校园去转转，听听年轻人的课已经成为我十几年来的一个习惯。今天我来到了高一、高二年级所在的北校区。

　　校园里花红柳绿，草木葱翠，长长的连廊西边是高一的教学区。长廊上繁茂的紫藤叶肆意地缠绕在石柱上，如校园里的孩子般蓬勃向上，充满生机。我不禁望着这青藤长廊出神：这几年漯河高中也是这样拔节生长的，教师和学生总把学校的成长描画在这青藤长廊上，他们戏称漯河高中是"中国的常春藤学校"。孩子们热爱美丽的校园，我也沉醉于这个我工作了二十多年的地方。

　　突然想起一位刚调到学校的年轻教师小周，他从名校毕业，充满活力，斗志昂扬，可就是教学成绩不出众。想到这里，我调出手机里储存的课程表，查到小周老师现在所在的班级，然后悄悄从后门进入教室。教室里课堂气氛活跃，正在进行《鸿门宴》一课的探究。学生们正在分组讨论项羽失败的原因，看来大家都准备充分，两个小组争论得难解难分。

　　"鸿门宴是楚汉之争的转折点，项羽没有杀刘邦，导致自己最终败亡！"

　　"你们想问题太简单了吧？鸿门宴虽是楚汉之间争斗的一个转折，但是一次宴会并不是决定因素，没有杀刘邦不是项羽失败的根本原因。项羽失败的原因是多方面的。"

　　两个小组因为这个问题争论了将近一节课。最后小周老师进行了点评，观点鲜明，分析得当，语言犀利，颇有大家风范。

　　下课了，小周老师跑过来激动地问我："王校长，我这节课还可以吧？算高效吧？"

　　看着小周激动得通红的脸，我觉得是时候让小伙子清醒一下了："小周啊，这节课学生讨论得不错，不过，作为文言文课外探究，用的时间似乎过长了！"

　　"长吗？校长，对这个问题的探究才是这一课最有意思、最有深度

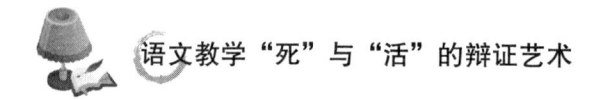

的呀!"

"可是文言文的课程目标是什么?你的教学任务完成了吗?"

"完成了呀,我用了一节课串讲课文呢!"

"那学生的文言基础知识掌握得如何?对刚刚接触的文言句式是不是理解?背诵和默写任务完成了吗?"

"这……这些基础知识不是学生早自习完成的吗?这不是课堂上的重点呀!要是把文言文课上成知识点训练课,那不就成了现在学界批判的毫无美感的语文课了吗?"

"你研读新的课程标准了吗?我们教师就是要按照课程标准办事!我没有否定你的探究讨论课,只是建议你在基础知识的教学上分配的时间多一些。"

"王校长,您不是否定我的教学啊?"

"那当然,任何事物都是辩证的,只是需要把握好度!"

"那语文教学有什么辩证的呢?"

"语文教学可以分为'死'与'活'两个方面。你的这节课上得生动灵活,确实有意思,年轻人观念新,课堂充满活力是很好,可是别忘了基础,'死'是前提。"

"有意思!王校长,您给我讲讲语文教学的'死'吧,看来我需要向'死'而生呀!"

"不对,不是向'死'而生,而是登高自卑。'合抱之木,生于毫末;九层之台,起于累土;千里之行,始于足下。'"

"王校长,我错了,不敢再转文了。"

"不是转文呀,小伙子,是想把道理说清!你听我给你说说语文教学'死'的艺术吧!"

"有趣,'死'还有艺术,愿闻其详!"

语文教学的"死"是何意?我们如何来界定这个"死"的概念呢?这个"死"是不是指死气沉沉、毫无活力?是不是指大家对多数语文课堂指责、诟病的呆板和无趣呢?

我们要讲的"死"似乎与这些有关,但又不是同一个概念。

"死",是指在语文教学过程中,重教学积累之准,知教学章法之严,明教学技术之精，紧抓备课环节，透析试题研究，研定教学计划，严格制订学习计划，科学开展课堂活动，合理设置上课环节，规范学生学习习惯，严格把关作业质量，注重夯实基础知识，强化语文功底，紧盯核心素养培养，奠定创新基础，确定卓越发展方向的语文教学理念。

"死"，是对基础知识扎实功底的孜孜以求，是对章法规范的一丝不苟，是对规律谨守的毫厘不爽，是对探求真理、格物致知的恪守不渝，是对提升技能、增强素养的精益求精。

学生准确积累，就可打牢基础，从而步步踏实登上人生的金字塔；学生严守章法，就可掌握语言和写作的规范，从而秀出自己的巧妙思维；学生精练技能，就可游刃有余，从而夯实基础越过厚障壁。总之，师生在"死"的语文教学艺术指导下，就可以"咬定青山不放松"，扎根于汉语言文化的坚实大地。

下面我从几个方面阐释我们对高中语文教学的"死"的解读。

一、"死"是积累，带你步步踏实登上金字塔

高一学生大多十五六岁，从小沐浴汉语文化，汉语言素养应该颇深，可现实是高一学生的语文素养并不让人乐观。

我校语文组每年都会对高一学生的语文基本素养进行考查，发现在重视国学的今天，学生诗词积累的质量和数量皆严重不达标。在初中语文课程相对单一和简单的情况下，学生是可以完成学习任务的，但进入高中后，由于积累不足，学生难以应对复杂而大容量的课程，也难以表达自己更复杂的思想。还有一部分学生的语文基础较差，甚至连基本的词语都识记得不够准确，这就更需要让他们带足补给，做好攀登语文金字塔的准备。

语言文字是高中语文学习的重点，也是难点。一些学生对语言文字的理解能力不高，不能对病句做出快速、准确的判断。而每年的语文高考试卷中必有病句判断题，目的是考查学生的语言文字应用能力。另外，不少学生不能恰当、准确地辨析近义词，在不同语境中不能正确选用恰当的词语，反映在写作方面，具体有不会运用准确的语言文字流畅、完整地阐述

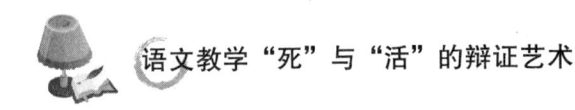

自己的看法与观点，文章语言不通顺，思维缺乏条理性。以上几个问题说明了很多高中生对语言文字的敏感度较低，没有熟练掌握语言文字的运用技巧，整体语文素养有待提高。

针对这种情况，我们让学生利用自习时间（如早自习、晚自习）进行两种训练：一是摘抄成语、古诗词及优美段落；二是背诵成语、古诗词及优美段落。同时督促学生形成习惯，在日常生活中也进行这两种训练。

养成良好的学习习惯非一日之功，所以我们需要在平时的学习生活中引导学生认识语言积累的重要性，告诉他们语言是文化的载体，要继承传统文化，就得积累语言。

成语是人们长期以来习用的、简洁精辟的定型词组或短句，其中不仅保留了众多古汉语意思，而且大多源于古代神话、历史、寓言故事、文学名篇，蕴含了丰富的传统文化精华。因此，在讲解词语时，可联系相关成语，这不仅有利于学生对词语意思的记忆，还能使学生在学习成语的过程中了解更多的文化知识。比如，在学习《劝学》一文时，其中有一句"假舟楫者，非能水也，而绝江河"。这里的"假"，可让我们联想到"不假思索""狐假虎威""假公济私"等，这几个成语中"假"的意思均为"借助"。在学习"狐假虎威"这个成语时，还能让学生深入理解这个小故事的寓意。随着学生思维能力的发展，他们此时对"狐假虎威"这个小故事的理解已经远远超越了小时候只对简单故事情节的记忆。语文高考试卷中的成语题也是学生容易失分的题型。我们平时可以为学生整理好一些成语，以便他们记忆掌握。下面是学生易错的成语举例：

木人石心：形容没有感情、不受外物影响的人。

不经之谈：荒诞的、没有根据的话。经：正常。

党同伐异：跟自己意见相同的就袒护，跟自己意见不同的就加以攻击。党：偏袒。

高屋建瓴：在房顶上用瓶子往下倒水，形容居高临下的形势。建：倾倒。

毫发不爽：形容一点儿也不差。爽：差错，失误。

积毁销骨：众人不断的毁谤可以置人于死地。销：熔化。

久假不归：长期借用，不归还。假：借。

微言大义：精微的语言和深奥的道理。微：精微。

文过饰非：掩饰过失、错误。文：掩饰。

一傅众咻：一个人教导，众人在旁喧扰。比喻做事不专心，不会有效果。咻：喧扰。

旷日持久：多费时日，拖延很久。旷：荒废。

人浮于事：工作人员的数目超过工作的需要；事少人多。浮：超过。

曲突徙薪：把烟囱改建成弯的，搬开灶旁的柴，避免发生火灾。比喻事先采取措施，消除可能导致事故的因素，防止危险发生。突：烟囱。

语言文字是中华文化的重要组成部分，蕴含着丰富的情感、深邃的思想及丰厚的传统文化精华。我们需要用传统文化的精华感染学生，用深厚的文化内涵推动学生成长，让学生能够用心感悟生活、感悟人生，加深对生活、对自然、对世界的认识，进而不断提升语文素养。

古人云："感人心者，莫先乎情。"这句话告诉我们只有真挚的感情最感人。因此，培养高中生的语文素养，应始终贯彻情感教育，只有这样才能使学生更准确地理解文本内涵，与作者产生思想共鸣。《普通高中语文课程标准（2017年版）》（以下简称"语文新课标"）中要求高中生诵读古诗文，并背诵一定数目的名篇。从表面看，学生背诵古诗文只是机械地记住了一些古代语言，但实质上，学生背诵的古诗文中蕴含着作者深厚的情感及灿烂的民族文化，随着学生阅历的增加，理解能力的提高，便能准确理解并深刻品味这些储存在他们大脑中的古诗文，这些古代文化精华就会对他们的生活与工作产生重大影响。高中教材中选入的古诗文名篇，素材丰富而广泛，表现手法自由而灵活，有的是触景生情，有的是遇事感怀，都真挚地表达了对生活、对自然、对社会的认识与体验，都抒发了对真善美的期盼与追求。高中生正处于多愁善感的青春期，他们更愿意阅读那些能触动自己心灵的抒情作品，因为抒情作品不仅语句优美，还有鲜明、生动的艺术形象，更有对生活的思考与探索，蕴含着作者丰富的生活感悟。通过大量阅读古诗文，学生可以学习作者抒发真情实感的方法，并激发自身的想象力与创造力，以促进语文素养的不断提高。

有教师把语言的输出（如写作）比作饭店的厨师做菜。学生在考场上输出优美的语言，就像饭店的厨师为顾客提供美味的食物。厨师要做出丰富的

菜品，必须有原材料的大量积累。准备的食材多了，厨师自然可以自如地满足客人的需求。同样，大量的语言积累，学生自然可以"腹有诗书气自华"。

但是高中生学习任务重，没有太多时间去梳理优美的文段和富有哲理性的句子，还有一部分学生缺乏积累的意识。作为学生学习的引导者，教师可以帮助他们梳理，并督促他们积累。我校经常会向学生发放一些读背材料，如一些名言警句、优美语段等。

励志类名言举例：

位卑未敢忘忧国，事定犹须待阖棺。——陆游《病起书怀》

古之立大事者，不惟有超世之才，亦必有坚忍不拔之志。——苏轼《晁错论》

业精于勤，荒于嬉。——韩愈《进学解》

绳锯木断，水滴石穿。——罗大经《鹤林玉露》

真者，精诚之至也。不精不诚，不能动人。——《庄子·渔父》

天行健，君子以自强不息。——《周易》

丈夫志四海，万里犹比邻。——曹植《赠白马王彪》

志不强者智不达。——《墨子·修身》

苟利国家生死以，岂因祸福避趋之。——林则徐《赴戍登程口占示家人》

天下之事，常成于困约，而败于奢靡。——陆游

日日行，不怕千万里；常常做，不怕千万事。——《格言联璧·处事》

傲不可长，欲不可纵，乐不可极，志不可满。——魏徵

石可破也，而不可夺坚；丹可磨也，而不可夺赤。——《吕氏春秋·诚廉》

优美语段举例：

＊青春是用意志的血滴和拼搏的汗水酿成的琼浆——历久弥香；青春是用不凋的希望和不灭的向往编织的彩虹——绚丽辉煌；青春是用永恒的执着和顽强的韧劲筑起的一道铜墙铁壁——固若金汤。

＊信念是巍巍大厦的栋梁，没有它，就只是一堆散乱的砖瓦；信念是滔滔大江的河床，没有它，就只有一片泛滥的波浪；信念是熊熊烈火的引星，没有它，就只有一捆冰冷的柴火；信念是远洋巨轮的主机，没有它，

就只剩下瘫痪的巨架。

*如果说生命是一座庄严的城堡，那么信念就是那穹顶的梁柱；如果说生命是一株苍茂的大树，那么信念就是那深扎的树根；如果说生命是一只飞翔的海鸟，那么信念就是那扇动的翅膀。没有信念，生命的动力便荡然无存；没有信念，生命的美丽便杳然西去。

*站在历史的海岸漫溯那一道道历史沟渠：楚大夫沉吟泽畔，九死不悔；魏武帝扬鞭东指，壮心不已；陶渊明悠然南山，采菊东篱……他们选择了永恒。纵然信而见疑、忠而被谤，也不随波逐流、自甘平庸，这是执着的选择；纵然马革裹尸、战死沙场，也要扬声边塞、尽扫狼烟，这是豪壮的选择；纵然一身清苦、终日难饱，也愿怡然自乐、躬耕陇亩，这是高雅的选择。在一番选择中，帝王将相成其盖世伟业，贤士迁客成其千古文章。

*如果说友谊是一棵常青树，那么浇灌它的必定是出自心田的清泉；如果说友谊是一朵开不败的鲜花，那么照耀它的必定是从心中升起的太阳。多少笑声都是友谊唤起的，多少眼泪都是友谊揩干的。友谊的港湾温情脉脉，友谊的清风灌满征帆。友谊不是感情的投资，它不需要股息和分红。

*毅力，是千里长堤一沙一石的凝聚，一点点地累积，才有前不见头后不见尾的壮丽；毅力，是春蚕吐丝一缕一缕的环绕，一丝丝地坚持，才有破茧而出重见光明的辉煌；毅力，是远航船只的风帆，有了帆，船才可以更快地到达成功的彼岸。

*爱心是一片照射在冬日里的阳光，使贫病交加的人感到人间的温暖；爱心是一泓出现在沙漠里的甘泉，使濒临绝境的人重新看到生活的希望；爱心是一首飘荡在夜空中的歌谣，使孤苦无依的人获得心灵的慰藉。

*心的本色该是如此。成，如朗月照花，深潭微澜，有不论顺逆，不论成败的超然；败，仍滴水穿石，穷且益坚，有"男儿当自强"的倔强和不坠青云的傲岸；荣，江山依旧，风采犹然，似沧海巫山，熟视岁月如流，浮华万千；辱，胯下韩信，雪底苍松，知暂退一步，海阔天空……

*成熟是一种明亮而不刺眼的光辉，一种圆润而不腻耳的音响，一种不需要对别人察言观色的从容，一种终于停止了向周围申诉求告的大气，

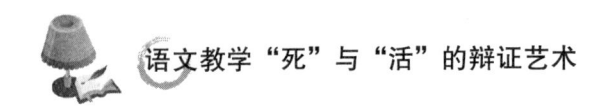

一种不理会哄闹的微笑，一种洗刷了偏激的淡定，一种无须声张的厚实，一种并不陡峭的高度。

＊青春是一枝娇艳的花，但我明白，一枝独放永远不是春天，春天该是万紫千红的世界。青春是一株伟岸的树，但我明白，一株独秀永远不显挺拔，成行成排的林木才是遮风挡沙的绿色长城。青春是一叶孤高的帆，但我明白，一叶孤帆很难远航，千帆竞发才能领略大海的壮观。

也许有人会指责我们对学生的教育是灌输式、"填鸭式"的，但须知语言的学习就是从模仿开始的。世界上没有哪一种技能的练就是简单而轻松的。对于基础薄弱的学生、自觉性不高的学生、还没有感受到语言魅力的学生，我们要引导他们分析名言警句、优美语段中蕴含的精华与力量，使他们认识到语言积累的重要性。

我们的储备库还应该包括文言文基础知识的积累，因为文言文通常是令学生感到头疼的专题。进入高中之后，学生亟须建立自己的文言文基础知识储备库，以提高理解文言文的能力，但是学生往往对此不够重视。

这种认识源于我教学中的一段经历。高三复习进入文言文阅读专题后，为了更有效地复习，我重点讲解了阅读文言文的各种技巧，并要求学生做大量的训练习题，看上去取得了一些成效。然而，不久我意识到了自己想法的错误。那天，一个男生手中拿着刚发下来的模拟考试卷问我问题，一向挺自信的他此时却耷拉着脑袋，因为他的成绩很不理想。这个学生的理科成绩非常好，但文科基础较弱，语文成绩不佳。针对他聪明、反应快的特点，我让他简单了解语文解题技巧之后开始大量"刷"题，很快他便掌握了一些诀窍，成绩也有了明显的提高。然而，进入文言文阅读专题后，这种方法却不再奏效，因为他没有深厚的古文功底，对文言文理解不透彻，所以做题只能连蒙带猜。他还告诉我，他做文言文阅读题时往往不看原文，只看题，因为他觉得只要掌握答题技巧就能做对题。我这才意识到，是我的错误引导导致他做题偏失，这样急功近利地学习永远无法达到优秀的标准。认识到自己的错误后，我立即改正，先扭转他求快、投机的心理，让他从文言字词开始，狠抓基本功，教他扎扎实实一点点推进，认真掌握每一个文言字词。经过一段时间的监督、强化后，他的语文成绩终于得到了真正的提高。

二、"死"是章法，使你掌握规矩秀出妙思维

高中语文课程的学习是有一些章法可循的，不过对学生的逻辑思辨能力要求比较高。我们总是要求学生掌握一些逻辑知识，学生对此感到疑惑：语文是文科，还需要有很强的逻辑性和思辨性吗？

当然需要。语言本来就是思维的工具，语言的条理性体现了思路的清晰性。体现在高考试卷上，最典型的要求逻辑清晰的题型有论述类文本阅读和写作，而这两种题型往往让不少学生感到束手无策。对此，我们可以带领学生通过梳理逻辑关系来理清思路。

近几年，全国卷论述类文本阅读试题选文基本是学术论文，所涉及的学科领域广泛，有传统文化、制度沿革、历史考据、文艺理论等。2017年高考语文考试大纲在论述类文本阅读的考试范围与要求上这样说明："阅读中外论述类文本。了解政论文、学术论文、时评、书评等论述类文体的基本特征和主要表达方式。"学术论文被明确列入考试范围。学术论文指的是对某个科学领域中的学术问题进行研究后，表述科学研究成果的理论文章。它具有专业性强、观点鲜明、结构严谨等特点，注重完整、准确、周密地表达研究的过程和成果。对于中学生而言，学术论文是比较陌生的，在阅读解题时存在不少障碍。原因除学术论文论述的话题内容对于学生来说比较陌生外，学术论文的语言风格也不为学生所熟悉——与文学作品语言的形象可感、通俗易懂相比，学术论文的语言比较抽象、理性，遣词造句也更为绵密精准。而高考中对这类论述类文本阅读的考查，在于检测学生对文本语言信息的理解、筛选、分析综合等方面的能力，以及学生的逻辑思维能力。从这一角度看，要提高学生学术论文阅读答题的精准度，必须在对语言理解的基础上，加强对学术论文的重视程度。

2017年高考语文考试大纲新增的考点"分析文本的论点、论据和论证方法"在试卷中赫然亮相：选项中嵌入"如果……就……""只有……才……"等表示假设、条件关系的关联词，对原文信息进行推断的意味更趋明显。如2017年高考语文全国Ⅰ卷现代文阅读题以"气候正义"为视角的第3题：

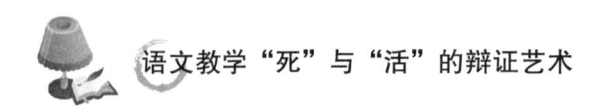

根据原文内容，下列说法不正确的一项是（　　）

A. 如果气候容量无限，就不必对气候变化进行伦理审视、讨论气候的正义问题。

B. 如果气候变化公约或协定的长期目标能落实，那么后代需求就可以得到保证。

C. 只有每个人都控制"碳足迹"，从而实现了代际共享，才能避免"生态赤字"。

D. 气候容量的公平享有是很复杂的问题，气候正义只是理解该问题的一种视角。

学生按照一般的逻辑，觉得 A 项无法接受。这么重要的问题怎么就不必进行伦理审视了呢？而 C 项说："只有每个人都控制'碳足迹'，从而实现了代际共享，才能避免'生态赤字'。"难道只有这一种途径吗？

我告诉学生，做这道题时，首先要理清逻辑关系。A 项是假设关系。而原文有这样的表述："气候正义关注的核心主要是在气候容量有限的前提下……"这一选项从反面假设，从而说明这一前提是"气候正义"的出发点，考查的就是学生对原文信息的综合把握。

有学生立即反驳，B 项不也是假设关系吗？我说，不是所有文中没有实现的条件从反面假设都正确，你得看看它是怎样论证原文中的信息的。而且原文和题支各有各的逻辑，很多时候就是考查学生对这些逻辑的判别能力。不同的关联词语代表了不同的逻辑关系。

像这道题，A、B 项是假设关系，而 C 项是必要条件关系。学生又蒙了，高中语文学习需要掌握哪些逻辑关系呢？

我说，其实要理清这些逻辑关系很简单。科学都是相通的，数学上不是有充分条件关系、必要条件关系、充要条件关系吗？

充分条件：由 A 这个条件一定能推出 B 这个结果，但是由 B 这个结果不能推出 A 这个唯一条件。比如，只要天下雨，地就潮了。由条件能推出结论，但是由结论推不出条件，这个就是充分条件，也叫充分非必要条件（关联词：只要……就……）。

必要条件：由 B 这个结果一定能推出 A 这个条件，但是由 A 这个条件不能推出 B 这个结果。比如，只有阳光好，蔬菜才会长得好。由结果能推出条件，但条件不是决定结果的唯一条件，蔬菜长得好，除了需要阳光外，还需要肥料、水分等。这个就是必要条件，也叫必要非充分条件（关联词：只有……才……）。

充要条件：由条件A能推出结果B，由结果B也能推出条件A。

逻辑关系梳理好了，学生就容易理解论述类文本中的复句关系了，做题的正确率也会随之提高。当然学生还需要进行大量的训练。

在论述类文本阅读训练中，我们要多引导学生进行思维训练，这不仅对学生做阅读题有好处，对写作也有帮助。下面来看我校月考中的论述类文本阅读题。

阅读下面的文字，完成1~3题。

逻辑思维是正确思维的基础，而形象思维是正确思维的主要创新源泉。没有严密的逻辑思维，就不会有正确的思维，思维就是混乱的、漏洞百出的、自我矛盾的，乃至往往是错误的，以至是荒谬的。正因为如此，学音乐的，应该懂得些声学；学美术的，应该懂得些光学；学艺术体操的，应该懂得些力学；学人文的，应该懂得些科学技术。

《红楼梦》是一部了不起的文学巨著，光照古今，流传不朽，但也存有不掩瑜的瑕点。例如，林黛玉入贾府的年龄，多处有矛盾，这是曹雪芹这位伟人在创作《红楼梦》时在逻辑上的失误之处。然而，正因为逻辑思维执着于前后一致的严密，因此，摆脱不了现有思维方式与内容的框架，难于飞跃，难于求异，难于做出超脱现有模式的重大创新。

而文学艺术恰恰与科学相反，不是追求抽象，不是直接表达共性、普遍性，而是着手个体、着手特殊，通过个体、特殊的形象来反映共性、普遍性。因此，必须力求从不同侧面、从不同个体、从种种特殊，来创造新的形象，来深刻反映事物的共性、普遍性。正因为直接表达的是侧面，是个体，是特殊，从而留下了广阔的想象空间给观赏者、阅读者、研究者去思考、去领悟、去追索、去开拓。极为精练的中华诗词，就更是如此。"欲穷千里目，更上一层楼"，是写登鹳雀楼，还是哲理之言呢？"杨花榆荚无才思，惟解漫天作雪飞"，是写暮春的杨花榆荚，还是哲理之言呢？"两岸猿声啼不住，轻舟已过万重山"，是写诗人无比喜悦之情，还是哲理之言呢？不管怎样，这些名句都是合乎客观实际、合乎逻辑的。

语文教学"死"与"活"的辩证艺术

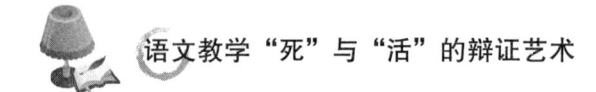

一个漫画家画某个人，不管怎么美化或丑化，不管怎么夸大，寥寥几笔，确如此人。为什么？关键就是这几笔。这几笔不是其他，而是同现代数学一个分支"拓扑学"有着紧密关系的。"拓扑学"是研究图形在各种变化中有哪些东西是始终不变的。这些不变的东西叫作"特征不变量"，这几笔就是"拓扑学"中的"特征不变量"。严肃音乐的主旋律，京剧中所谓的"不能不像，不能真像；不像不是戏，真像不是艺"，所谓的"神化"，都是科学中的"特征不变量"；就连摄影，如果是艺术照，就绝不能将客观事物原封不动地搬上照片，而应加以"艺术"处理，分出轻重浓淡，突出主要，突出本质，这不是科学又是什么？"春秋笔法"下的用字用词，是"杀"，是"弑"，是"诛"，是"戮"，是"斩"？用之不同，所表达的人际关系、事件性质及所做的褒贬评价则大不相同。诗眼、词眼、文眼，也正是用以集中而深刻地揭示事物的特征的。

正因为这些伟大的作家阅历广泛，深入实际，深入思考，由表及里，由此及彼，去粗取精，由定性到定量，才抓住了事物的本质，掌握了事物的特征。"环滁皆山也。"欧阳修《醉翁亭记》开篇第一句中的"环"字，滤去了词句水分，浓缩了语言容量，揭示了滁州被群山环绕的特征，一字可敌万语。宋祁的"红杏枝头春意闹"的"闹"字，王安石的"春风又绿江南岸"的"绿"字，一个在小小空间的红杏枝头，一个在辽阔空间的锦绣江南，都生动深刻、内涵极为丰富地展开了春天欣欣向荣的画面。温庭筠《商山早行》一诗中的"鸡声茅店月，人迹板桥霜"，10个字，6处景色，描绘出了秋晨行人离开荒村野店匆匆上路的凄凉景象。要强调指出的是，正因为中华诗词用词用字最为精练，从而也最能抓住事物的本质，突出事物的特征，反映事物的主要方面。

（选自杨叔子《科学人文相融，爱国创新与共》，有删改）

1. 下列关于原文内容的表述，不正确的一项是（　　）

A. 逻辑思维是基础，有严密的逻辑思维就会有正确的思维，能避免那些混乱的、漏洞百出的、自我矛盾的乃至荒谬错误的结论出现。

B. 要想摆脱现有思维方式与内容的框架的禁锢，实现思维的飞跃和求异，进而做出重大的创新，就不能执着于逻辑思维前后一致的严密性。

C. 文学艺术的思维和科学的思维不一样，前者通过个体、特殊的形象来反映共性和普遍性；后者则直接追求抽象，追求共性和普遍性的表达。

D. 文学艺术能够给观赏者、阅读者、研究者留下广阔的想象空间，产生让人思考、领悟、追索和开拓的艺术魅力，因为它是从个别表现一般。

2. 下列理解和分析，不符合原文意思的一项是（   ）

A. 漫画家使用夸张的艺术手法美化或丑化艺术形象，却让人并不感到"失真"，是因为寥寥几笔，突出了那些始终不变的东西，抓住了本质，突出了特征。

B. 作者引用京剧中所谓的"不能不像，不能真像；不像不是戏，真像不是艺"，科学地论证了"生活真实"与"艺术真实"的辩证关系，目的就是强调京剧的独特性。

C. 摄影中的艺术照，绝不能将客观事物原封不动地加以呈现，应该加以"艺术"处理，借以分出轻重浓淡，突出主要，突出本质。

D. 文学作品中用词用字的精练，往往达到"一字可敌万语"的艺术境地，其目的就是集中而深刻地揭示事物的本质。

3. 根据原文内容，下列说法不正确的一项是（   ）

A. 文学巨著《红楼梦》，在林黛玉入贾府的年龄方面存在逻辑上的失误，阐明了文学艺术创作不仅要追求思维的创造性，更要追求逻辑思维前后一致的严密性。

B. "欲穷千里目，更上一层楼""杨花榆荚无才思，惟解漫天作雪飞""两岸猿声啼不住，轻舟已过万重山"，这些名句既合乎逻辑又给人以想象空间。

C. "杀""弑""诛""戮""斩"等字用之不同，所表达的人际关系、事件性质及所做的褒贬评价则大不相同，体现了"春秋笔法"的科学性特征。

D. "环滁皆山也"的"环"、"红杏枝头春意闹"的"闹"、"春风又绿江南岸"的"绿"等字最为精练，又形象生动，而且丰富而深刻地揭示了事物的本质。

这3道题既有对语言信息的筛选与整合的考查，又有对思维能力的考查。

如第1题，A项考查的是思维的转换，原文"没有严密的逻辑思维，

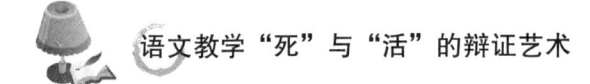

就不会有正确的思维"是逆向思维，即从反面（"没有……就不会有……"）强调，而选项变成了顺向思维表达，即不以否定来进行反向推理，而从正向（"有……就会有……"）来进行推理，结果我们发现推理不成立。也就是说，并不能由"没有严密的逻辑思维，就不会有正确的思维"推断出"有严密的思维逻辑就会有正确的思维"，因为"严密"仅是一个条件，还需要前提正确。B项涉及因果思维与创设思维的转换，转换的结果是一致的，成立的。C项与原文思维一致，都是比较思维，表述更概括。D项采用由果推因的思维，与原文由因而果的表述一致。

如果说第1题主要考查说理中的语言与思维，那么第2题则主要考查例证中的语言与思维。A项和原文中的思维一样，都是由现象到原因，所不同的仅是将"为什么"变为了"因为"，与原文意思相符。B项考查论证，即用材料来证明观点，具体考查论据与论点、分论点的关系。关于京剧的那段话不是论证京剧本身的独特性，而是意在论证科学中的"特征不变量"，即通过艺术处理，抓住特征，突出本质。在原文中就有"都是科学中的'特征不变量'"。C项几乎是原文的搬引，不涉及思维，只是语言筛选与小整合而已。D项涉及演绎思维（由一般到个别）到归纳思维（由个别到一般）的转换，内容与原文意思相符。

第3题主要考查对观点与材料的理解与把握。A项考查对观点的正确把握。"更要追求逻辑思维前后一致的严密性"错，作者的观点是执着于逻辑思维前后一致的严密性难以有重大的创新。B、C、D项由用例到归结，推论合理正确。

进行这样的语言思维训练，可以让学生明白，语言是离不开思维的，要靠思维运转。阅读，要遵循思维规律；写作，要依靠思维进行。

一篇思维缜密的议论文，需要合理地运用逻辑思维。如何运用选言思维、类比思维、假言思维、纵向思维完成一篇有深度的好文呢？

下面以一篇时评作文为例，谈谈这四种思维的运用。

阅读下面的材料，根据要求写一篇不少于800字的文章。

近日，华东交通大学新增加的《学生行为规范》条例引发网友热议，其中"让女生走在马路内侧""为女生拧松饮料瓶盖""走路避开女生背包的一侧"，格外受关注。有学生直呼做到那样就是"暖男"了，也有学生认为这是矫枉过正，涉嫌歧视女性。

对于以上事情，你怎么看？请写一篇文章，表明你的态度，阐述你的看法。

1. 选言思维明立意，整体把握抓本质

运用选言思维从以下赞同的立意中选出最佳立意：

（1）尊重女性，做暖心之人。

（2）以关爱之举，传递世间温情。

（3）守行为规范，开尊重之花。

（4）细微之处见尊重。

运用选言思维从以下反对的立意中选出最佳立意：

（1）关爱女性不必矫枉过正。

（2）让平等之风遍拂大地。

（3）过犹不及，适中最美。

（4）暖自心中，何必成规。

（5）弃过度呵护之心，拥独立自主之花。

整体把握，材料的本质是在谈"尊重""女性"。运用选言思维，正反立意中的第一个立意紧扣两个关键词，为最佳立意。

2. 类比思维举例证，同类比对求恰当

从以下例证中找出符合本材料立意的例证：

（1）某男歌手与女性合影时，把手背到身后，体现了对女性的尊重。

（2）王令凯在半年内将沙拉餐厅发展了五家分店，顾客回头率极高。女性不可小觑，值得尊重。

（3）刘若英的祖父为培养其自食其力，拒绝她想中断英国留学归国的请求。

（4）父亲撑伞关爱孩子，宁愿淋湿自己。

（5）玻尔在与爱因斯坦的辩论中适度留有余地，让他赢得了对方的友谊。

运用类比推理，进行同类比对，前三例与尊重女性有关，是恰当例证。后两例的尊重则与女性无关，是不恰当的例证。

3. 假言思维做回评，"如果""只要"做推理

每一个分论点和例证都是为了论证对材料的看法，因此，应对材料做

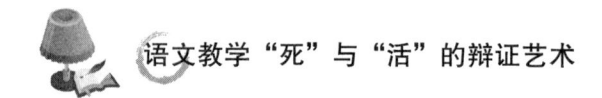

适度回评，以深化作者的观点。可以借助"如果""只要"这些关联词，运用假言思维做推理。

例1：由此看来，尊重便是对女性真正的关爱，尊重她的想法，尊重她的人格，如果只是以"让女生走在马路内侧"这样的细枝末节来表现关爱，实则是小瞧女生的歧视性的过度关爱。

例2：校规中的要求皆为举手之劳，只要我们顺势而为，就会使人心情舒畅，难道这不正是所要发扬的"绅士风度"吗？既关爱了女生，又增添了男士的风度，岂不美哉？

4. 纵向思维拟分论，"类""因""法""果"有深度

分论点要有深度，需要从"类——是什么""因——为什么""法——怎么做""果——会怎样"四个层次进行纵向思维，当然这四个层次不用全部体现。

例1：（类——是什么）保护弱小、尊重女性是我们人人都应具备的素质，做暖心之人是我们人格魅力的体现。

（法——怎么做）尊重女性，争做"暖男"，我们应在她们需要时对其悉心照料。

例2：（类——是什么）尊重女性是关爱她们的具体表现，关爱女性是尊重她们的最终目的。

（因——为什么）世界的平衡需要正反两极制衡，男尊女卑是畸形的封建思想，而尊重女性、关爱女性正是平衡世界的最好选择。

（法——怎么做）关爱女性、尊重女性不是将她们供着、宠着，而应该给她们权利和自由去做想做的事。

例3：（类——是什么）尊重女性，培养其独立能力，是对她们最大的帮助。

（因——为什么）人们因宠溺而沉沦，事事关怀女性，其实是对她们的束缚。

（果——会怎样）为了让女生释放活力，展现精彩，需要我们尊重她们，放飞她们。

例4：（因——为什么）如果女生处处依赖男生，处处需要男生的帮助，那么女生就如同一个婴儿，时时被照顾，丧失了个人能力。

（法——女生怎么做）女生在生活中应该自强自立，力所能及的事要亲自去做，自强会让女生活得更漂亮，成为新时代的美丽风景。

（法——男生怎么做）面对女生，男生要适度关爱，不能宠坏女生，助长其娇气。

有了以上四种逻辑思维，写出一篇立意贴切、例证恰当、评析合理、论点深刻的深度好文就不再困难了。

三、"死"是技能，助你夯实基础越过厚障壁

高中语文教材中的文言文比初中语文教材中的文言文复杂得多。陌生的文言词语、文化常识，常常会让学生感觉和自己的母语文化隔着一层厚障壁。

这些就是需要我们夯实的基础知识。我们可以为学生总结梳理，甚至编成顺口溜，让艰涩难懂的古代文化知识变得系统、易于记忆，从而充实他们的知识储备库。如高中文言文多以传记为主，往往涉及官职的授予和升迁，动词尤其重要。于是我们就为学生梳理了古代授官称谓等词汇。

1. 古代授官的称谓

征：招聘授官，尤指朝廷直接招聘授官。

辟：招聘授官，由中央官署征聘，向上荐举。

选：量才授官。

荐：地方向中央推荐授官。

举：推荐，选拔。

点：指派，尤指皇帝指派。

简：选拔，任命。

补：任命补缺，多指照例补缺。

进：升任，尤指高级官员的升任。

起：任以官职，或罢官后再授官职。

赠：对已死的官员或其亲属授予职称，封衔。

2. 古代兼代官职的称谓

领：本职之外兼较低他职。

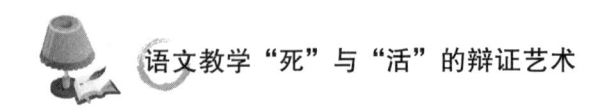

摄：兼代本职外更高职务，尤指暂兼。

守：暂时兼理比本职高的职务。

行：兼管比本职低的职务。

判：以高官兼较低职位的官。

知：同"判"。

权：暂代官职。

假：同"摄"。

署：代理无本官的职位，也称"署理"。

护：上级官员离职，由次一级官员守护印信代行职权。

又如，天文历法等知识在文言文中也常常涉及，我们也需要梳理好，以备学生记忆。

星宿（xiù）：宿，古代把星座称作星宿。《范进中举》："如今却做了老爷，就是天上的星宿。天上的星宿是打不得的！"古人认为人间有功名的人是天上星宿降生的，这是迷信说法。

二十八宿：又叫二十八舍或二十八星，是古人为观测日、月和五大行星（金、木、水、火、土）的运行而划分的二十八个星区，用来说明日、月和五大行星运行所到的位置。每宿包含若干颗恒星。二十八宿以北斗星斗柄所指的角宿为起点，自西向东排列，名称与四象的关系是：东方青龙七宿（角、亢、氐、房、心、尾、箕），北方玄武七宿（斗、牛、女、虚、危、室、壁），西方白虎七宿（奎、娄、胃、昴、毕、觜、参），南方朱雀七宿（井、鬼、柳、星、张、翼、轸）。王勃《滕王阁序》曰："物华天宝，龙光射牛斗之墟。"这是说物的精华就是天的珍宝，宝剑的光芒直射牛宿、斗宿的星区。

四象：古人把东、北、西、南四大区星象想象为四种动物，叫作四象。东方七宿如同飞舞在春末夏初夜空的巨龙，故而称为"东方青龙"；北方七宿似蛇、龟出现在寒冬早春的夜空，故而称为"北方玄武"；西方七宿犹猛虎跃出深秋初冬的夜空，故而称为"西方白虎"；南方七宿像展翅飞翔的朱雀，出现在夏末秋初的夜空，故而称为"南方朱雀"。

有些学生在读传记类文言文时，总会对文中涉及的皇帝的称号搞不清楚，还会闹出一些笑话，认为皇帝一出生就有了谥号、庙号。这些错误在电视剧中也常见，如某电视剧中唐太宗活着的时候，就被臣子称为太宗皇帝，可见电视剧编剧也需要普及文化常识呀。

中国古代的帝王除有姓名之外，往往还有庙号、谥号、尊号和年号。这些称号多见于史书。

庙号：皇帝死后，在太庙立室奉祀时的名号。一般开国的皇帝称祖，后继者称宗，如宋朝赵匡胤称太祖，其后的赵光义称太宗。也有个别朝代前几个皇帝皆称祖，如明朝朱元璋称太祖，其子朱棣称成祖。清朝努尔哈赤称太祖，福临（顺治）称世祖，玄烨（康熙）称圣祖。不过，在隋朝以前，并不是每一位皇帝都有庙号的，因为按照典制，只有文治武功和德行卓著者方可入庙奉祀。唐朝以后，每位皇帝才都有庙号。

谥号：谥号是后人根据死者生前事迹评定的一种称号，有褒贬之意。所谓"谥"，是对死者生平的评价。是以大行受大名，细行受细名。行出于己，名生于人。谥号有帝王之谥，由礼官商议；有臣属之谥，由朝廷赐予。还有私谥，是门徒弟子或乡里、亲朋为其师友上的谥号。帝王将相之谥在西周时即已出现。秦时曾一度废除，汉代恢复，直至清末。私谥可能始于东汉，或谓春秋时期已有。谥法有固定用字，如慈惠爱民曰文，克定祸乱曰武，主义行德曰元等，这是美谥；杀戮无辜曰厉，去礼远众曰炀，好祭鬼怪曰灵等，这是恶谥；还有表示同情的哀、愍、怀等。一般大臣的谥号多用两字，如岳飞谥曰武穆，海瑞谥曰忠介。

尊号：尊号是为皇帝加的由尊崇褒美之词组成的特殊称号。或生前所上，或死后追加。追加者亦可视为谥号。一般认为尊号产生于唐代，实际早在秦统一中国之初，李斯等人就曾为当时的秦王政上尊号曰"秦皇"。不过当时"尊号"一词的含义与唐代以后不甚相同。开始时，尊号字数尚少，如唐高祖李渊的尊号为"神尧大圣大光孝皇帝"。越往后，尊号越长，如清乾隆皇帝的尊号为"法天隆运至诚先觉体元立极敷文奋武孝慈神圣纯皇帝"，达二十余字。

年号：年号是中国皇帝纪年的名号，由汉武帝首创，他的第一个年号为"建元"。以后每个朝代的每一位新君即位，便会改变年号，叫作"改元"。明朝以前，皇帝每遇军国大事或重大祥瑞灾异，常常改元。如汉武帝在位54年，先后用了建元、元光、元朔、元狩、元鼎、元封、太初、天

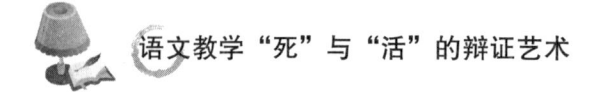

汉、太始、征和、后元11个年号。唐高宗在位33年，先后用了永徽、显庆、龙朔、麟德、乾封、总章、咸亨、上元、仪凤、调露、永隆、开耀、永淳、弘道14个年号。明朝自第一位皇帝朱元璋开始，每一位皇帝不论在位时间长短，只用一个年号，如明太祖只用洪武，明成祖只用永乐。

四、"死"是精准，助你把稳航向风正一帆悬

我教过几届高一新生，在初高中语文知识衔接的过程中，发现一个极其普遍的问题：大多数学生对语法知识一知半解，有的学生甚至一窍不通。什么是名词，什么是动词、形容词，这些大概知道，当问到介词有哪些，副词有哪些，助词、代词有哪些时，我很震惊地发现班上的学生能正确回答的只有少数。私下调查发现，在初中阶段，很多学生基本没有学过语法知识，只知道简单区分名词、动词和形容词等。记得在我的学生时代，老师是把语法知识当作语文学习的重点来讲的，因为掌握了语法知识，我们可以轻松地理解词语或句子的基本意思，利用语法知识，我们可以划分句子成分、判断病句、判断文言特殊句式，作用何其大啊！但是，现在的教材缺少系统的语法知识学习，甚至连研究语法知识的文章也少之又少。很多学生一看到病句判断题就头痛，为什么？因为判断病句最基本的方法就是分析句子成分，学生连句子成分都找不出来，病句判断题不会做也就不难理解了。因此，建议教师要把语法知识作为重点来教学，这对学生而言是非常有益的。

在此，我简单举例谈谈我们在语法知识教学中的做法。

1. 抓好起始学段，提高学生对语法的重视程度

在语文教学过程中，我们要求教师向学生强调语法的作用，让学生认识到，掌握基本的语法知识能使自己的说和写更正确、更规范。首先，让学生重温一些简单的语法知识，熟悉基本的词性，尤其是学生认识不深的虚词，如介词、副词、助词和连词等。其次，让学生学习短语、句子成分，划分句子的主语、谓语、宾语和定语、状语、补语。再次，让学生利用这些语法知识去判断文言文的词类活用、特殊句式的转变，或利用这些语法知识去判断病句等，可以把语法知识扩展到许多方面。

2. 重视语法训练，寓教于乐

在传授知识的过程中，我们要求教师多从生活中收集生动活泼的语言例子来充实知识，并对学生进行语法知识的训练。比如，讲到什么是介词的时候，我要求学生记住介词的顺口溜："自从以当为按照，由于对于为了到。和跟把比在关于，除了同对向往朝。"这样易于学生记忆，印象也会比较深刻。又如，讲《沁园春　长沙》时，教师就词性动态变化所产生的奇妙效果来讲授有关词性的知识，"粪土当年万户侯"中的"粪土"，名词作动词用，表示"视……如粪土"，表现了毛泽东等青年对当时大官僚、大军阀的蔑视。在日常生活中，我们还可以用"幸福着你的幸福""吹走我内心的忧伤"这样的词类活用的句子来解释语法现象。这样的教学，既能让学生在学习语法知识时不感到枯燥，又很实用，会收到很好的教学效果。

我还喜欢让学生做咬文嚼字的语法训练。我要求学生平日里将自己在报刊上或影视媒体上遇到的语言错误摘录下来，拿到语文课上讨论，每周我都会给他们半小时的病句专题研讨时间。

不管是说话还是写文章，出现病句是常有的事，但我们要尽力避免。就病句本身而言，大部分病因出在语法上，所以，掌握语法是避免出现病句的有效方法。有人反对学习语法，比如少年成名的作家韩寒，他认为不学语法照样可以写出好文章。但有人专门挑韩寒文章的病句，挑出了一大堆。

对于高中生来说，认真学习现代汉语语法知识很有必要。因为高考语文中的病句修改、仿写句子、文言句式分析等都直接涉及语法知识。尤其是文言句式，它是和现代汉语语法比较而言的，如果连现代汉语的主谓宾、定状补的结构和位置都不懂，文言文的宾语后置、定语后置、状语后置等更是无从谈起，文言虚词的用法也就根本无法理解了。《高中语文基础知识手册》中详细讲解了现代汉语语法知识，高中生可把它当作辅助性读物。

另外，在平时的语文学习中，不管是阅读训练还是写作训练，我们都需要运用语法知识来辅助。就算是写一个句子，表情达意，我们也要检查句子的主谓宾是否都有，有没有语病。所以，平时的练习其实就是对语法

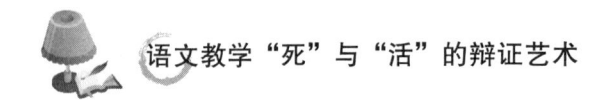

知识掌握程度的反馈。比如,有这样一道语法知识题:

把下面的复句改写为几个单句,保持句意不变。

"山寨"是一种涉及手机、数码产品、游戏机等不同领域的具有仿造性、快速化、平民化特点的产业现象。

这道题涉及的考点是提炼句子主干,目的是考查学生对复杂句子的理解分析能力。学生要明确什么是单句,什么是复句。单句是由一个主干组成的句子,而复句是由两个或两个以上意义上相关、结构上互不做句子成分的分句组成的句子。学生在阅读中经常会碰到长句子、复杂句子,如果不了解语法知识,不会分析句子成分,要读懂、理解准确,是很困难的。

语法知识的教学是一个难点,我认为本着语文教学的高效发展、学生语文素养的真正提高这一根本目的,实事求是地开展教学,问题是不难解决的。

3. 以作文训练和修改为抓手,规范学生的语言和篇章结构

语法薄弱现象更是体现在作文上,不少高中生写的作文病句连篇。有个学生写了一篇文章,题目叫《感恩我心》。我说"感恩我心"不符合语言规则,有语病。该生不服气,拿出一本《高考优秀作文精选》说:"里面就有一篇《感恩我心》,点评老师给了很高的评价。"我建议在"感恩"和"我心"之间加个间隔号,该生却坚信书中是正确的。因此,语文教师必须引导学生写规范的文章,在写作训练中锤炼学生的语言和篇章结构。

批改作文时,可以采用教师示范批改和学生互相批改的方式,尽量做到规范化。高考作文的批改要求就是学生规范写作的标尺。

《高考作文等级评分标准》将文章的表达划分为四个方面、四个等级。一等(20～16分):符合文体要求,结构严谨,语言流畅,字迹工整。二等(15～11分):符合文体要求,结构完整,语言通顺,字迹清楚。三等(10～6分):基本符合文体要求,结构基本完整,语言基本通顺,字迹基本清楚。四等(5～0分):不符合文体要求,结构混乱,语言不通顺,语病多,字迹潦草难辨。

高考作文评分要均衡考虑四个方面,其中语言是基础,文体是关键,结构和书写很重要。语言流畅、通顺是良好表达能力的直接体现,文章自然会得高分。语言"有文采"的可以在"发展等级"项中得高分,也会相应增加"基础等级"的得分。

下面两种情况会被归入低档：

一是语句不通顺，病句迭出，表意晦涩、含混。

二是语言形式混乱，文白夹杂或文中夹杂过多英语词句，破坏了文章的语言风格。

《义务教育语文课程标准（2011年版）》指出："学习修改习作中有明显错误的词句。""根据表达的需要，借助语感和语文常识，修改自己的作文，做到文从字顺。能与他人交流写作心得，互相评改作文，以分享感受，沟通见解。"到了高中阶段，学生更应做到这一点。根据这一理念，在学生完成作文后，我并不急于给学生评分，而是让他们交换评改。采取相互评改的方法能收到意想不到的效果，在这一环节，我要求学生做好以下几个方面的工作：

一是看同学的作文中是否有错别字，用笔圈出并订正。

二是看同学的作文中是否有病句，加以改正。

三是看同学的作文中是否有错用标点的地方，用笔画出并改正。

四是看同学的作文选材是否恰当、新颖，中心是否明确，还可以对语言风格、写作特色等方面进行评价。

五是把你认为写得好的句子用"﹏﹏"标明。

六是给同学的作文加上你的评语，并客观公正地打上表示等级的A、B、C。

学生相互评改，不但可以发现作文中应注意的问题，取长补短，还可以促进彼此的相互了解，共同提高作文水平和评改作文的能力，从而全面提高学生的语文素质。

在作文教学中，教师批阅永远是不可替代的重要部分，教师永远是评改作文的主导者。在学生互相评改作文后，我会把全班学生的作文都收起来，进行认真的评阅。评阅时，我会注意两个方面的内容：一是判断学生对这篇文章的评价是否恰当；二是从更高的视角评价学生的作文。

如何引导学生发现作文中的问题呢？可以让学生通过诵读的方式来规范自己的作文。在语文教学中，读，贯穿于每个教学环节，读能通文，读能懂意，读能悟感。由此，我思考：在指导学生修改作文的时候，能不能

也采用以读为本的方法，让学生读出文章中该修改的地方，把自己写的作文"读"得文通意顺，意思完整。因此，我尝试以各种读的形式指导学生修改自己的作文。首先，我要求学生小声地读自己的作文，在需要停顿而自己没有用标点的地方加上正确的标点，通过查找工具书或请教同学纠正文中的错别字。我告诉学生，凡是读不通的地方就是有问题的，需要修改；同时还要看看能不能用上平时积累的好词，使得句子读起来更优美。然后，让学生相互之间交换读作文，检查自改情况，要求学生边读边想：作者写的是一篇什么类型的文章？并对照要求进行修改：写人和记事的文章都要做到有人有事，事情的叙述要交代清楚要素，要有顺序，对人物要有外貌、神情、语言、动作等方面的描写；写景的文章要做到观察仔细，抓准景物的特点来写；想象的文章要做到大胆想象，合理安排结构，故事情节生动曲折、吸引人。总之，无论是哪一类的文章，都要做到层次清楚，详略得当。学生还要注意看作者在文章的最后是否写出了自己的感想，这一感想是否符合主题。先和作者交流自己的想法，再着手修改。每逢此课堂，我都会有极大的欣慰感。在自读环节中，看着学生时而小声地读自己的作文，时而恍然大悟地奋笔疾书，脸上流露出兴奋的神情。在交换读的时候，学生先是好奇地读着，而后与作者交流自己读后的心得，常常因为各持己见而争得面红耳赤，碰撞出智慧的火花。

经过前面两个环节，学生的作文至少能够减少错别字，语句通顺，句中多少会有些好词，内容详略得当，有个较好的框架。在此基础上，要求学生读第三次，也就是朗读给全班同学听。学生读到精彩处或不妥处，我便请他暂时停下来，及时进行评点。有时还让学生说说哪些语句是经过修改了的，修改前后有什么不同。在这一朗读过程中，有很多学生因为听了别人的作文，听了老师的点评，受到启发而再次主动修改自己的作文。

第二节　语文教学为何要"死"

一、核心素养：瞄"死"靶心中十环

语文新课标指出，语文学科核心素养是学生在积极的语言实践活动中积累与构建起来，并在真实的语言运用情境中表现出来的语言能力及其品质；是学生在语文学习中获得的语言知识与语言能力，思维方法与思维品质，情感、态度与价值观的综合体现。语文学科核心素养主要包括"语言建构与运用""思维发展与提升""审美鉴赏与创造""文化传承与理解"四个方面。其中，"语言建构与运用"是指学生在丰富的语言实践中，通过主动的积累、梳理和整合，逐步掌握祖国语言文字特点及其运用规律，形成个体言语经验，发展在具体语言情境中正确有效地运用祖国语言文字进行交流沟通的能力。

语文新课标要求学生具有主动积累的习惯，运用多种方法整理自己积累的语言材料，发现其中的联系；能凭借语感，结合具体语境理解重要词语的隐含意思，体会词句所表达的情感；能发现语言运用中存在的比较明显的问题，并运用自己掌握的语言知识予以纠正；具有反思并整理语文学习经验的意识，能用多种形式整理、记录自己学习、生活中的所得；在表达时，能注意自己的语言运用，力求概念准确、判断合理、推理有逻辑。

二、基础知识：夯"死"根基酬高楼

老子云："合抱之木，生于毫末；九层之台，起于累土；千里之行，始于足下。"他强调了基础的重要性。荀子曰："不积跬步，无以至千里；不积小流，无以成江海。"彭端淑说："旦旦而学之，久而不怠焉，迄乎成。"他们都强调了积累的重要性。

基础知识，如字形、词义、成语、文化常识等，是学生学习和表达的

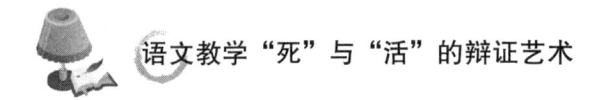

基本工具，是他们进入知识殿堂的敲门砖。汉语言作为一种符号被运用，自然有它的运用规则和文化含义，这就是我们需要掌握的"死"知识。

"死"知识是我们汉语言文化系统的基础，我们一定要通过课堂学习让学生掌握，以便他们很好地运用汉语言。高中语文教学大纲规定，语文学科是一门基础学科，对提高学生思想道德素质、科学文化素质，对学生学好其他学科、今后工作和继续学习，对弘扬民族优秀传统文化、吸收人类的进步文化和提高国民素质，都具有重要意义。因此，语文教学中，不能忽视"死"知识。

语文学科基础知识涉及面广，知识繁杂，很多人不愿意学，是因为觉得无从下手，那么，我们可以将基础知识系统化、板块化，学生学起来就会目标明确，学过之后再依据不同板块进行有针对性的训练，检查学习效果，巩固基础知识，既能提高准确率，又能节约时间。这就要求我们讲究教学艺术。当然，我所说的"死"，不是指死板、教条、不知变通，而是指要重视基础、基本功，重视日常生活的不断积累。

在高中语文教育中一些教师养成了一个不好的习惯，在侧重培养学生独立思考和独立学习的能力，注重对知识的宽度与广度要求的同时，不自觉地忽略了对基础知识的教学。因此，语文教师一定要端正对待基础知识的教学态度，充分发挥学生学习的积极性和主观能动性。

三、传统文化：记"死"经典重传承

世界卫生组织把人的道德品格纳入健康范畴，作为衡量健康的重要标准之一。我国当今社会，经济飞速发展，物质日益丰富，人们在追求物质富足的同时更加呼唤道德文化、道德精神，来应对拜金主义、享乐主义这些价值观。中华优秀传统文化蕴藏着丰富的道德文化资源，是道德建设的文化基础。

习近平同志对继承发扬中华优秀传统文化发表了一系列重要讲话，不仅反映了中央对文化建设的高度重视，而且彰显了其以文化复兴助推民族复兴的坚定决心。无论是从中国梦的实现动力还是从中国梦的重要目标来看，都离不开中华优秀传统文化。只有让孩子们濡染传统文化的清风，才能培养出没有浮躁之气的、具有中华传统美德的一代新人。

背诵经典是我们对学生进行文化道德教育的有效途径之一。学生通过背诵，可以将经典中的很多道理逐渐透彻理解，内化为自身的品质，达到"修身"的目的。近年来，记诵经典的活动在小学中经常开展，可是到了中学因为学业太重一些学校中止了。鉴于这种情况，我们漯河高中为学生制订了重温经典的计划。

高一上学期：《三字经》《论语》。

高一下学期：《千字文》《弟子规》。

高二上学期：《道德经》《大学》。

高二下学期：《孟子》《诗经》。

我们将背诵任务分配到平时的早读中。这样，灵巧的修辞、畅达的造句、铿锵的声韵、周密的谋篇，口诵心维，不知不觉，变成了学生语文能力的一部分。同时，通过背诵经典，还加强了学生对传统文化的认知，达到了传承传统文化的目的，也濡养了他们的品德。

四、学习习惯：抓"死"养成助卓越

培养学生良好的学习习惯是语文教学的重要任务。习惯是将知识转化成能力的桥梁，有了良好的学习习惯之后，学生的头脑就会持久地运转起来。

叶圣陶先生认为，从小学教师到大学教授，他们的任务就是帮助学生养成良好习惯。

我们总是在说，授之以鱼，不如授之以渔。确实，教师教给学生知识远远不够，最重要的是通过自己的讲授激发学生学习的动力和信心，并引导学生掌握学习方法，养成良好的学习习惯。

学生学习习惯的培养离不开教师，教师的教学理念和教学方法直接影响着学生学习习惯的养成。"死"抓就是思想上要坚定，落实过程中要坚持。

首先，学校和家长要大力支持教师坚定信念，培养学生良好的学习习惯。

部分学校领导和家长没有认识到良好的学习习惯对学生的意义重大，

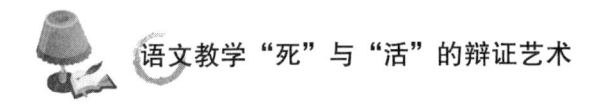

没有给予教师有力的支持。比如，每个学生都应该养成坚持规范书写、保持书面整洁的好习惯，但一些学生为了抓紧时间完成大量作业而往往将这样的要求抛诸脑后。教师遇到这样的问题，如果没有学校统一要求的支持，往往会逐渐降低对学生的要求，不利于学生养成良好的书写习惯。

其次，教师要坚持不懈地"死"抓学生学习习惯的培养。

习惯的培养需要学生自己坚持和努力，因此学生的主动参与是关键。高明的教师善于对学生做思想动员，让他们认识到良好的习惯对学习甚至整个人生的重要意义。但是任何人都是有惰性的，教师在学生学习习惯的培养过程中要尽到责任。俗话说，严师出高徒。教师的严格要求和坚持不懈一定会使学生在培养学习习惯的过程中得到有效的引导。习惯的养成不是一蹴而就的，要长期坚持，持之以恒。高中伊始就"死"抓习惯养成，有助于学生健康成长。

第三节　如何掌握语文教学"死"的艺术

一、"死"的艺术之教师篇

语文教学是一门系统的艺术，如果说"传道"是这门艺术的大方向，"授业"便是这门艺术的主方法，"解惑"则是这门艺术的闪光点。"道"有不同，所悟在"业"；"惑"也各异，能解靠"业"；而"业"居于最基础的地位，因循而后能新，其理同"教书育人"。换句话说，语文教学就是"死"抓"授业"，从而"解惑"，进而"传道"的艺术。

因此，语文教学的"死"，首先要从教师抓起。

我们对教师的要求是"学高为师，德高为范"。教师过硬的基本功、良好的语文素养会对学生起到示范作用，形成良性的师生互动，取得良好的教学效果。教师是课堂的组织者、引导者，课堂教学是否有效在很大程度上取决于教师，所以抓教学效果，抓基础知识的落实，还得从教师抓起。

中国有句俗语："师傅领进门，修行在个人。"它明确地告诉我们，"领进门"是前提，教师要想很好地把学生"领进门"，个人魅力非常重要，而这种魅力主要指教师的学识修养。教师只有具备深厚的学识修养，才能引领学生更好地学习。教师要牢固掌握专业知识，同时要不断学习，拓宽知识面，随时了解各学科的前沿信息。只有教师心中有数，学生才能稳步提高。

教师如何做到心中有数？需要"死"盯常规不放松。若教师对这一点认得"死"、认得清，就会快速成长为学科教学能手，并凭借自身扎实的基础、开阔的视野、成熟的经验引领学生更好地成长。

我们漯河高中语文教师在教学常规方面主要有以下做法。

1. 考纲研究抓得"死"

考试大纲是高考命题的规范性文件和标准，是考试评价、复习备考的依据。考纲的调整牵一发而动全身，直接影响到考生的发展。教师必须认真研读考纲，揣摩命题意图和趋向。每年的高三复习中，我们都把研读考纲作为自己开展语文教学工作的前提，只有认真研读考纲，比对往年高考试题，才能做到心中有数。

2017年考纲变化较大，以下就是我们在备战2017年高考中对考纲的研习过程：

（1）认真阅读考纲，总结考纲变化，预测考纲变化的导向性

①考试题型的变化：

其一，将以往的选考题全部改为必考题。如现代文阅读部分的选考题文学类文本阅读和实用类文本阅读均改为必考题。

其二，增加对古代文化常识的考查。

②对考生能力的要求：

第一，要求考生具有对文本进行鉴赏、评价的能力。

第二，要求考生具有快速阅读和对文章信息进行筛选、概括的能力。

③考试的内容和导向性：

第一，增加对古代文化基础知识内容的考查，意在弘扬传统文化。

第二，考查内容注重与社会实际相联系，意在引起考生对社会现实的重视。

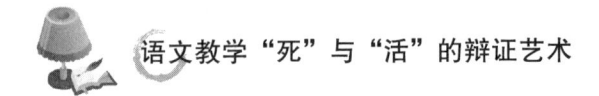

第三，命题趋向重在鼓励学生独立思考和发展个性，意在引导考生将自身发展与国家、民族的前途命运紧密联系起来。

(2) 做好相应备考调整，进行扎实训练

面对以上变化，我们引导学生，不焦躁，冷静、平和，在稳步复习中及时调整方向，注重对变化内容多加学习和训练，夯实基础，全面提升自身的能力。

解决问题及方法如下：

其一，帮助学生解决考纲变化中新增知识盲点，快速找出知识漏洞，补全知识短板，并根据考试方向及时做出预测和调整。我们从知识、题型、方法、限时训练等几个角度推进复习，帮助学生全面覆盖知识点，不留死角，精准备战高考。

其二，帮助学生解决做题思路混乱的问题。我们将语文题的答题思路讲解得非常清晰。

其三，帮助学生解决学习不扎实的问题。我们采用专题模块化教学方式，让学生在集中的时间段内将相关模块学扎实。

如原来的选考题（现在的必考题）文学类文本阅读，学生在高一和高二学习过，但是鲜有训练。前几年因为是选考题，有经验的教师指导学生不要选文学类文本阅读，因为它的难度要远远高于行文风格有条理的实用类文本阅读，得分率也较低。2017年考纲的变化就是针对高中语文教师重实用、轻文学这样的错误做法的。

我们对文学类文本阅读教学的具体课程安排如下：

第一次课，讲解文学类文本的基础知识、文本特征。

第二次课，分析文学类文本的结构、主题。

第三次课，分析文学类文本中的人物形象、情节、表现手法。

第四次课，鉴赏文本语言、艺术魅力。

第五次课，评价写作意图、探讨写作背景。

第六次课，探究作品意蕴和人文精神。

正是因为考纲研究抓得"死"，所以学生在学习时方向很清晰，任务很明确，前期对知识吃得很透，后期的灵活运用、举一反三也就水到渠成了。

2. 试题规律悟得"死"

2017年高考结束后，我们认真梳理新课标全国卷Ⅰ语文试题，进一步明确高考新动向。通过总结，我们有以下收获。

（1）体现立德树人的方向

选材体现德育内涵，论述类文本阅读阐述人与气候的关系，强调当代人对子孙后代承担着道德义务；文学类文本阅读讲述蒙古族同胞给素不相识的被困试验队队员送瓜的故事，弘扬博爱精神；文言文阅读，截取谢弘微的人生片段，体现勤学、正直、守礼的观念。

（2）重视学科素养的引导

文学类文本阅读与实用类文本阅读素养考查区分明显，文学类文本阅读强化考查鉴赏、评价、探究的能力。

（3）强化思维品质的考查

对思维品质的考查力度加大，是2017年高考语文试题的突出特点。

①论述类文本阅读、实用类文本阅读，强化考生对作者思维过程、行文思路的认知以及对信息的分析、推断。非连续性文本"闪亮登场"，由于文本内容对命题的限制，实用类文本阅读的考查难度降低，评价、探究类试题淡出命题视野，理解、分析、概括三种基础性的阅读能力成为考查重点。

②文学类文本阅读，在坚持关注人物形象的同时，突出对谋篇布局的全局性思考，特别是加大了对文学鉴赏较高能力层级的考查力度。

③语言文字运用，将语言的准确性与逻辑的严密性融合在一起考查。多年来"连贯"考点扎堆，图文转换固化的状态被打破。2016年考查语言表达"连贯"的虚词筛选题，被考查语言表达"得体"的题目代替，试题主要涉及"舍弟""献丑""垂询""内人"四个带有文言色彩、谦敬意味的词语的用法，也是语言礼仪的直接体现，这是重视传统文化背景下语言文字运用题的新趋向。

④写作，作文材料给出不同领域的关键词，体现辩证观，作文指令考查"异中求同"，思维能力倾向明显。"中国关键词"这道作文题，大气、新颖，富有时代感、创新性。其亮点体现在以下三个方面。

一是立意高端。用"一带一路""大熊猫""广场舞""中华美食""长

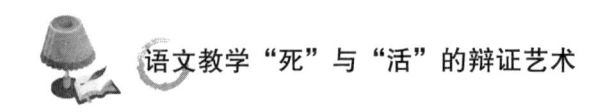

城""共享单车""京剧"等"呈现你所认识的中国",将核心价值观融入具体事件(关键词),立意高远却又接地气,有生气,触及时代热点。

二是注重思辨。试题所提供的关键词,考生耳熟能详,但是注重思辨的指令,否定了随意选几个关键词写作的做法。考生写作,必须注意所选关键词之间的有机联系,如由"长城""京剧"讲讲拥有古老文明的传统中国,由"高铁""移动支付"谈谈现代开放的高科技中国。

三是自由度高。虽然试题设定了"选好关键词""形成有机的关联"等任务指令,但毕竟关键词多达12个,作文话题的选择范围十分广泛;"呈现你所认识的中国"的要求,则又必然带来多种呈现形式,催生文本的多样化。

有了对高考题的精准研究,功夫下得"死",规律悟得"死",我们才能做到准确、高效地引导学生从容、乐观地迎接高考,决胜高考。

3. 教学计划订得"死"

在教学过程中,我发现部分教师甚至包括一些老教师,教学没有目的性、计划性,教学内容盲目、不科学,最终效果不明显。对于青年教师来说,一旦没有计划,课堂教学中就会重难点不突出,一味赶进度,知识掌握不扎实;而对于一些老教师来说,则容易凭经验办事,没有革新,课堂缺乏吸引力。

针对以上情况,每学期开学,我都会督促自己在研读考纲的基础上制订严密的教学计划。以2017—2018学年为例,我把我们的学习分成几个阶段:第一阶段(2017年6月至2018年3月初),是基础能力过关阶段;第二阶段(2018年3月上旬至4月底),是综合能力突破阶段;第三阶段(2018年5月初至6月4日),是应用能力提高阶段。

学校的教学工作计划也很重要,能指导教师制订自己的教学计划,保证教师在教学中做到有的放矢,游刃有余。以下是我校制订的教学工作计划。

2017年高一语文下学期教学工作计划

一、指导思想

认真推进有效教学、高效课堂，全面提高学生的语文素养，不断提高学生正确理解和运用语言文字的能力。针对学生的不同情况，搞好分层教学；重视积累、感悟，指导学生整理错题本、积累本；大力提倡阅读，培养语感，使学生养成良好的语文研究性学习习惯；加强文言文阅读教学，夯实"双基"；强化写作指导，注意培养学生的审美情趣、思维品质和文化品位；发展个性，形成健全人格，努力开发有活力的语文新课堂。

二、学生情况分析

总体来说，学生的语文水平差别较大，部分学生语文功底很好，但一部分学生对语文的重视程度不够，学习习惯仍未完全养成；有些学生的语文基础较薄弱，仍不会或不愿预习，课堂上听、记不能协调，不会主动记笔记；大多数学生虽能大致掌握教材内容，但整合、梳理能力欠缺，迁移能力不够。

三、教材分析

本学期要完成必修3和必修4的学习。必修3和必修4兼顾了文体和人文内涵。每册由四个单元组成，学习的侧重点各有不同。

必修3的四个单元分别是小说、唐诗、古代议论文、说明文，形象性、思辨性和应用性兼顾。必修4的四个单元分别是戏曲、宋词、杂文、古代人物传记。小说和戏曲单元的教学不仅要让学生体会、感悟中外名家名作的精妙之处，还要让学生把握这类文体的三要素——人物、情节、环境，从而把握人物的性格特点。唐诗和宋词单元的教学要求学生除要加强背诵之外，还要学会古代诗词鉴赏方法。杂文单元教学与本学期的作文训练——议论文相结合。应用文单元的教学主要培养学生阅读说明文的方法，激发学生对自然科学的探索兴趣。古代人物传记单元是高中文言文学习的重点，要求学生掌握基本的文言实词、虚词和句式。

另外，语文教学要培养学生的自学能力，教师指导下的课外阅读是培养自学能力的有效方法。所以，教师还要注意对学生的课外阅读进行指导，强化平时积累。课内阅读与课外阅读的结合，使学生能够举一反三，

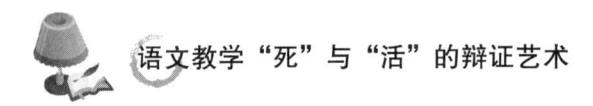

触类旁通，掌握学习方法，养成自学习惯。

四、教学措施

重视议论文的写作教学，让学生积累议论文的论据素材，每周检查学生的积累情况。

教学以精读课文为范文，以点带面，引导学生掌握正确的阅读方法和技巧。同时注意阅读教学和写作教学的结合，学以致用。检查语言学习的成效，看学生能否准确、流畅地运用母语来抒写自己内心的感受和观点。

重视文言知识的积累，在熟读背诵的基础上把握基本的文言实词、虚词、句式、用法，及时检查文言知识的积累情况。

转变作业检查和辅导的重点，周末主要以积累作业为主，每周检查并评价。平时以练笔和背诵、默写为主。平时练习册的作业以简单的预习和课内的加强和巩固为主，课外阅读和语言表达的拓展题主要在晚自习课上完成并当堂讲解，以提高作业的质量。

课堂上鼓励学生思考，运用多媒体等方式激发学生的学习兴趣和学习热情。培养学生阅读、自学、积累的好习惯。

充分利用学科配套资料，并坚持每周给学生印发一些与教学内容紧密相关的材料。

4. 学生习惯抓得"死"

前面讲到高中生应养成一些良好的语文学习习惯，那么到底哪些是教师须常抓不懈、严格要求学生养成的语文学习习惯呢？

（1）积累的习惯

我国古代学者十分重视知识积累的作用。战国时期的荀子在《劝学》一文中告诫人们："不积跬步，无以至千里；不积小流，无以成江海。"唐代的韩愈在《进学解》中说："俱收并蓄，待用无遗。"宋代的苏轼在《稼说送张琥》中则主张："博观而约取，厚积而薄发。"可见积累对语文学习的重要性。

积累语文知识的途径主要有三个：一是摘抄，二是背诵，三是训练。高中生积累语文知识的方法主要有三种：一是单元积累法，就是学习一个单元之后，及时归纳本单元的难字、易错字、成语典故、精彩语段等，力求精要实用；二是考点积累法，就是根据高考语文考试说明中规定的高考

第一章 语文教学"死"的艺术

考点，对散见于课本、资料、试卷中的语言知识进行归纳总结，要注意突出重点、难点；三是易混点积累法，就是对平时训练中遇到的易混知识点、考试中出错的知识点进行归纳总结，要着眼于辨析疑点。

高中生学习语文的一个重要任务就是积累文言实词。词的古今异义、一词多义、词类活用、偏义复词、通假字是高考文言实词的主要考查点，学生要针对这些考点勤于积累，加强训练，培养结合语境理解文言实词的能力。

积累古诗文名篇也是非常有必要的。积累的最好办法就是背诵，把文言文中的若干重要篇章熟记在心，文言实词的意义、虚词的运用、各种句式的变化等也就包含在其中了。更重要的是，学生通过背诵可以掌握古诗文名篇的构思立意、谋篇布局、语言修辞等方面的要义，提高自己的文化素养。

苏轼说："腹有诗书气自华。"腹中的诗书从何而来呢？侃侃而谈、口若悬河、舌如利刃的辩才，博古通今、学贯中西、才高八斗的智慧，温文尔雅、谦和恭谨、文质彬彬的气质，从何而来呢？背诵是一个重要的途径。许多著名的学者都曾在背诵方面下过苦功夫，学者、作家、翻译家钱锺书先生在清华大学读书时"横扫清华图书馆"，他不但背诵了大量的古代文学名著，而且精通英语、法语、德语、西班牙语、意大利语等。他的文章中历史典故随处可见，精辟妙喻俯拾皆是；他的演讲气势恢宏、妙语连珠、机智幽默。著名小说家巴金12岁时就能背诵《古文观止》，杰出文学评论家茅盾能将《红楼梦》倒背如流。赞叹之余，我们悟到了什么呢？背诵可以让我们积淀文化，成为一个有语言修养、有文化内涵的人。

此外，积累名言、警句、典故、精彩篇段也是提高语言修养和作文水平的一个重要手段。学生平时应注意摘抄一些名言、警句、精彩文段，搜集历史典故和生动而有思想内涵的故事。一有时间，就拿来翻翻，久而久之，这些都会内化为自己的东西，活跃在自己的文章中，在不知不觉中提高自己的语言水平，增加文采，丰富文章的内容。需要注意的是，我们还要学以致用。有的学生平时做了大量的摘抄，可一到写作文时，仍然无话可说，这是为什么呢？有两个原因：一是有"兵"不会用。俗话说"养兵千日，用兵一时"，我们积累材料最直接的目的就是要在写文章时应用，

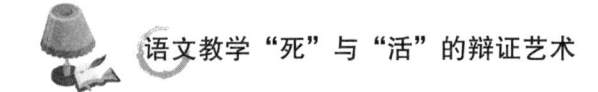

不用，再多的积累也没有意义。二是摘抄时没有用的意识。我们摘抄东西时，一定要思考材料是否有用，如果没用，就不要浪费时间去摘抄。有语文成绩好的学生介绍自己的经验说，他们摘抄一个材料，就在下面加上批注，提醒自己用在哪些观点之下。我觉得这种做法是很值得学习的。这也是一种更经济、更高效的摘抄法。

学生还要积累答题技巧。有些学生在考试中失分，不是因为知识、能力不足，而是因为没有掌握答题技巧。掌握好的解题方法和技巧，能取得事半功倍的效果。例如，复习语病题时，就要在把握病句特点的同时，掌握一些辨析病句的方法。一是审读法。审读法就是通过审慎的阅读，发现句子的毛病。一般来说，大凡读起来别扭、听起来含混的地方，就可能是毛病的所在。找到了病处，再仔细分析判断，查清语病的原因，然后加以修改。二是紧缩法。紧缩法就是把句子的修饰成分去掉，针对其主干部分检查语病。三是类比法。也可以称为"仿造法"，就是按照自己怀疑有语病的句子的格式仿造句子，如果仿造的句子有语病，那么原句也有语病。四是比较法。在选择有语病的一项时，四个选项中往往有两个容易排除，剩下的两个无法区分，其中干扰因素比较大的选项给人似是而非的印象，这时就需要进行认真细致的比较。

再如，学生做现代文阅读题时，要培养自己的一些答题意识。一是文本意识。学生应准确把握作者的思想观点，必须学会从原文中把答案"抠"出来的本领，而不是想当然地按自己的观点作答。二是语境意识。体察语境，提高在具体的语境中理解语句的能力是提高现代文阅读水平的关键。如联系上下文理解有关语句的含义。在一个语段中，语句表达一定的意义，又省略和隐含某些意义。有的句子前后相承，有的句子互为补充，阅读理解时一定要结合语境分析。

古人说："江出于岷山，其源可以滥觞。"知识积累得越丰富，聪明才智越易于发挥，而且越有利于能力的形成。

（2）阅读的习惯

①诵读。诵读就是有声地读书。诵读能够有效提高一个人的语文能力。因此，教材上选编的那些优秀的作品，特别是要求背诵的文章，学生要认真地诵读。除此之外，还要找一些文情并茂的文章，拿来反复地诵

读，在潜移默化中提高自己的语文素养。

②精读。从形式上看，与诵读相比，精读是无声地读，即默读；从本质上看，精读是伴随着思考、理解、概括、转化、吸收，具有研究性和创造性的阅读，是更高层次的阅读。孔子讲"学而不思则罔"，对于精读来说，最关键的一条是在阅读中思考，在思考中质疑，即发现问题。实际上，有效的阅读就是一个发现问题并解决问题的过程，也是一个阅读水平不断提高的过程。

③多读。"操千曲而后晓声，观千剑而后识器。"阅读水平的提高，有赖于多读名篇佳作，读多了，视野开阔了，自然就会有比较、有鉴别，也就会有深入的理解。既然要求多读，那么高中生课外该读什么呢？一要挑选《语文读本》中的一些篇目来读。二要读名著。学生阅读名著，有助于丰厚文化底蕴，提升文学素养。也可以挑选自己喜欢的作家的作品来读，特别是那些思想容量大、艺术感染力强、容易让青少年产生情感共鸣的作品，如《冰心散文选》《余秋雨文集》等。要注意把书当成营养品，吸收其有用的东西，丰富自己的思想，提高自己的审美品位。三要读精美的短文。如在学生中很流行的《智慧背囊》。四要读一些品位较高的杂志。从写作的角度，可以读《读者》《青年文摘》《作文与考试》《作文通讯》等；从阅读的角度，可以读《语数外学习》《中华活页文选》《中学生阅读》《阅读与欣赏》等。

④勤动笔。要养成不动笔墨不读书的习惯。一要随时记下有用的知识，如生字、新词、生动的语句、优美的语段等，将读书与积累结合起来。二要点评阅读材料，对其内容、结构、语言、写作手法、遣词造句等方面进行有针对性的、独到的点评。三要写读书笔记、心得体会等，把读与写结合起来。

(3) 写作的习惯

①积累素材。俗话说"巧妇难为无米之炊"，素材是作文的基础。素材的积累宜从以下几个方面入手：一是自己的亲身经历和体验，这是极为丰富而生动的材料来源；二是学过的课文内容，这也是一个可观的材料库；三是课外阅读材料（书籍、报刊、影视作品等）中反映社会生活的典型故事、精彩片段、名言警句等。

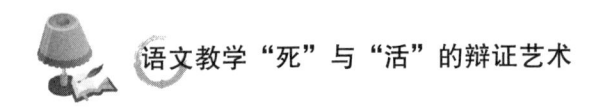

②善于思考。有的学生写作文时总是简单地叙写身边的琐事，缺少深刻的思想内涵和新颖独到的见解，对生活的观察与思考不够深入，没有把握住升华文章主题的关键。学生要想写出思想深刻、见解独到的文章，就必须对生活现象进行深入的感受、思考、领悟，对其进行"去伪存真、去粗存精、由表及里"的精加工，力求在生活的"矿石"中，提炼出珍贵的人生之"金"。材料是文章的血肉，思想内涵是文章的灵魂，思考则是使"血肉"中生出"灵魂"的手段和过程。没有思考就不可能对生活素材进行精加工，就很难使主题思想得到升华。要学会从小处入手，通过对具体、平凡的事物和有关细节的剖析挖掘，揭示出蕴含其中的深刻思想内涵。

③抄写范文。作文水平较低的学生可在抄写文章上多下点功夫。一要选合适的范文抄写，例如，报刊上比较好的散文，或同学写的优秀作文。二要成句地抄写，要做到看一句抄一句，而且连标点也不要抄错。三要坚持抄写，如果每天抄写一千字，坚持两个月，即可有显著效果，坚持半年，作文水平就会有质的飞跃。

④勤于练笔。俗话说"拳不离手，曲不离口"，写文章也是如此。练习多了，就会熟能生巧，写起来得心应手。练笔可以采取以下几种方式：一是养成写日记的习惯；二是经常写些画家写生式的生活片段、生活场景等，积累素材和技巧；三是及时记录自己的生活感受。生活是丰富多彩的，有些事情触动了心灵，使自己有所感、有所思、有所得，就及时将其记录下来。这些来自生活的思想，往往闪耀着个性的灵光，写入文章中就会焕发出耀眼的光彩。

⑤反复修改。一些文章写得很好的学生都很注意对自己文章的修改，他们在完成作文之后，总愿意听听老师的意见，然后或做修改，或者重写。这大概是他们能写好文章的重要原因之一。但老师给每篇作文都提出具体的修改意见又是不现实的，所以，学生最好能掌握作文修改的一般要领，自己动手，勤练修改，养成修改文章的习惯。修改作文有一个大前提，就是所写文章确实可以改，也就是说，一篇文章在内容、结构、语言方面没有大的问题，才可以修改，如果立意离题、内容空洞、思路混乱、语言太差，就不适合修改。

⑥规范操作。考场作文不同于一般的文学作品，也不同于平时练笔，有其自身的特点和操作规范，只有遵守这些操作规范，才能拿到高分。一要列提纲。在平时的训练中，有的学生不注意列提纲，写出的文章往往前紧后松，头重脚轻。由于高考有时间要求，写作文时一般都不写草稿，这样先列出一个详细的提纲，按照提纲行文就显得尤为重要。二要迅速入题。迅速入题就是开门见山，迅速表现文章的主要内容，做到"开篇点题"，然后层层推开，把主题说清楚。三要认真书写。书写潦草、乱涂乱改、字迹难辨直接影响着内容的表达和阅卷老师的情绪，甚至因此而得低分。而整洁的卷面、端正的字体本身就给人以美的享受，往往受到阅卷老师的青睐。四要依题行文。"海阔凭鱼跃"，海中的游鱼是无比自由的，但它也不能游到岸上来，从这个角度看，它的自由又是有限度的。话题作文也是如此，考生一定要在话题涉及的范围内行文，即依题行文，做到"符合题意"。五要遵守规则。考场作文是一场有规则的比赛，每一个参赛者都必须遵守其规则。例如，高考作文要求不少于800字，这就是一个规则，写得太多，给人以臃肿之感，写得太少，按规定每少50字扣一分，实际操作起来所扣分数比这个规定要高得多。高考作文文体自选，一旦选了某种文体，考生就必须遵守这种文体的写作规范，否则就会失分。

教师要认识到"死"抓学生习惯的重要性，制订切实可行的语文学习计划，从积累、阅读、写作入手，引导学生长期坚持，真正养成良好的语文学习习惯。

二、"死"的艺术之学生篇

经常有同事问我我的学生为什么学习起来总是那么自信、不慌乱，其实我在教学过程中有自己的"法宝"，那就是对学生必须掌握的基本知识在学习计划上订得"死"、在课堂活动上抓得"死"、在作业质量上查得"死"，而且可以说近乎苛刻，但是，正是前期教学的"死"，才会有他们后期学习的轻松、愉悦和收获。

1. 学习计划订得"死"

关于学习计划，每位教师都会向学生强调，但很多学生只当作耳旁风。

语文教学"死"与"活"的辩证艺术

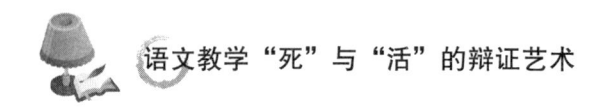

曾经有这样一件事，高一下学期，期中考试刚结束，我给学生讲学习方法，强调基本功的重要性，要求学生制订严格的背诵计划。

突然，一位学生站起来很自信地说："老师，其实我觉得您说得不太对。我从来不喜欢背诵基础知识，但是我从网络上收集并总结了各种题型的答题方法，因为考试题型是固定的，我只需要记住这些方法，考试时就能游刃有余。老师，您的方法是不是有点过时了？"

她的话音一落，不少学生表示赞同。我意识到，如果不及时纠正学生的错误想法，必然后患无穷。

于是，我决定跟她进行一次较量，让她输得心服口服。我笑着对她说："你很聪明！做事情知道寻找捷径。今天，我想用自己的笨办法跟你进行一次较量，你敢接受我的挑战吗？"

此时，大家的兴趣完全被调动起来，这位学生欣然接受了我的挑战。我趁热打铁，说："我们已经学过必修1、必修2的内容，既然你已经掌握了各种答题技巧，我就提问技巧性最强的诗歌鉴赏部分，诗歌鉴赏中关于用典这种题型的答题方法是什么？"

这位学生微微一笑，对我说："老师，您的问题太简单了吧？用典这一题型属于诗歌表达技巧类型，答题分三步：第一步要点明是用典这种手法，第二步要结合诗句具体分析怎么运用的这种手法，第三步要点明诗歌表达的情感。"她刚回答完毕，同学们就报以热烈的掌声。

接着我问了第二个问题："那么请你结合曹操《短歌行》中的'周公吐哺，天下归心'一句分析一下。"这位学生思考半天，却哑口无言。我又问："再简单些，你能告诉我这个句子的含义吗？""老师，我只读过，但没有记住是什么意思。"我意识到机会来了，于是联系几道高考试题进一步向学生强调了夯实基础知识的重要性，并且明确告诉他们，基本功很重要，需要我们长期有计划地扎实推进，切不可盲目依赖答题技巧。

之后，我帮助学生一起制订学习计划，并监督他们认真执行，这样学生学起语文来再也不会感到无从下手了。他们每天的时间安排很紧凑，知识推进很扎实，成绩也终于有了显著的提升。

基于之前对考纲变化的研究，我发现变化的几个方面均体现出积累语文知识的重要性，比如在"识记"这个能力层级中，增加了"要求能识别

第一章 语文教学"死"的艺术

和记忆语文基础知识、文化常识和名句名篇等"内容。这告诉我们，高考越来越注重对语文基本素养的考查，学生必须扎实掌握这些"死"知识。又如文化常识部分，由于中国文化博大精深，文化常识丰富，学生必须尽可能多地掌握，才能有效地应对相关试题。为此，我对五本必修教材进行了梳理，下面我给大家展示梳理过的必修1、必修2的内容。

必修1：

1. 《左传》是我国第一部叙事详细的编年体史书，相传为春秋末年鲁国史官左丘明所作。它依孔子修订的鲁史《春秋》的顺序，主要记载了东周前期二百四五十年间各国政治、经济、军事、外交和文化方面的重要事件和重要人物，是研究我国先秦历史很有价值的文献，也是优秀的散文著作。《左传》取材于王室档案、鲁史策书、诸侯国史等，记事内容包括诸侯国之间的聘问、会盟、征伐、婚丧、篡弑等，主要记录了周王室的衰微、诸侯争霸的历史，对各类礼仪规范、典章制度、社会风俗、民族关系、道德观念、天文地理、历法时令、古代文献、神话传说、歌谣谚语均有记述和评论。晋范宁评"春秋三传"的特色时说："《左氏》艳而富，其失也巫（指多叙鬼神之事）。"《左传》代表了先秦史学的最高成就，对后世的史学产生了很大影响，特别是对确立编年体史书的地位起了很大作用。它补充并丰富了《春秋》的内容，具有很高的史料价值。

2. 春秋时期有公、侯、伯、子、男五等爵位。春秋初期，周天子分封天下，一般功劳越大，分的土地越多，爵位越高，最高的是公爵，如晋文公、秦穆公、齐桓公等。

3. 子：古代对男子的尊称。

4. 寡人：诸侯谦称，寡德之人。

5. 执事：办事的官吏，在《烛之武退秦师》中用作对对方的敬称。

6. 《战国策》是我国古代的一部历史学名著。它是一部国别体史书（《国语》是第一部国别体史书），又称《国策》，由西汉刘向整理编辑。全书按西周、东周、秦国、齐国、楚国、赵国、魏国、韩国、燕国、宋国、卫国、中山国依次分国编写，分为12策，33卷，共497篇，主要记述了战国时期纵横家的政治主张和言行策略，也可说是纵横家的实战演习手册。这部书有文辞之胜，在我国古代文学史上占有重要地位。本书展示了

战国时期的历史特点和社会风貌,是研究战国历史的重要典籍。

7. 祖:临行祭路神,引申为饯行和送别。

8. 古时音乐分宫、商、角、徵、羽、变宫、变徵七音,变徵是徵音的变调,声调悲凉。

9. 中庶子:管理国君的车马之类的官。

10. 箕踞:坐在地上,两脚张开,形状像箕。这是一种轻慢傲视对方的姿态。

11. 《鸿门宴》节选自《史记·项羽本纪》。项羽,名籍,字羽,秦末下相县(今江苏宿迁)人。起兵反秦后与刘邦争天下,交战五年,后失败自杀。节选的这部分主要叙述项羽进入函谷关后与刘邦的一场斗争。鸿门,地名,在新丰(今陕西西安临潼东)。

12. 参乘:亦作"骖乘",古时乘车,站在车右担任警卫的人。乘,四匹马拉的车。

13. 窃:常用作表示个人意见的谦词。

14. 竖子:骂人的话,相当于"小子"。

必修2:

1. 《诗经》"六义"指的是风、雅、颂、赋、比、兴,前三者指的是诗的分类,后三者指的是诗的表现手法。朱熹在《诗集传》中解释说:"赋者,敷陈其事而直言之者也""比者,以彼物比此物也""兴者,先言他物以引起所咏之词也"。

2. 总角:古代未成年人把头发扎成的左右两个髻,叫总角。后来用总角指代少年时代。

3. 楚辞,是战国时期伟大诗人屈原创造的一种诗体。作品运用楚地的诗歌形式、方言声韵描写楚地风土人情,具有浓厚的地方特色。汉代时,刘向把屈原的作品及宋玉等人"承袭屈赋"的作品编辑成集,名为《楚辞》。后世称这种诗体为"楚辞体"或"骚体"。

《诗经》和《楚辞》分别是先秦时期北方中原文化和南方楚文化的辉煌结晶,是中国文学现实主义和浪漫主义传统的两大源头。中国文学史上往往将"风""骚"并称。"风"指《国风》,代表《诗经》;"骚",指《离骚》,代表《楚辞》。

4. 乐府双璧：汉乐府诗《孔雀东南飞》与北朝民歌《木兰诗》。

5. 建安：汉献帝年号。

6. 箜篌：古代的一种弦乐器，23弦或25弦，分卧式、竖式两种。

7. 妾：旧时妇女谦卑的自称。

8. 公姥：公公和婆婆。

9. 伏惟：下级对上级或晚辈对长辈说话时表示恭敬的习惯用语。

10. 初阳岁：冬至以后，立春以前。

11. 初七：指农历七月七日，旧时妇女在这天晚上乞巧。

12. 下九：古人以农历每月的二十九为上九，初九为中九，十九为下九。在汉代，每月十九是妇女欢聚的日子。

13. 适：出嫁。

14. 六合：指结婚选好日子，要年、月、日的干支（干，天干，指甲、乙、丙、丁、戊、己、庚、辛、壬、癸；支，地支，指子、丑、寅、卯、辰、巳、午、未、申、酉、戌、亥；年、月、日的干支合起来共六个字，例如"甲子"年、"乙丑"月、"丙寅"日）都相适合，这叫六合。

15. 青庐：用青布搭成的篷帐，举行婚礼的地方，东汉至唐有这种风俗。

16. 黄昏：十二时辰之一，是戌时（相当于现在的19时至21时）。

17. 人定：是亥时（相当于现在的21时至23时），在《孔雀东南飞》中指夜深人静的时候。

18. 杜康：相传是最早造酒的人。

19. 青青子衿：子，对对方的尊称。衿，古式的衣领。青衿，指周代读书人的服装，在《短歌行》中指代有学识的人。

20. 阡陌：阡，南北向田间小路；陌，东西向田间小路。

21. 乐府三绝：《孔雀东南飞》《木兰诗》与唐代韦庄的《秦妇吟》。

22. 建安风骨：以曹氏父子为中心形成的文人集团所表现出的共同的文学倾向。他们在东汉末年动荡的时代，高谈政治理想，展示强烈个性，形成了慷慨激昂、刚健有力的诗歌风格。代表人物主要有"三曹""七子"和蔡琰。"三曹"指曹操、曹丕、曹植，"七子"指孔融、陈琳、王粲、徐幹、阮瑀、应场、刘桢。

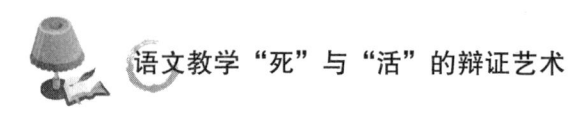

23. 曹魏建立后，曹操被追尊为"武皇帝"，庙号"太祖"，史称魏武帝。

24. 癸丑：在《兰亭集序》中指永和九年。古人常用天干十个字和地支十二个字循环相配来表示年、月、日的次序。

25. 暮春：春季的末一个月。

26. 禊：一种祭礼。古时以三月上旬的"巳"日为修禊日；三国魏以后用三月三日，不再用"巳"日。禊事，古代的一种风俗，三月三日人们到水边洗濯、嬉游，以祈福消灾。

27. 望：农历每月十五。既望：农历每月十六。晦：农历每月最后一天。朔：农历每月第一天。

28. 斗牛：斗宿和牛宿，都是星宿名。

29. 洞箫：管乐器的一种。

30. 匏樽：用葫芦做成的酒器。

31. 蜉蝣：一种小飞虫，夏秋之交生在水边，生存期很短，古人说它朝生暮死。

32. 苏洵、苏轼、苏辙均以文学名世，世称"三苏"。苏轼在书法方面成就也很大，与黄庭坚、米芾、蔡襄并称"宋四家"。

33. 赋：始于战国，盛行于汉，介于诗歌和散文之间，是一种形式比较自由的文体。它主要有三个特点：句式上以四字、六字句为主，并追求骈偶；语音上要求声律谐协；文辞上讲究藻饰和用典。多采用问答形式和铺陈手法。赋，除了它的源头楚辞阶段，还经历了汉赋、骈赋、律赋、文赋几个阶段。

34. 王安石与韩愈、柳宗元、欧阳修、苏洵、苏轼、苏辙、曾巩并称为"唐宋八大家"。

像这样的文化常识，虽然在教材的课文注释中也有，但是较为分散，不利于集中背诵和反馈检测。我给学生集中罗列出来，以复习单的形式发放给他们。

不仅是文学常识，所有的基础知识我都进行了整理，将"死"知识系统化，然后让学术助理和学习小组组长督促学生掌握。要求学生每天掌握一页，每周掌握一单元，做到天天清、周周清。我们的计划还包括对已经背诵的知识进行反复检测。"死"知识虽然枯燥，但因为有了计划，就会落到实处。

2. 课堂活动抓得"死"

一线的语文教师都有这样的感觉：语文成绩好的班级一般都是由执行力强的语文教师引领出来的。高中语文教师面对的是学业繁重的学生，把考纲研究得再透彻，把课程计划安排得再科学，把课讲得再生动，也不能避免学生偷偷在语文课上学数学、英语、物理和化学的事情，也很难让他们分出更多的时间学习语文。我们的计划要想落实到位，必须依靠扎实的课堂活动来推进，一定要把课堂活动抓"死"，使学生对语文学习心存敬畏。

（1）以课堂展讲活动促进学优生，引领学困生

"纸上得来终觉浅，绝知此事要躬行。"课堂上如果教师一味地讲，只把学生当作倾听者，不仅无法调动学生学习的积极性，学生还很难扎实掌握知识。教师可以有意识地培养优秀小讲师团队，并且不断壮大队伍的规模。如复习课和基础知识讲解课，教师可以把课堂交给学优生。教师可提前三天甚至一周把课程计划交给他们，让他们有充分的时间备课。高中生有很强的表现欲，他们为了在同学面前展示自己，会利用早自习和课余时间查资料、梳理知识。除此之外，课堂上的展讲也可以锻炼学生的语文综合能力。看到学优生的突出表现，学困生也会有意识地积累以提高自己的语文素养。

举个例子，学生进入高中之后，我们会在语言运用规范方面进行训练，谦词和敬词的运用就是语言运用中的一个重点和难点，涉及很多传统文化知识。我会提前通知两位学优生，让他们课下查资料、备课。下面是学生准备的分享资料。

汉语中的不少词语有明显的表意倾向，用于自谦的，称谦词；用于对他人表示敬意的，称敬词。近几年高考在对"语言得体"这一知识点进行考查时，常涉及谦词和敬词的用法，许多考生由于不熟悉谦词和敬词，在考试中遇到了困难。

谦词和敬词都有其特定的使用对象和使用范围，只有明确了使用对象和使用范围，才能做到言随旨遣。

谦敬词小测试

初次见面说____；好久未见说____；请人批评说____；

语文教学"死"与"活"的辩证艺术

求人原谅说＿＿；央人帮忙说＿＿；向人祝贺说＿＿；

麻烦别人说＿＿；请人赴约说＿＿；求人解答说＿＿；

请人指点说＿＿；托人办事说＿＿；赞人见解说＿＿；

看望别人说＿＿；客人来到说＿＿；陪伴朋友说＿＿；

中途先走说＿＿；等候客人说＿＿；请人勿送说＿＿；

请改文章说＿＿；归还原物说＿＿；送礼给人说＿＿；

问人年龄说＿＿；问人姓名说＿＿；希望照顾说＿＿；

称人住处说＿＿；称己住处说＿＿；送人照片说＿＿；

欢迎购买说＿＿。

谦敬歌

雅光宝贵贤令尊，对方事物前头用。

敝鄙寒拙愚舍家，须在自己头上加。

家大舍小令外人，谦词敬词有用法。

谦词只能用于己，敬词只能用于他。

谦词敬词要牢记，建设文明好社会。

常见敬词的用法

诗画送人用"雅正"；对方指教叫"雅教"；对方情意叫"雅意"；

宾客来到用"光临"；对方寺庙叫"宝刹"；对方之地叫"宝地"；

对方家眷叫"宝眷"；对方店铺叫"宝号"；问人姓氏说"贵姓"；

问人年龄说"贵庚"；问人何事说"贵干"；

称人父亲说"令尊"；称人母亲说"令堂"；

称人儿子说"令郎"；称人女儿说"令爱"；

称对方的妻子说"尊夫人"；称对方的丈夫说"尊夫"；

称妻子的父亲说"泰山大人"；称妻子的母亲说"泰水大人"；

称对方的爷爷奶奶说"尊祖父""尊祖母"；称对方的孙子孙女说"贤孙""贤孙女"；

称人亲戚说"令亲"。

常见谦词的用法

敝：谦称自己用"敝人"。

鄙：鄙老，老人自谦之词。鄙事，对自己所做琐事的谦词。鄙人，谦称自己。鄙见、鄙论，谦称自己的见解。

拙：拙荆，谦称自己的妻子。拙室，谦称自己的屋子。拙作，谦称自己的作品。

愚：愚见，谦称自己的见解。愚叔，谦称自己的叔叔。

舍：常用于对别人称自己的家或比自己辈分低或年纪小的亲戚。如舍间、舍下（称自己的家），舍弟（称自己的弟弟），舍妹（称自己的妹妹），舍侄（称自己的侄儿）。

家：常用于对别人称比自己辈分高或年纪大的亲戚。如家父、家尊、家严、家君（称自己的父亲），家母、家慈（称自己的母亲），家兄（称自己的兄长），家姐（称自己的姐姐），家叔（称自己的叔叔）。

课堂小测试

1. 下面加点的礼貌称谓使用正确的一项是（　　）

A. 这是您家母托我买的，您直接交给她老人家就行了。

B. 令爱这次在儿童画展上获奖，多亏您悉心指导，我们全家都很感激您。

C. 我们家家教很严，令尊常常告诫我们在社会上要清清白白做人。

D. 令郎不愧是丹青世家子弟，他画的马惟妙惟肖，栩栩如生。

2. 晓华家住农村，是某中学高三年级的住校生。他最近没有钱买饭，但因复习迎考，挤不出时间回家，就写信给父母（其父母没有什么文化）。下面是信的原文，其中画线的哪几处明显有问题？把序号写到横线上。

父亲、母亲：

儿（A）多日未回家，十分想念您们（B）！儿深知父母对儿寄予厚望（C），所以在校学习刻苦用功，丝毫不敢玩物丧志（D）。现在可告知（E）父母的是：儿成绩一直稳定，自觉（F）今年高考大有希望。只是近日囊中羞涩（G），没钱买饭菜，又无时间回家，因而盼望速送"孔方兄"若干（H）。不胜感谢（I）！

遥祝

安康（J）！

愚儿（K）华
×年×月×日

用语不当的几处是＿＿＿＿＿＿＿＿＿＿＿＿＿＿＿＿＿＿

3. 中学生王真写了一首诗,寄给一位慕名已久的诗刊编辑,并附了一封信,信是这样写的:

李编辑:

您好!

寄上拙作《秋月》,望拜读。敝人有吟诗雅趣,学习之余,凑成几句,错处颇多。但自己不能斧正,您是大手笔,望工作之暇给予修改,不吝赐教。

此致

教祺!

王 真
×年×月×日

文中有几处语言不得体,请找出并改正。

(1) _____ 改为 _____ 。

(2) _____ 改为 _____ 。

(3) _____ 改为 _____ 。

(4) _____ 改为 _____ 。

4. 日常交际中,注重礼貌用语、讲究措辞文雅是中华民族的优良传统。请写出下列不同场合中使用的两个字的敬词或谦词。

(1) 想托人办事,可以说"请您帮帮忙",也可以说"_____您了"。

(2) 请人原谅,可以说"请原谅""请谅解",也可以说"请您_____"。

(3) 询问长者年龄,可以说"您多大岁数",也可说"您老人家_____"。

教师一味地讲授,学生被动地听,学习效果不尽如人意。而让学生做小老师,他们的积极性就被调动了起来。像这节有关谦词和敬词运用的课,讲解的学生记得牢固,并拓展了许多相关知识点。他们在讲解的过程中,自身的综合能力得到了提升,其他同学参与的积极性也比教师讲解时高很多,学习效果非常好。

(2) 以知识反馈活动促使学生落实学习计划

孔子曾说:"学而时习之,不亦说乎?"教师怎么知道学生的基础知识掌握得是否扎实?怎么知道学生是否执行了学习计划?那就需要反馈。这也是很多有经验的一线教师的法宝之一。语文学科需要大量的积累,知识学习固然重要,及时反馈也必不可少。我几乎每节课都会留出一些时间对学生进行测试。如默写、背诵、回答问题，当然会有相应的奖励和惩罚措施。

测试的内容以文言词汇和古文、诗词为主，如高考常考的篇目《离骚》《逍遥游》《阿房宫赋》《赤壁赋》等。解析了这些篇目后，我会让学生在早自习时背诵。如《离骚》一文，我会给学生两天的时间，在这两天中组员背诵给组长听，组长和学术助理背诵给我听。我会随机抽查会背诵的同学，背诵过关率高的小组会受到表扬，背诵过关率低的小组要接受惩罚。我也会在课堂上留出时间让学生默写，因为课下的默写很难保证质量。每一课第一次背诵和默写的过关率如达不到95％以上，就不开新课。当然，对于个别完成有困难的学生，可以再多给些时间，还要对他们进行跟踪、督促。

除课文的背诵和默写之外，文言词汇也是我们经常复习、提问、训练的内容。在学习课文的时候，我会给他们及时拓展文言词汇的词义。如在学习《孔雀东南飞》一课时我就为学生梳理了以下词语：

1. 为

（1）为诗云尔（写作）

（2）非为织作迟（是）

（3）阿母为汝求（给、替）

（4）始尔未为久（是）

2. 举

（1）举动自专由（举止）

（2）莫令事不举（成功）

（3）举言谓新妇（发言）

（4）举手长劳劳（抬起）

3. 言

（1）举言谓新妇（说话）

（2）谓言无罪过（助词，无实意）

（3）何言复来还（说）

4. 故

（1）大人故嫌迟（仍然）

(2) 知是故人来（熟悉）

(3) 故遣来贵门（因此）

5. 意

(1) 何意致不厚（料想）

(2) 吾意久怀忿（心中）

(3) 处分适兄意（心意）

6. 适

(1) 始适还家门（出嫁）

(2) 处分适兄意（符合）

(3) 适得府君书（刚才）

7. 令

(1) 县令遣媒来（县长）

(2) 便言多令才（美好）

(3) 莫令事不举（让）

8. 谢

(1) 谢家来贵门（辞别）

(2) 阿母谢媒人（推辞）

(3) 多谢后世人（叮嘱）

9. 应

(1) 汝可去应之（应对）

(2) 六合正相应（符合）

(3) 零泪应声落（随）

10. 何

(1) 何意致不厚（哪里）

(2) 隐隐何甸甸（多么）

(3) 汝今何罪过（什么）

(4) 作计何不量（为何）

11. 相（单指一方）

(1) 吾已失恩义，会不相从许（代"你"）

(2) 及时相遣归（代"我"）

（3）还必相迎取（代"你"）

（4）好自相扶将（代"她"）

（5）誓天不相负（代"你"）

（6）不得便相许（代"你"）

（7）登即相许和（代"他"）

（8）蹑履相逢迎（代"他"）

（9）怅然遥相望（代"他"）

（10）誓不相隔卿（代"你"，与"卿"复指）

12. 相（互相，指双方。以下6例都是此意）

（1）相见常日稀

（2）久久莫相忘

（3）六合正相应

（4）枝枝相覆盖，叶叶相交通

（5）仰头相向鸣

（6）黄泉下相见

13. 相（名词）

儿已薄禄相（相貌）

14. 见

（1）相见常日稀（动词，见面）

（2）渐见愁煎迫（副词，被）

（3）府吏见丁宁（指代副词，指"我"）

为学生梳理好文言知识后，我会将复习单发放给他们，上课时我会针对这些知识点反复提问、测试。那些自称"好读书不求甚解"的学生以为自己小学、初中的语文积累足矣，却不知靠"吃老本"是难以应对高考的。

（3）落实课堂"写"的训练，把看似虚空的语感转化为学生的素养

读《余映潮讲语文》，学习余老师的语文教学理念，有个词很触动我——"读写结合"。回顾近年来一些语文课堂教学案例，读写结合的教学模式，特别是语文阅读课中的读写结合模式，对提升语文课堂教学的效率有着非常突出的作用。所谓读写结合，就是利用课文这个语言的载体，从

课文本身的内容出发,设计与课文密切联系的"写"的内容,从而达到以写促读、以读带写的教学目的。

课堂教学艺术的高层次境界是"学生活动充分,课堂积累丰富"。在以往的课堂教学中,我们也重视品味、赏析一个句子,精读一个片段;遇到教材中的经典语段,我们也会读一读、议一议,口头表达,随堂交流。但仅仅做到这些是远远不够的,我们更应该做的是让学生把自己想表达的内容动手写出来。如学习了《烛之武退秦师》这一课后,我让学生总结烛之武的语言艺术特点。我给他们30分钟的时间,要求写出600字左右的评价。写完后,我让学生分组互评,推选优秀作品,在班级里展示,互相学习。

有一个学生归纳得非常到位,下面是他所写的内容。

烛之武的语言艺术

烛之武的语言艺术在文中得到了充分的展示,主要表现为他善于抓住人物心理,分步骤来劝说秦穆公。下面我们结合课文来分析。

第一,示弱在先,欲进先退,消除戒备。

创设良好的谈话气氛,再伺机而动,烛之武深明此理,所以他见到秦伯的第一句话就摆明了现实:"秦、晋围郑,郑既知亡矣。"课文客观的介绍是先谈晋国后谈秦国,"秦、晋围郑",把秦放在晋的前面,以凸显秦的优势,且"郑既知亡矣"的"既"明确点出郑国自知会灭亡,显现弱势,令秦伯放下戒心。

第二,晓之以害,诱之以利,条分缕析。

烛之武使秦伯的戒备心理有所松懈后,指出"若亡郑而有益于君,敢以烦执事",激发秦伯听下去的好奇心。采用角色换位的说服艺术,把自己置身于郑国之外——一个为秦国利益考虑的人。"越国以鄙远,君知其难也。"这是从地理位置的角度加以分析。秦在西,郑在东,晋处其间。如果晋得郑国之地,无疑是扩大了晋的地盘,这样秦国再想越过晋国就很困难。这是言"亡郑无益"。"焉用亡郑以陪邻?邻之厚,君之薄也。"这是用相对主义的观点来加以分析。设想晋得郑地,相对于秦而言,显然是晋国增加了实力,而自己变得弱小了。厚人而薄己,在那个各个国家都欲称霸的时代，这显然是于己不利的。这是言"亡郑有害"。"若舍郑以为东道主，行李之往来，共其乏困，君亦无所害。"秦国如果留着郑作为"东道主"，则秦国的使者往来，粮资缺乏之时，郑国可以给予供给。这是说"舍郑有益"。烛之武在分析以上"理"和"利"时，紧紧抓住秦伯的图霸心理，时时为秦说话，处处为秦的利益着想，循循善诱，言辞诚恳，就像和老朋友在推心置腹地诚挚交谈。

第三，以史为鉴，言出告诫，说服成功。

为扩大劝说成果，烛之武引用历史教训，进一步论证"亡郑"意味着"亡秦"的道理。"且君尝为晋君赐矣，许君焦、瑕，朝济而夕设版焉，君之所知也。"晋国在惠公之时，曾经许秦以河外的焦、瑕两座城邑，但是在许诺之后，晋国马上就反悔，并设版筑以守二城。烛之武提起这段历史，一则指出晋国言而无信、忘恩负义的本性，以挑拨秦晋关系；二则暗示秦伯，与背信弃义、不讲信用的人合作，恐会重蹈历史的覆辙。借此激起秦伯对晋国的怨恨，以瓦解秦晋联盟。"夫晋，何厌之有？既东封郑，又欲肆其西封，若不阙秦，将焉取之？阙秦以利晋，唯君图之。"这是分析"亡郑"后秦国的结局。贪得无厌的晋国把东边的郑国作为其边境后，必然会向西扩张，"若不阙秦，将焉取之"？位于其西边的秦国自然就是它的"猎物"。至此，烛之武把"亡郑"即"亡秦"的道理分析得十分透彻、无懈可击。这一点是烛之武论说最到位的地方，也是他的致命招式。"一人之辩，重于九鼎之宝；三寸之舌，强于百万之师"，可见语言的巨大力量，语言中包含着大智慧。

这个学生对《烛之武退秦师》这篇文章理解得非常透彻，而用课堂时间让他写出，他的思路就被梳理得更清晰了。看似费时费力，却提高了学生的写作能力和思维能力。

当读写结合的训练成为一种常态时，教师要关注的是，及时对训练的效果进行反馈，课堂上的集体交流、教师的点评必不可少，教师要对学生的回答做出有具体意见的评价，从而督促和规范学生的书面表达。此外，教师要注意对阶段性训练进行综合反思，分析读写训练的有效性。例如，分组讨论时，是不是每一个学生都参与了？一段时间之后，学生的书面作业能否明显反映出训练效果？大量的读写训练所占用的课堂时间是否合

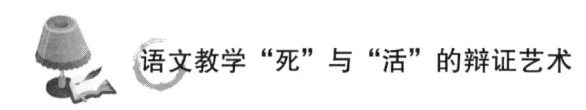

理、科学？长期的训练是否让学生失去了最初的兴趣？学生在写的内容上是否敷衍了事？……教师应根据反馈的内容适时调整，不断反思、更新训练的方法，充分提升读写训练的实效。相信教师通过对"写"的充分重视和长期坚持落实到语文课堂教学中，一定可以取得较好的课堂效益，提高课堂教学质量。

3. 作业质量查得"死"

对于学生来说，做作业是复习巩固知识不可或缺的训练形式，这是"死"的。如果教师能有效地掌控作业这个小阵地，利用作业培养学生的学习兴趣，让学生在做作业的过程中享受到成功的喜悦，享受到教师极富人文情怀的教育，并能与教师进行情感交流，就会事半功倍。

（1）赏识性地批改作业，培养学生学习信心

美国心理学家布鲁纳认为，学习是一个主动的过程，对学生内在动力的最好激发是激起学生对所学材料的兴趣，即来自学习活动本身的内在动机，这是直接推动学生主动学习的心理动机。批改作业是为师生感情交流提供的好机会，是培养学生自信心的有效途径。有人说："批改作业是教师与学生不见面的交流，是一种无声的教育，不要轻易在学生作业本上打'×'。"这句话很有道理，因为"×"会扼杀学生的自信心，打击学生的求知欲，淡化学生的改错意识，遏制学生的反思能力。

教师在作业批改过程中，要带着赏识的眼光，努力挖掘学生作业中的闪光之处，如书写端正、作业齐全、正确率高、思路独特等，并用红笔在句子下面画上表示赞美的小圆圈、小星星、笑脸，或写一些鼓励性的评语，如"想一想，是题目没读懂，还是不知道题目问什么""再想一想，这道题究竟要你说明什么""分析得很好，试一试，语言能否再简练一些""想一想，还有没有其他的对策来解决呢"等。当学生翻开作业本，看到这些标志和评语，就会有一种被认可的喜悦，得到一种精神的满足，体验到学习的乐趣。而学生一旦尝到甜头，就会产生更强的学习动力。

总之，我坚信，如果教师能持之以恒地在日常教学中采用上述方法，那么学生必将乐在学中，学在乐中，从而取得理想的成绩。

（2）别具一格地布置作业，引发乐学意向

美国著名教育心理学家奥苏伯尔曾说：影响学习的最重要因素，是学

习者已经知道了什么。教育者要探明这一点，并应据此进行教学。因此，在教学过程中，教师首先要分析学生的认知状态，再结合本学科的特点，对他们进行一系列的强化训练，引发学生学习的意向。

教师可自编相对应的较浅的系统的练习题，让学生每天认认真真地做10～15道选择题，要求他们独立完成。因为题量少，要求不高，学生就会有耐心、有兴趣独立完成作业。

教师还可制定一套比赛规则，及时记录学生答正确的题数，及时评比。比赛能激发学生争强好胜的心理和做题的热情。

综上所述，"死"不是死板，而是对知识的尊重和正确理解，也是对学生的负责和言传身教。教师对既有知识梳理得不够"死"，讲解就会模棱两可，让学生莫衷一是，学生就不可能发展正确的分析、理解知识的能力。久而久之，教师的可信度降低固然让人叹惋，但学生的知识观、学习观因此扭曲就罪莫大焉。所以，需要说明的是，语文教学"死"的艺术，更多的是从知识层面、态度层面来讲的，教师和学生不应该因此成为"死"学者，而应该成为"活生生"的执行者、检验者和成功的实践者与幸福的体验者。

第二章

语文教学"活"的艺术

第二章　语文教学"活"的艺术

第一节　何为语文教学的"活"

今天我计划到南校区的高三年级听课，正低头翻看着课程表，小周老师跑了过来。

"王校长，上次听您一席话，确实胜读十年书呀！我最近正在修炼语文教学'死'的艺术。我记得您说过要学习'死'的艺术，最好到高三去，我上完课就到高三来听课，确实值得借鉴！"

"小周，你是个有心人啊！咱俩今天一起去听听王老师的课吧。"

我们俩一起来到了高三理科 12 班。

上课铃还没响，王老师已经让学生准备好了默写本，默写周测题文言文《史记·陈丞相世家》中的文言字词和语句翻译。有两位学生在黑板上默写，其他的学生在默写本上默写。默写好后，王老师评讲答案，学生相互批改，评分并纠正错误。这个环节用时 10 分钟左右。接着，王老师开始讲解文言文高考的考点。王老师讲到文言文考查的五种题型：对文言实词与虚词的考查、对断句的考查、对文言文内容的细节考查、对文化常识的考查以及对句子翻译的考查。王老师对每种题型的考查规律、做题技巧都进行了详细分析。学生都低头沉默，忙着做笔记。王老师还没讲完句子翻译的注意事项，下课铃就响了。

我和小周老师走出了教室。

小周老师激动地对我说："王校长，王老师的课确实扎实呀！就像您总结的，考纲记得'死'，基础知识落实得'死'，学生习惯抓得'死'，上课训练扣得'死'。这样目标明确、注重落实的课是我学习的典范！"

"那你觉得他的课完美吗？"

"完美极了！"

"小伙子，又矫枉过正了吧？"

"不是您说文言文学习要注重基础，要讲究'死'的艺术吗？"

"可是只有'死'还不够呀！任何事情都是一分为二的，语文教学'死'的艺术也是辩证的，除了要注重基础知识，还要讲究方法。从这方

语文教学"死"与"活"的辩证艺术

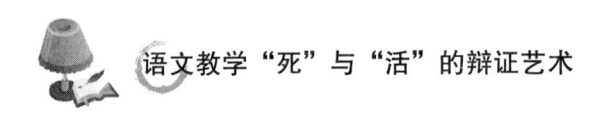

面来说，王老师还要向你学习呢！"

"向我学习？"

"对啊，学习你课堂教学的活力啊，学习你课堂教学的方法呀。即使是高三，也可以让学生讨论、展示、探究。还有，王老师不善于利用多媒体技术。他讲那么多考点和答题方法，做成多媒体课件不是一目了然吗？他这样讲述，一点儿都不直观。学生参与也少，自然调动不起学生的积极性。他讲的是文言文，讲究基础知识准确，要'死'，但是方法可以是多样的。"

"这些方法王老师确实不常用！"

"看来我还得提醒王老师学点儿语文教学'活'的艺术呀。"

"王校长，我明白了，看来我们中青年老师需要互相学习对方的长处。"

"好，小周，我们一起来总结一些让语文课堂'活'的方法和规则吧！"

何为语文教学的"活"呢？"活"是对基础知识的熟练运用，是对公式定理的灵活转换，是对教法学法的适宜切换，是对发散思维的多样化探索，是对教学观念的革故鼎新，是对课堂模式的随机变通，是对教材课程的拓展延伸。

一、"活"是生动，带你走进生机盎然的天地

著名语言学家吕叔湘在《关键在于一个"活"字》中指出："成功的教师之所以成功，是因为他把课教活了。如果说一种教学法是一把钥匙，那么在各种教学法之上还有一把总钥匙，它的名字叫作'活'。"怎样理解语文教学的"活"呢？我们认为它是生动、灵活的课堂形式，是学生喜闻乐见、感兴趣的课堂训练形式，是能调动学生兴趣的语文教学方式。

现代社会日新月异，各种各样的信息铺天盖地，学生的见识随之广博，呆板的课堂和落后的信息传达方式必然会被学生厌弃。如今，我们的语文教学正面临尴尬的现状，尤其是高中语文教学无趣、呆板，程式化严重。

第二章 语文教学"活"的艺术

很多语文教师对自己所教的文章并没有什么真知灼见,只是照本宣科。一些教师讲解文学作品时,往往带着学生逐字逐句地去抠,寻找所谓的"中心思想""标准答案"。这种无趣的教学方法无法调动学生学习的积极性。

我曾经听一位教师讲《装在套子里的人》,上课先是来一套连环问:装在套子里的人都有哪些套子?你认为这些套子可以怎么分类?不同类别的套子又分别是什么?学生却置若罔闻。我私下里问学生为什么不回答这些问题,学生说,这些问题太初级了,没意思。

当下,"供给侧结构性改革"是一个热词,在我们看来,高中语文教学也要考虑进行供给侧结构性改革。说白了,就是教师要想办法让自己的课堂生动、有趣。

下面我们以《装在套子里的人》这篇小说的解读为例,把学习的权利还给学生,相信学生的课堂表现会带给我们不一样的感受。

新鲜的形式和有趣的活动可以使课堂生动。考虑到《装在套子里的人》文本并无生涩难懂之处,我把第一节课的预习时间全部交给学生,印发了预习导读资料,资料中介绍了作者的生平、思想和作品情况。同时布置了第二节课的展示任务——全班合作导演一期"法治与社会"电视节目《别里科夫死因调查》。班里的两名学术助理分别担任总编剧和总导演。学生按兴趣分为编剧小组、导演小组、表演小组、社会学与心理学专家小组、检察官与律师小组、摄影小组。这些小组的任务不是截然分开的,他们的任务有交叉,需要互相合作。

下面是学生自己组织的课堂,非常生动。

一位看起来很专业的主持人上场。

主持人:亲爱的观众朋友们,大家好!这一期"法治与社会"节目,我们来关注一桩一百多年前的离奇案件。1898年夏季的一天,在沙皇统治下的俄国的一所中学男教工宿舍里,发现了一具中年男尸。据调查,死者为该校希腊文教师别里科夫,死因不明。一个多世纪以后,请大家跟着我们的镜头来到这位名叫别里科夫的死亡现场。

出示死亡现场的图片:超级厚的蚊帐下,"死者"僵直地仰躺在床上,被子蒙头,头发蓬乱,脸色苍白,眼球突出,满脸恐惧,似乎生前遭受了

某种恐吓或痛苦。耳内塞有棉花，身穿羊毛衫，床头堆放有黑眼镜、棉大衣，床边放有雨鞋、雨伞。

主持人：观众朋友们，我们来看，房间里没有任何打斗的迹象。我们仔细看看有没有新的发现。这里有一张女士照片被扔在地上，一张漫画被揉成一团。最令人感到奇怪的是，房间的大箱子里存有多年来政府的大量公告和文件，并标注着具体发布日期。

刑侦人员：我们已经在现场勘查过了，也掌握了一些资料。我们根据已经掌握的情况，向调查小组提交了一份报告——

姓名：别里科夫

性别：男

生前职务：俄国某中学希腊文教师

住所：校男教工宿舍

婚姻状况：未婚

口头禅：千万别闹出什么乱子。

特征：晴朗的日子里也穿雨鞋，带雨伞，穿棉大衣，竖起衣领，戴黑眼镜，穿羊毛衫，用棉花堵住耳朵眼。

人际关系：无密友，却辖制全城。死前一个月，曾与女友密哈益·沙维奇·华连卡之弟柯瓦连科有过冲突，被其推下楼梯，但没造成大的伤害。

死前状况：郁郁寡欢，闭门不出达一个月之久。

死亡日期：1898年6月底或7月初。

主持人：好，看完了刑侦人员的报告，大家对这一案件还是没有头绪。下一步，我们需要采访几位和死者交往较密切的人。

采访对象1：华连卡

主持人：请问，您与别里科夫的关系如何？

华连卡：由于校长太太的极力撮合，我们差一点儿结了婚。

主持人：差一点儿？为什么最终没结成呢？

华连卡：他生病前一天到我家，从楼梯上滚了下来，那实在是太可笑了。（忍不住想笑）

主持人：那他怎么会从楼梯上滚下来呢？

华连卡：这个我不太清楚，您还是去问我弟弟吧。

采访对象2：柯瓦连科

主持人：请您描述一下当时的情景。

柯瓦连科：那天晚上他来我家，乱七八糟地说了一些奇怪的话，令我非常气愤，于是我就让他走，他却威胁我，说要把我们的谈话内容报告校长。我一气之下就推了他一把，没想到他居然从楼梯上滚了下去。

主持人：那么，他说了什么让您如此生气呢？

柯瓦连科：他总是有那么多奇怪的想法干扰我的私生活，什么不许骑自行车，不能在大街上拿着书走，甚至不能穿绣花衬衫，简直荒谬透顶。我本来就不喜欢这个人，这一来更讨厌他了。

主持人：那么这件事会不会成为他死亡的原因呢？

柯瓦连科：噢不，这绝对不可能。因为他当时安然无恙地爬了起来，离去时步伐也很稳健。但他当时看到了我姐姐，好像十分尴尬。

采访对象3：布尔金

主持人：您觉得别里科夫是个怎样的人呢？

布尔金：一个怪人。您要是见过他一面，就绝不会忘记他。因为即使在暖和的天气里，他也裹着棉大衣。还有，他总是说"千万别闹出什么乱子"。

主持人：您认为华连卡的笑对他有什么影响吗？

布尔金：噢，他一定会想不开的。要知道，他这种人最害怕出乱子了，可眼下他就要跟华连卡结婚了，自己却闹出这么个乱子，心理上一定受不了的。

主持人：有什么人和他结过怨吗？

布尔金：没有。但实际上每个人都讨厌他，没有人会为他的死亡感到悲伤，但也绝没有人会冒着危险去杀他，全校甚至全城的人都受着他的辖制，很多人还害怕他呢。要知道他可是一个告密者。你们不是发现他房间里有很多政府公告和文件嘛，他要那些干什么？就是为了时时刻刻盯着我们，一旦我们有什么做法、说法不合规定，他立马就会去报告校长、督学。

主持人：听了您的说法，我糊涂了。按理说，死者对大家的影响力这么大，应该是受校长器重的人，可以生活得很舒心的，怎么会死去呢？

布尔金：看来你们的调查工作还不深入呀！他会舒心？他这个人和人

语文教学"死"与"活"的辩证艺术

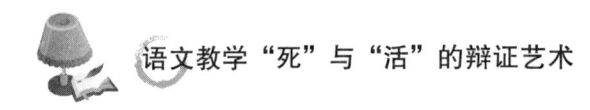

家那些厉害的"老爷"们差远了。他就像一只刚刚被捉后逃走的老鼠，现实生活总是刺激他、惊吓他，老是闹得他六神不安。他跟我同住在一所房子里。他的卧室挺小，活像一只箱子，床上挂着帐子。他一上床，就拉过被子来蒙上脑袋。房间里又热又闷，房门紧闭，风从狭窄的门缝里吹进来，炉子里嗡嗡地叫，厨房里传来叹息声——不祥的叹息声……他躺在被子底下，战战兢兢，生怕会出什么事，生怕小贼溜进来。据说他整宿做噩梦。早晨我们一块儿到学校去的时候，他没精打采，脸色苍白。他所去的那个挤满了人的学校，分明使得他满心害怕和憎恶；跟我并排走路，对他那么一个性情孤僻的人来说，显然也是苦差事。这次从柯瓦连科处回来，他就躺在床上，一个月没起来过。

主持人：布尔金先生，看来您才是真正的知情者，还是您更了解他。感谢您为我们提供这么多有用的信息。听了您的分析，我想我们专案组的心理学专家就可以对别里科夫的死因做出初步的判断了。

心理学专家：大家好，我是专案组中的心理学专家。刚才柯瓦连科说，死者从楼梯上摔下来后"安然无恙"，我们由此可以排除别里科夫当场摔死的可能性。布尔金说，他回到家后一个月都躺在床上，再也没起来过。看来，唯一的可能就是因伤或生病而死。我认为，别里科夫是在与柯瓦连科吵架后气死的，他对柯瓦连科我行我素并毫无顾忌感到痛心疾首，结果抑郁不堪，气急败坏，得病而死。那么，生气果真能致人死亡吗？

关键在于他的心理受到了不可治愈的严重伤害，进而引发或加重了身体上的疾病。著名心理学家周冠生在《东方心理学》一书中指出，应激状态的长期延续能击溃人的生物化学保护机制，导致严重疾病，甚至临床休克或死亡。应激状态是临床心理学的一个概念，指在出现意外事件或出现危险的情况下所产生的高度紧张的情绪状态。

据此可以认定，长期的持续的应激状态导致别里科夫最终被"气死"。他为什么长期处于应激状态呢？我想是因为华连卡姐弟。别里科夫被柯瓦连科推搡，从楼梯上摔下来，恰巧被华连卡看到而被嘲笑。对这样一个思想保守、行为拘谨、胆小多疑的旧知识分子来说，这个意外是一个极为严重的非常事件，所以他由此患病卧床。

社会学专家：大家好，我是专案组中的社会学专家。我认为心理学专家的推断很有道理，我也很想借鉴他的理论：别里科夫是由于无法应对外界的刺激而被气死的。但是他把别里科夫被气死的原因归结到华连卡姐弟身上，我不能认同。华连卡姐弟的刺激确实是他死亡的一个诱因，但不是根本原因。在现实生活中，一个健康的人是不可能被活活"气死"的。别里科夫不是一个健康的人，他是一个长期罹患心理疾病的人。和他同住学校宿舍的布尔金不是说他"就像一只刚刚被捉后逃走的老鼠，现实生活总是刺激他、惊吓他，老是闹得他六神不安"吗？他本来就"没精打采，脸色苍白"。很多人对1898年的俄国社会没有深入的了解。当时由于受欧洲进步文明的影响，俄国人民要求自由、民主的呼声越来越高，但沙皇政府为巩固其统治，采取一切手段进行镇压，禁锢人们的思想和言论，全国警探遍布，告密者横行，人们生活在沉闷之味和忧惧之中。在这样的社会中，恐怕得病的人还不少呢！

主持人：观众朋友们，听了两位专家的分析，大家对死者的死因有没有自己的思考呢？请大家不要走开，五分钟后我们的专案组将做出裁断。

专案组通过对别里科夫一案的调查与分析，得出结论：别里科夫死于心理疾病。而导致他产生心理疾病的原因有两个方面：一方面，他自身性格封闭、保守、怯懦，这是内因。从别里科夫的日常穿着与行为习惯我们不难看出，他的思想是极为保守的，仅仅是看到华连卡姐弟骑自行车，他便无法接受，所以华连卡并无恶意的笑足以让他想不开，以致郁郁而死。另一方面，从根本上说，是沙皇统治者采取的高压恐怖政策戕害了他，长期恐怖氛围的刺激使得他整日紧张、痛苦，严重破坏了他身体的免疫力和神经系统。结果，华连卡的笑就击倒了他。综上所述，我们认为：俄国人民应当奋起推翻沙皇的残酷统治，从根本上解除人们思想保守之源，而保守的人更应该开阔心胸，明眼看世，摒弃一切腐朽的旧制度，让思想重现生机。

我感觉这节课学生的积极性之所以被激发起来，很大原因在于灵活、新颖的课堂形式吸引了他们。他们喜欢扮演主持人、警察、教师、专家，他们喜欢表演情景剧。学生的积极参与让课堂生动起来，这样生动的课堂也把学生带进了一片生机盎然的天地。

二、"活"是生活，带你感悟纷繁复杂的社会

朱熹有诗云："问渠那得清如许？为有源头活水来。"教师要想让自己的课堂生动、有趣，必须要有"源头活水"。对于教学来说，"活水"就是社会生活。"活"是和生活紧密相连，不脱离社会生活的训练方式。千年以前的韩愈给教师的定义是"师者，所以传道授业解惑也"，解答学生对社会现象的疑惑，是教师的责任之一。我们当然不能脱离社会生活——"活"的课堂的源头。

密切联系社会生活的课堂一定是学生喜欢的课堂。这样的课堂可以激发学生的学习兴趣，让他们关注社会，思考社会，并运用自己所学的知识解决实际问题，对身边的人或事进行评论和辨析。这样的思考和积累恰恰也是和高考接轨的。近年来，高考作文越来越贴近社会，甚至称这样的作文为任务驱动型作文。我们在课堂上有这样的实践也是符合时代需求的。我至今仍然记得2008年的一节课。

2008年5月12日汶川大地震，举世关注。在这样的背景下，四川都江堰某中学一名默默无闻的教师，在短短的十几天时间里成了海内外民众热议的焦点人物。因为他在地震发生时，自己丢下学生从教室跑出去，没有先去救学生。这一事件引起了全国的大讨论，香港凤凰卫视的《一虎一席谈》围绕该事件进行了大辩论。我意识到这是学生感兴趣的一个话题，就让学生观看了视频，果然在课堂上引起了学生激烈的争论。

学生分成了挺派和倒派，两派的争论相当有水平。

挺派的学生侃侃而谈："教师的职责是教书、传授知识，没有规定教师在生死攸关的危急关头一定得舍命救自己的学生。相信这个时候每个人首先想到的都是自救，教师也是人，我们无权用道德绑架他！这个年代人们对教师这个职业的要求越来越高，你可能会说不是也有教师为了保护学生而牺牲了自己吗？那说明他很伟大，但这不是教师的职责！"

倒派的学生也不甘示弱："假如军人临阵脱逃，消防员见火不救，只是不够伟大？作为一名教师，有义务帮助学生。那些为了学生而牺牲自己的教师，才是大家心中的中华好儿女、学生的好老师、人民的英雄！"

挺派的学生也能够及时接招："请注意一个概念——道德绑架。自觉维护道德、自觉遵守道德当然是人格高尚的表现，可是拿自己做不到的道德去束缚别人，就是道德绑架！这位教师在危险的时候抛弃了他的学生，的确是违背了道德。但是如果换作我们，又会如何做呢？可能会大义凛然地站出来，选择救自己的学生，哪怕为此牺牲自己的生命。每个人都有自己的选择，这位教师不愿为他人牺牲自己的生命，这就错了吗？他只是不够伟大，不至于引起众怒，让大家批判！我们应该理性一点，不要用道德去棒杀一名普通的教师。我们的教育是不是也应该负责任？学校、教育主管部门平时对突发事件的应急训练不够、预案不充分，这些因素导致教师的应变能力不强，这也是原因之一。"

倒派的学生立即反驳："一个人的行为的确与他的心理、所受教育有一定的关系，但是退一步讲，即使存在学校、教育主管部门平时对突发事件的应急训练不够、预案不充分这些客观因素，这位教师事后的言论也是不可原谅的。你可以不高尚，但你不应该标榜这种不高尚。你可以因本能而自私，但你不应该以此标榜自己诚实。这位教师用'追求自由和公平'来标榜自己，近乎卑劣无耻。不需要他牺牲生命，只需要他跑的时候叫上学生；也不需要他跑的时候叫上学生，只需要事后为自己的行为感到惭愧；甚至不需要他事后为自己的行为感到惭愧，只需要他别把自己的懦弱矫饰成另类的勇士。"

学生们义正词严，辩论难解难分。我又一次认识到课堂的活力源自哪里，那就是社会生活！

三、"活"是自主，带你遇见更加美好的自己

我国普通高中教育是在义务教育基础上进一步提高国民素质、面向大众的基础教育，旨在促进学生全面而有个性地发展，为学生适应社会生活、高等教育和职业发展做准备，为学生的终身发展奠定基础。普通高中的培养目标是进一步提升学生的综合素质，着力发展核心素养，使学生具有理想信念和社会责任感，具有科学文化素养和终身学习能力，具有自主发展能力和沟通合作能力。

语文教学"死"与"活"的辩证艺术

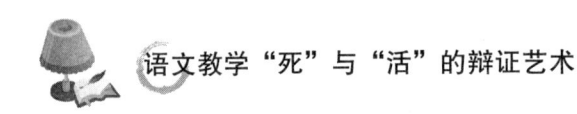

自从漯河高中推行"三维六元"卓越学本课堂模式以来，学校的课堂活力倍增。"三维"指问题导学、思维建构和个性发展三项目标，"六元"指自学、议学、探学、展学、点学、练学六种能力。"三维六元"卓越学本课堂的基本特征与要点：卓越学堂涵三段，学导结合是红线，学生自主是基础，教师点评是关键。学堂把握六字诀：自、议、探、展、点、练。它强调学生多元化发展，不以考试成绩为唯一评判标准，以培养各行业未来"卓越型自主创新人才"为目标，着重培养学生的各项能力，鼓励学生个性化发展，以使学生适应未来社会。在"三维六元"卓越学本课堂上，教师不再是"卓越的讲师"，是学生有需要时的"大同学"，甚至是学生自导自演舞台下的"观众"。教师在课上用"减法"，课前、课后用"加法"，可概括为"抓两头，放中间"。课前精心编制"一案"，课中有序使用"三单"，课后及时重组"问题"。课堂中始终贯穿自、议、探、展、点、练六种能力的培养，使学生逐步走上"无我"（"填鸭式"传统学习）—"自我"（发现式有效学习）—"你我"（探究式有效学习）—"超我"（激励式有效学习）的"卓越"发展之路。

就学生而言，真正实现了身在"学堂"心属"自我"，由被动学习转向主动展示学习、自主合作探究学习。学生完全成了课堂的主人，高度自主，自由思考，独立探索，积极合作，大胆展示，思维碰撞，个性张扬，师生互动，课堂变成了真正意义上的"知识的超市""生命的狂欢"。学生的组织管理能力、自主学习能力、合作探究能力、语言表达能力、问题解决能力等得到了显著的提高。

在这样的课堂上，学生真正成为学习的主体。他们通过课前的预习、课上的展示、课后的拓展训练，完成自我评价和互相评价，在学习的过程中充分感受到了自己解决问题的快乐。

学生主动学习，快乐学习，成就了"活"课堂。苏霍姆林斯基说过："成功的快乐是一种巨大的精神力量，它可以促进儿童好好学习的愿望。"轻松快乐的课堂能调动学生的积极情绪，能激活学生的大脑细胞，从而激发学生表达的欲望。即使是平时比较沉默的学生，也会受到集体情绪的感染，努力去克服困难，战胜自我，产生想说的冲动。在课堂上要多用"这个想法有创意""你的问题够尖锐""大家喜欢这样的表达"这样的鼓励性语言评价学生。即使他们说错了，也要对他们的勇气给予充分的肯定。让学生多些认同感，少些失落感、失败感，这样，课堂上学生才会踊跃参与，活力十足，课堂气氛也会活跃起来。

下面举一个课例，我们来一起感受一下。

这是一节以"了解学生、相信学生、依靠学生"理念为指导的课，教学内容是高中语文人教版选修教材《中国古代诗歌散文欣赏》中的一篇文言文——《庖丁解牛》。那时我校刚刚接触生本教育理念，准备改变一下以往的教学模式。

我以谈话的方式导入课文："大家见过屠宰场面吗？"大家对这个话题很感兴趣，尤其是男孩子，一听这个问题马上来了精神。我示意他们举手发言，其中几个平常上课要么睡觉、要么发愣、要么捣蛋的学生把手举得特别高，我一一叫起来，他们一个个描述得眉飞色舞，教室里不时爆发出阵阵笑声。等他们说完，我提了一个问题："你们刚才描述的场面有惨叫声吗？血腥吗？"学生停了一下，然后纷纷说动物很可怜，叫声很凄惨。我又问："你们见过技术高超到像行为艺术的屠宰场面吗？"看到学生满脸疑惑，我接着说："今天我们就一起见识一下'拍摄'这个场面的顶级高手。"然后导入课文。学生的好奇心一下子被激发起来，纷纷打开课本阅读起来。然而学生的文言基础较薄弱，读这样的文言文有难度，为了不挫伤他们的积极性，我让他们以小组为单位研习课文。我在教室里不停地巡查，发现学生有问题便及时解答。

学完课文后，我想让学生谈谈这篇课文给自己的启示，或者说从庖丁身上学到了什么。本来我以为这个问题挺难的，但学生小组讨论后，给出了出乎我意料的回答。有的学生说，庖丁之所以技艺高超，是因为他勤学苦练，还爱动脑筋，善于总结规律。我借此机会鼓励学生，只要像庖丁那样，大家也会有所成就。有的学生说，庖丁技艺那么高，每次解牛还是小心翼翼，不像社会上有些人，开车很张狂，一点儿都不小心，最后酿成车祸，给自己、给别人都带来痛苦。有的学生说，庖丁之所以技艺高超，是因为他做事很专心。我趁机让学生对照自己往日的学习态度，有些学生会意地笑了。还有的学生说，庖丁技艺都那么高超了，但他一点儿也不骄傲，不像有些人，有一点儿成绩就到处炫耀，趾高气扬，得意忘形。

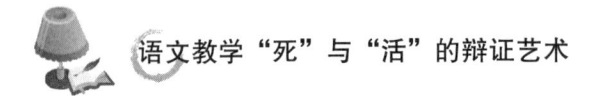

学生说得很热烈，我趁热打铁，要求学生以"我从庖丁身上学到的"为题写一篇短文，字数不限。这次的作文学生写得很好，抒发了真情实感。

"活"的课堂不能以教师为中心，须知教师只是课堂组织者和引导者，学生才是课堂的主体。以前我们总是习惯于备好课以后讲课，觉得只要自己吃透教材，讲解生动，学生就一定爱听，课堂气氛就一定活跃。可事实往往是教师讲得津津有味，学生听得昏昏欲睡。

这节课的成功让我明白，要了解学生、相信学生、依靠学生。在教育教学过程中，教师要以学生为本，一切为了学生、尊重学生、依靠学生，让学生把学习当作自己的事情。不了解学生，教师就无法进行恰当的引导，学生在课堂上就没有话说，这就是教师上课唱"独角戏"的原因。不相信学生，教师就不愿意把学习的主动权还给学生，也就没有课堂上精彩的生成。

由此看来，只有在课堂教学中找准切入点，贴近学生，激发学生的学习兴趣，把学生作为学习的主体，充分依靠学生，相信学生具有无限的潜能，通过改变课堂教学组织形式，给学生更多独立有效的思维时间和空间，开展有助于提升学生感悟层次的常规化讨论，营造自由、和谐、富有个性、独立自主的学习生态，才能促进课堂效益与生命质量的整体提升，才能让我们的课堂充满活力。

总而言之，"活"是语文教学的本质特征之一，充满了艺术张力。它以汉语言为源代码，通过五千年中华文明的系统编程，融入天地、社会、自我等因素，最终成为生动不失灵活、鲜活来自生活的独特艺术，是语文教师最具成长力的支撑点所在。

四、"活"是丰富，带你走进包罗万象的课堂

高中语文课程涉及的知识面很广，上至天文地理，下至市井风俗，古今中外、动物植物无所不包。

作为语文教师，我们必须不断学习，提高自身的知识积累和能力水平，学习先进的教育理论和经验，并不断在教学中反思、总结、突破、提

高。要使课堂教学灵活而丰富，带领学生走进广阔的天地，教师还可以从以下方面努力。

一是灵活拓展文本背景，丰富学生的文史知识。

例如，学习《滕王阁序》一文，可以为学生讲解其中的背景故事。王勃看望父亲途经南昌，偶遇阎伯屿在滕王阁宴请宾客。王勃虽然年轻，但才华横溢，英气十足，阎伯屿久闻其大名，邀为嘉宾。席间，由于滕王阁修筑完毕，阎伯屿希望在座宾朋能够以此为名并著文一篇以表庆祝，但是诸客一一推辞，个中原因是大家明白阎伯屿想要让大家见识自己女婿的学识才华。唯有王勃不知其故，一时间豪气勃发，挥笔即作，众人以为王勃不懂谦让、爱出风头，但看见那句"落霞与孤鹜齐飞，秋水共长天一色"时，便纷纷拍手叫好，阎伯屿更直呼王勃为"天才"。由于大多数学生对这段故事都不太了解，教师绘声绘色、略带幽默的叙述可以充分激发学生的兴趣。课堂接近尾声时，教师还可以根据教学内容进行提问："通过学习，我们对王勃有了初步的了解，知道他在历史上有着'初唐四杰'之一的美誉，同学们知道其余'三杰'是谁吗？"若学生不知，则可以让他们课后上网查阅资料，这不仅是知识的延伸，也是学习空间的延伸，能使得语文课堂灵活而丰富，学生也乐意参与。

此外，教师还可以把学生的阅读兴趣延伸到课外，以课内阅读带动课外阅读。教师在教学过程中应该时刻关注学生的学习心理活动，不仅要调动学生阅读的主动性，还要发挥阅读的优势，引导学生通过阅读关注身边的人和事，锻炼学生的阅读能力，为学生的写作积累素材，从更全面的角度开发学生的潜力。例如，在教授屈原的《离骚》时，可以拓展延伸屈原所在朝代的时代背景，扩大学生的阅读面，再通过屈原跳江引出纪念屈原的活动和文化，让课内外知识更好地融合，这样不仅有利于学生对知识的吸收，还能提高学生的学习积极性。

二是深度挖掘文本，丰富文本生成，使课堂教学内容丰富且充满魅力。

为使课堂教学内容丰富而充满魅力，教师可通过感受形象、品味语言、体验情感、迁移启迪等方法有创意地对文本进行解读。这种解读是对文本的一种整体的、贯通的解读，是有主体性的、有个性的解读，体现出

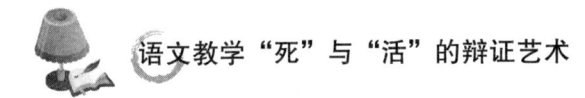

来的是阅读教学的生机与活力。有创意的解读是最高层级的解读。如李镇西老师教学《祝福》一课，借助"祥林嫂是自杀还是他杀"这一问题，点燃了学生阅读的激情。下面我们来品赏一下这一课的课堂教学片段。

师：现在我们统计一下，认为祥林嫂是自杀的同学请举手。（学生举手）23位同学认为是自杀，还有13位同学认为是他杀。两边的同学都先准备一下。我们先请认为是自杀的同学陈述一下他们的观点。

生：刚开始祥林嫂就问了"我"一个问题："一个人死了之后，究竟有没有魂灵的？"由此可见，她有死的想法。

师：还有没有补充？

生：还有一句："死掉的一家的人，都能见面的？"

生：她原以为在土地庙捐了门槛就可以赎罪，但是没有，她就绝望了，认为死亡可以减轻自己的罪。

生：四叔说："不早不迟，偏偏要在这时候，——这就可见是一个谬种！"如果是自然死亡，就不能说是"谬种"。

生："偏偏"两个字，说明祥林嫂的死是突然的，如果是自然死亡，就不会感到惊讶。

师：下面请认为是他杀的同学讲讲理由。

生：我觉得如果祥林嫂要自杀，应该在孩子死了以后就自杀，那个时候她已经对生活绝望了。因此她是自然死亡。

生：祥林嫂曾问"我"：有地狱吗？可见她是怕死的，对死充满恐惧，因而不可能自杀。

生："不早不迟，偏偏要在这时候"，她明知道按照习俗那个时候她会为死去的丈夫与孩子祝福，所以她一定不会选择在那时候自杀。

师：你提出这个理由是什么意思？

生：文中说她是"穷死的"，就是说她找不到工作。

生：文中写"我"遇到祥林嫂时看到她手提着竹篮，"分明已经纯乎是一个乞丐了"。她宁愿要饭也要活着，就说明她不想死。那两天是冬天最冷的几天，她是一个乞丐，在街上没有地方住，应该是被冻死、饿死了。

师：你的意思是她想活着，只是没有吃的、穿的。

第二章　语文教学"活"的艺术

生：一个人要选择自杀的话，对生活一定非常厌倦了。但是祥林嫂对生活已经完全麻木，没有任何感觉了，所以我觉得她不会自杀。

师：你是说，她对生活麻木了，生与死对于她来说已经没有区别了。

生：为什么她以前不死，现在去死？而且她去问"我"有关魂灵和地狱的问题，还有此前捐门槛，正是因为她怕死。

生：先不说躯体，她在精神上是被封建礼教害死的。

师：还有没有补充的？

生：从伦理方面而言，其实祥林嫂是一个普通而胆小的女人，不一定有勇气自杀。如果就从"我"这一句话里鼓起勇气的话，那后面还没有勇气。从宗教方面来说，她信仰佛教，佛教教义是不能自杀的，如果自杀，自己有很大的罪孽。

师：你从哪儿看出她信佛教？

生：从捐门槛可以看出她信佛教。我觉得她的死不是自杀或自然死亡，说她是冻死、饿死的也不可能，快过年的时候，人们往往会做善事，怎么可能让她冻死、饿死？

师：祥林嫂到底是怎么死的，我们不可能准确判断，我赞成丁玲的说法：祥林嫂是非死不行的，同情她的人和冷酷的人、自私的人，是一样把她往死里赶，是一样使她增加痛苦。或者说，祥林嫂是被逼死的，或者是被逼出去，结果找不到工作，冻死、饿死了，或者逼她自杀了。现在看是哪些人把她逼死了？柳妈、四婶……这些人都把祥林嫂逼上了绝路。

当时于漪老师评价这节课内涵丰富，具有鲜明的时代色彩。从教学片段中看出，学生思维活跃，兴味盎然；教师切中肯綮，点拨精当，引导学生步入了语文求知的殿堂。

这节课的丰富还在于师生思维容量大，对文本拓展挖掘深。学生在研究祥林嫂是自杀还是他杀时运用到了法律知识、有关封建宗法制度的文化常识，还运用到了心理学知识。这都体现了学生知识面广，并且思维灵活。李镇西老师的这节课已经是十几年前的课了，至今仍然觉得生成丰富，值得模仿、研习、借鉴。

谈到《祝福》一课的拓展与延伸，我又想到我们学校一位年轻教师贾老师上《祝福》的公开课时对人物的探讨，令人叹服。下面是这节课的教

学片段。

生：这个人勤劳、踏实、朴素、能干，但是在封建礼教的压迫下逐渐失去了自我，走向了穷途末路，所以她给我留下了深刻的印象。

师：好，你总结出了祥林嫂的人物特征，还说出了给自己留下深刻印象的原因。那么，你能告诉大家，这些特点是通过哪些细节具体表现出来的吗？

生：通过她经历的一些事情。

师：能谈一下细节吗？

生：她刚出场的时候是一个勤劳、朴实、能干的形象。

师：能结合课文中的语句具体谈一下吗？

生：试工期内，她整天地做，似乎闲着就无聊，又有力，简直抵得过一个男子，所以第三天就定局，每月工钱五百文。

师：其中提到一点"简直抵得过一个男子"，也就是说，作为女人的祥林嫂和一个男子干一样的活儿，甚至比男子还强，所以说她非常勤劳。还有什么补充？

生：她无法自己做主，反抗不了别人对她的逼迫。

师：能具体说一下吗？

生：她不想再嫁，但她被婆家逼着嫁了，所以说她是很无奈的。

师：也就是说，她本来不想再嫁了，但没办法阻止，再嫁表现了她的无奈。其他同学对祥林嫂还有没有别的评价？

生：我认为她自己也有些封建迷信思想，她嫁人之后，她的丈夫死了，她成了寡妇，四婶是不让她参与"祝福"的，柳妈建议她去捐门槛，她捐了之后四婶还是嫌弃她，这带给她很大的打击。

师：迷信体现在哪儿呢？

生：文章开头的时候，写"我"遇到了祥林嫂，祥林嫂问我人死了有没有魂灵，有没有地狱。

师：问有没有魂灵和地狱，就表示迷信吗？

生：但是我认为她相信有魂灵和地狱，还捐了门槛。

师：关于祥林嫂这个形象，大家整理得非常好，至于对这个人物形象的完整性概括，还有待于大家课后继续完成。回过头来，我们看看刚才的学习过程。我们在对小说中的人物形象进行分析时，要遵循三个步骤：第一步是先找出一个概念，叫"谁"，也就是我们需要分析的文章中的具体人物；第二步要完成的任务是"怎样"，也就是总结出人物的特点；第三步要完成的任务是"怎见得"，也就是找出依据。

这是我们在对小说人物拿捏的过程当中要重点注意的三个环节：第一，是谁；第二，他是怎样的一个人；第三，通过检索文章，落实你的观点，也就是怎么见得。当你们把祥林嫂的情况分析一番后，我现在问大家这样一个问题：作者写这样一个人，有什么目的？

生：讽刺那些嘲笑祥林嫂的人。

师：大家请注意，他用了一个词"讽刺"。

生：还有批判的意味在里边。

师：还有不同意见吗？

生：我觉得作者在这里表达了对祥林嫂这样的弱势群体的一种关注，同时也揭露了封建社会的吃人本质。

师：封建社会吃人的本质，还有就是揭露出迫害死这样一个人的群体。这是大家很容易得出的一个结论。那么，可以以此来完成对作者创作目的的探究吗？我们换个人物看看，除了祥林嫂，你们认为文中还有哪个人物有研究的价值？

生："我"、鲁四老爷。

师：好，我们选择鲁四老爷进行探究。大家快速浏览一下文章，画出描述这个人的文字。分析小说中的人物，要注意"听其言，观其行"。看完课文后，大家的脑海里一定有了一个鲁四老爷的大致形象，现在我们就把这个形象一起整理出来，好不好？你觉得鲁四老爷是一个怎样的人呢？

生：我认为鲁四老爷是一个极其在乎名声又封建的人。

师：还有没有补充？

生：我觉得鲁四老爷是一个迂腐、守旧、封建的人。

生：我觉得他是一个没有同情心、顽固的人。

生：我觉得鲁四老爷是一个自私、伪善、冷酷无情的人。

生：是封建社会男性的代表人物。

师：封建社会男性的代表人物，这个答案高度概括。这就是我们进行

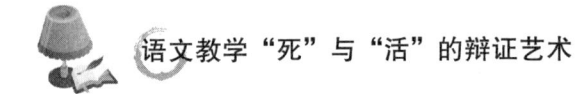

人物分析的第二步"怎样"。在理解人物方面，我们切忌随便给人下定论，对每个人的评价都应有客观的依据。好，我们现在进行第三步"怎见得"。

生：他是封建礼教的执行人物，从第一段骂康有为可以看出。

师：还有没有？

生：课文中提到祥林嫂被一群人掳走了，然而鲁四老爷先说了"可恶"，后边他还说了"然而"，"然而"之后是省略号，就说明他有话还没说出来。这个时候祥林嫂应该是鲁四老爷的仆人，而他只考虑到自身的利益，觉得自己的仆人丢了，却没想到祥林嫂到底遭遇了什么，从这里可以看出他是个自私的人。

师：这位同学在阅读课文的时候还关注到了标点符号，很好。你认为鲁四老爷是说抓祥林嫂的这些人"可恶"吗？

生：他的意思是这个世界很可恶，而不是在意祥林嫂这个人，他在意的是他家少了一个仆人。

师：换句话来说，"可恶"表达的情感还远远不够，对不对？好，理解得有个性。还有没有补充的？

生：他很迷信，听说祥林嫂是寡妇，后来被强迫再嫁之后，祭祀的时候就不再用祥林嫂了。

师：就是说鲁四老爷不让她随意动那些东西，是因为他受了封建迷信的影响，是不是？请大家注意"影响"这个词，我们很多时候在做出一些判断时，往往在背后都藏着一个"影响"，因为每个人的成长都会有一个特定的环境。那么鲁四老爷的种种表现背后有一个怎样的"影响"呢？文中有这样一句话，不知道大家注意到没有？鲁四老爷的身份是什么？"讲理学的老监生"，这个短语的中心词是什么？有同学说是"老监生"，有同学说是"监生"，还有的说是"讲理学的"，"讲理学的"这应该是一个修饰词。中心词是"监生"，"监生"是什么人？

生：国子监的学生。

师：国子监是什么？

生：我国封建时代的最高学府。

师：鲁四老爷为什么能去最高学府上学？

生：靠祖先。

师：靠祖先？书上没有说因为鲁四老爷家很有钱，然后买了这个位置呀。在评价人的时候不能想当然啊。国子监的学生一般有三个来源：第一个是贡生，就是考进来的；第二个是荫生，就是受了祖先的恩德进来的；第三个是捐生，就是捐钱上的。就鲁四老爷而言，根据文章内容，我们只知道他是一个监生，但不知道他是怎么进国子监的，总之，他是一个曾在国子监学习的人。

师："老"是什么意思？年龄大，资质老，还有经历的时间长，"老"是岁月的表现。

师：他干什么工作？讲理学。理学是什么？谁来说一下？

生：理学是宋代以程颐、程颢、朱熹等人为代表，阐述儒家学说形成的一种思想体系。

师：理学是从宋代的时候兴起的阐述儒家学说的一种思想体系。我们来看鲁四老爷，他曾在国子监学习，而且经历了很长时间，出来以后依旧在讲理学，讲的还是他曾学的那些东西。这告诉我们，封建体制、仪式、礼仪、法规、制度对于鲁四老爷而言，是烂熟于心的。

师：现在把刚才同学们所说的鲁四老爷的特点结合到我们对他的身份的分析上，你怎么评价鲁四老爷？

生：鲁四老爷是一个封建仪式的维护者。

师："维护者"，对吧？你今天迟到了吗？

生：没有。

师：那我能不能说你是学生守则的维护者？

生：不可以吧。

师：为什么？

生：好像褒贬上有点问题。

师：其他同学还有没有不同的看法？

生：他也是一个呆板的人，因为他对所学的知识，只会死板地去实践。

师：你说他是一个呆板的执行人，不会变通。还有没有补充的？

生：我觉得他是一个封建思想的受害人。

师：他说了一个词，把自我磨灭了的一个"受害人"。

语文教学"死"与"活"的辩证艺术

师：总结刚才的学习过程，我们完成的其实就是一个"怎见得"的过程。把文中的相关文字作为判断依据，大家得出的鲁四老爷的形象是多样的。刚才有同学提到了鲁四老爷说的"可恶"，那么这个"可恶"是在说谁呢？

生：卫老婆子。

生：卫老婆子他们干的掳走祥林嫂这件事。

师：你们觉得卫老婆子他们可恶不可恶？

生：可恶。

师："可恶"，你们和鲁四老爷的看法一样。在你们心目中，鲁四老爷可是一个可恶的人呀，他也会怜惜一个佣人吗？

生：说明他还没有完全丧失理性。

师：大家针对鲁四老爷聊了很多，我希望大家能把有关这个人物的所有内容结合在一起，再思考一下大家一开始得出的结论，也就是鲁四老爷是怎样的人。然后大家再思考一个问题：如果从创作目的的角度分析，作者写鲁四老爷的目的是什么呢？

生：我觉得写鲁四老爷的同时也反映了社会上并不是所有人都想变坏，鲁四老爷之所以成为这样一个人，是受当时社会环境的影响，是环境把他塑造成了这样，也反映了当时社会的黑暗。

师：我们脑袋里想的那个"大坏蛋"，是在一定环境的影响下逐渐形成的，老师觉得这种对人物的评价是比较客观的，每个人的成长都离不开特定环境的影响，即便是小说中的人物，也需要我们给予客观的评价。

师：文中的"我"在一般人看来算是一个正面的形象，因为大家是把"我"和鲁迅先生紧紧联系在一起的。那么大家有没有注意到，"我"和鲁四老爷从身份上看有什么共性？

生：都是读书人。

师：小说中身份相同的这两个人，鲁四老爷代表的是旧知识分子，而"我"代表的是新知识分子。我们来看，给祥林嫂提供第一份工作的是谁？

生：鲁四老爷。

师：在祥林嫂第二次出了问题的时候，鲁四老爷本来是不愿意让她进门的，但最后仍然给了她份工作。所以从常情上讲，鲁四老爷的做法是有可以理解的地方，但可以肯定的是，鲁四老爷这样的旧知识分子是不会在乎祥林嫂的死活的，也救不了祥林嫂。

师："我"呢？祥林嫂问了"我"一个有关魂灵有无的问题后，"我"给她的答案直接导致了祥林嫂的死亡，于是，"我"陷入了深深的自责中。鲁四老爷和"我"作为那个时代知识分子的代表，是没有办法改变这个社会的，也无力拯救那些苦难的人们。

师：我们一起来看小说开头的那段话："虽说故乡，然而已没有家，所以只得暂寓在鲁四老爷的宅子里。他是我的本家，比我长一辈，应该称之曰'四叔'，是一个讲理学的老监生。他比先前并没有什么大改变，单是老了些，但也还未留胡子，一见面是寒暄，寒暄之后说我'胖了'，说我'胖了'之后即大骂其新党。但我知道，这并非借题在骂我：因为他所骂的还是康有为。"从这段话中，我们注意到，鲁四老爷还在记恨着一拨人，那一拨人是谁啊？

生：康有为他们。

师：鲁四老爷为什么会记恨康有为呢？因为康有为违背了理学的原则，破坏了原有的社会秩序，所以鲁四老爷要骂他。我们知道，这个作品写于1924年，康有为他们主张变法之后还发生了什么重大的政治事件呢？

生：辛亥革命。

师：对，但是鲁四老爷骂的还是新党，由此可见，辛亥革命有没有在鲁镇产生了巨大的影响呢？

生：没有。

师：所以，除了小说当中的"我"和鲁四老爷这个所谓的"知识阶层"无法拯救祥林嫂，辛亥革命也没有拯救祥林嫂，还有那么一拨似乎和祥林嫂应该站在一起的"劳动者"，他们带给祥林嫂的是什么？

生：他们带给祥林嫂的是伤害、嘲讽和羞辱。

师：那你们说，祥林嫂是否相信她身边的这拨人会救她呢？

（学生摇头）

师：她不相信这拨人会救她。在读课文的时候，大家有没有注意到，鲁四老爷在当地算是乡绅，他家里雇佣了很多的人，甚至在"祝福"忙的时候，还会雇像祥林嫂这样的短工。但是，他家里有一样东西，很长时间

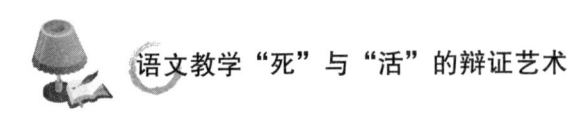

了都没有人打理，我觉得很奇怪，就是那副对联。你们注意到了吗？

生：注意到了。

师：对联的内容是什么呀？

生：事理通达心气和平。

师："事理通达心气和平"，这是其中一联的内容，另外一联则"松松的卷了放在长桌上"，难道就没有一个人看到它脱落了需要挂起来？

（学生疑惑不解）

师：我帮大家查出了那一联的内容，你们看一下。（板书：品节详明德行坚定）我问问大家，这副对联的上联应该是书上的那句还是我写的这句？

生：书上的那句。

生：老师写的这句。

师：同学们意见不一，认为我写的这句是上联的同学请说下理由。

生：最后一个字是仄声。

师：最后一个字是仄声，你们知道对联的上下联在平仄上有什么特点吗？

生：应该是前面是第三、第四声，后面是第一、第二声。

师：仄起平收，好，恭喜你们答对了！"定"是仄声，"平"是平声，由此可见，老师写的这句是上联。那么，为什么上联就这么"松松的卷了放在长桌上"没人打理呢？

（学生沉默）

师：你们对上联怎么理解？

生：就是要有明确的品节、坚定的德行。

师：标准是什么呀？

生：符合他们的需要。

师：谁的需要？

生：理学要求。

师：那么经历了这么多动荡，这个标准还能执行下去吗？

生：不能。

师：所以"松松的卷了放在长桌上"是有道理的。因为社会的动荡，原有的社会秩序被打破了，新的秩序尚未建立，普通人的生活还在生死边缘挣扎着，这个时期的社会在鲁迅先生的眼中是一个"挣扎"的痛苦状态，"路在何方"成为摆在鲁迅先生面前的一个难题，所以鲁迅先生陷入了极度的痛苦当中。大家知道，这篇小说被收录在作者的哪部小说集中呀？

生：《彷徨》。

师：对，《彷徨》，我想这或许也是作者处在一个特定时期、特定处境中的真实写照。通过这节课的学习，希望同学们在接下来的学习中，分析人物的时候，能认真思考一个人"来自何处""去向何方"，这样能让你更好地审视出生命的智慧！

这节课有几处拓展很精彩，丰富了学生的传统文化素养。如对"讲理学的老监生"的分析，先从短语构成的角度，分析了中心词"监生"和修饰语"讲理学的"的含义，帮助学生明确鲁四老爷的身份，并理解其思想内核。又从其身份到其受教，归结到其思想，既妙趣横生，又拓展了国子监、理学的相关知识，闪耀着智慧、趣味而又严谨、理性的光芒。特别是对"监生"的来源进行了一番探讨，拓展了学生的知识。

还有就是对对联的探讨。那副"松松的卷了放在长桌上"的上联，是一个颇有深意的存在，也是一个易被忽视的存在。贾老师不仅没有忽视，而且于细微处做足了文章。在贾老师的引领下，学生了解了对联的知识，也学会根据平仄知识来判断上下联，更重要的是知道了作者对其"松松的卷了放在长桌上"的处理是出于一种怎样的思想状态。

这样的课堂容量如此丰富，方法如此灵活转换，必然是充满生机与活力的。

语文教学"死"与"活"的辩证艺术

第二节 语文教学为何要"活"

一、学科核心素养"活",定好标准把方向

2017年年底,教育部制定和颁布了《普通高中课程标准(2017年版)》。新的课程标准由教育部组织260多位专家历时4年对普通高中课程方案和语文等学科课程标准进行修订,经国家教材委员会审查通过,于2017年年底印发,并于2018年秋季开始执行。

语文新课标认为,语文课程是一门学习祖国语言文字运用的综合性、实践性课程。工具性与人文性的统一,是语文课程的基本特点。语文课程应引导学生在真实的语言运用情境中,通过自主的语言实践活动,积累言语经验,把握祖国语言文字的特点和运用规律,加深对祖国语言文字的理解与热爱,培养运用祖国语言文字的能力;同时,发展思辨能力,提升思维品质,培育社会主义核心价值观,培养高尚的审美情趣,积累丰厚的文化底蕴,理解文化多样性。

语文新课标还明确提出了"语文学科核心素养",文件规定如下:

学科核心素养是学科育人价值的集中体现,是学生通过学科学习而逐步形成的正确价值观念、必备品格和关键能力。语文学科核心素养是学生在积极的语言实践活动中积累与构建起来,并在真实的语言运用情境中表现出来的语言能力及其品质;是学生在语文学习中获得的语言知识与语言能力,思维方法与思维品质,情感、态度与价值观的综合体现。主要包括"语言建构与运用""思维发展与提升""审美鉴赏与创造""文化传承与理解"四个方面。

1. 语言建构与运用

语言建构与运用是指学生在丰富的语言实践中,通过主动的积累、梳理和整合,逐步掌握祖国语言文字特点及其运用规律,形成个体言语经验,发展在具体语言情境中正确有效地运用祖国语言文字进行交流沟通的能力。

2. 思维发展与提升

思维发展与提升是指学生在语文学习过程中，通过语言运用，获得直觉思维、形象思维、逻辑思维、辩证思维和创造思维的发展，促进深刻性、敏捷性、灵活性、批判性和独创性等思维品质的提升。

3. 审美鉴赏与创造

审美鉴赏与创造是指学生在语文学习中，通过审美体验、评价等活动形成正确的审美意识、健康向上的审美情趣与鉴赏品位，并在此过程中逐步掌握表现美、创造美的方法。

4. 文化传承与理解

文化传承与理解是指学生在语文学习中，继承和弘扬中华优秀传统文化、革命文化、社会主义先进文化，理解和借鉴不同民族和地区的文化，拓展文化视野，增强文化自觉，提升中国特色社会主义文化自信，热爱祖国语言文字，热爱中华文化，防止文化上的民族虚无主义。

语文学科核心素养的四个方面是一个整体。语言是重要的交际工具，也是重要的思维工具；语言的发展与思维的发展相互依存，相辅相成。语言文字是文化的载体，又是文化的重要组成部分；学习语言文字的过程也是文化获得的过程。语言文字作品是人类重要的审美对象，语文学习也是学生审美能力和审美品质发展的重要途径。语言建构与运用是语文学科核心素养的基础，在语文教学过程中，学生的思维发展与提升、审美鉴赏与创造、文化传承与理解，都是以语言的建构与运用为基础，并在学生个体言语经验发展过程中得以实现的。

语文学科核心素养是学生应具备的品质，我们学校的教师都是在深刻领悟了这个文件的基础上来进行教学安排的。文件明确规定语文教学要有丰富的语言实践活动，课堂是开放而有活力的，我们要实现这样的目标。教育界应引导和鼓励教师遵循语文教育规律，变革教学方式，在丰富多样的语文实践活动中培养学生的语文素养，注重教师对学生学习活动的指导，抓好阅读与鉴赏、表达与交流、梳理与探究等语文实践活动，应防止过于偏重技能的倾向。

中国基础教育正处在迈向核心素养的新时代，核心素养也是贯穿国家课程标准修订工作的红线，是课程实施和教学改革的总纲和方向。我们要

语文教学"死"与"活"的辩证艺术

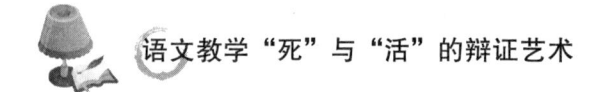

领悟教育部改革的精神，在语文教学中灵活运用教学策略，为学生把握好语言学习的方向。

二、课程标准指向"活"，按照要求调思路

教育部制定和颁布的语文新课标规定了语文学科的课程目标：

学生通过阅读与鉴赏、表达与交流、梳理与探究等语文学习活动，在语言建构与运用、思维发展与提升、审美鉴赏与创造、文化传承与理解几个方面都获得进一步的发展；坚定文化自信，自觉弘扬社会主义核心价值观，树立积极向上的人生理想，为全面发展和终身发展奠定基础。

1. 语言积累与建构。积累较为丰富的语言材料和言语活动经验，形成良好的语感；在已经积累的语言材料间建立起有机的联系，在探究中理解、掌握祖国语言文字运用的基本规律。

2. 语言表达与交流。能凭借语感和对语言运用规律的把握，根据具体的语言情境和不同的对象，运用口头和书面语言文明得体地进行表达与交流；能将具体的语言文字作品置于特定的交际情境和历史文化情境中理解、分析和评价。

3. 语言梳理与整合。通过梳理和整合，将积累的语言材料和学习的语文知识结构化，将言语活动经验逐渐转化为具体的学习方法和策略，并能在语言实践中自觉地运用。

4. 增强形象思维能力。获得对语言和文学形象的直觉体验；在阅读与鉴赏、表达与交流、梳理与探究活动中运用联想和想象，丰富自己对现实生活和文学形象的感受与理解，丰富自己的经验与语言表达。

5. 发展逻辑思维。能够辨识、分析、比较、归纳和概括基本的语言现象和文学现象，并能有理有据地表达自己的观点和阐述自己的发现；运用基本的语言规律和逻辑规则，判别语言运用的正误，准确、生动、有逻辑地表达自己的认识；运用批判性思维审视语言文字作品，探究和发现语言现象和文学现象，形成自己对语言和文学的认识。

6. 提升思维品质。自觉分析和反思自己的语文实践活动经验，提高语言运用的能力，增强思维的深刻性、敏捷性、灵活性、批判性和独

创性。

7. 增进对祖国语言文字的美感体验。感受祖国语言文字独特的美，增强热爱祖国语言文字的感情。

8. 鉴赏文学作品。感受和体验文学作品的语言、形象和情感之美，能欣赏、鉴别和评价不同时代、不同风格的作品，具有正确的价值观、高尚的审美情趣和审美品位。

9. 美的表达与创造。能运用祖国语言文字表达自己的审美体验，表达自己的情感、态度和观念，表现和创造自己心中的美好形象；讲究语言文字表达的效果及美感，具有创新意识。

10. 传承中华文化。通过学习运用祖国语言文字，体会中华文化的博大精深、源远流长，体会中华文化的核心思想理念和人文精神，增强文化自信，理解、认同、热爱中华文化，继承、弘扬中华优秀传统文化和革命文化。

11. 理解多样文化。通过学习语言文字作品，懂得尊重和包容，初步理解和借鉴不同民族、不同区域、不同国家的优秀文化，吸收人类文化的精华。

12. 关注、参与当代文化传播与交流。关注并积极参与当代文化传播与交流，在运用祖国语言文字的过程中，坚持文化自信，提高社会责任感，增强为中华民族伟大复兴而奋斗的使命感。

课程目标为我们的具体教学提供了抓手，这12个方面是我们调整教学思路的纲领性文件。从这12个方面可以发现，语文学科具有基础性、工具性、人文性、思想性、开放性、多样性、实践性、应用性等多方面的特点。语文课堂不但在教学内容上具有开放性，在教学方式上也具有多样性：可以读，可以问，可以说，可以唱，可以在课堂上学习基础理论，也可以阅读整本书，可以讨论共享，可以看小说、看报纸、看电视、看文艺演出，甚至可以讨论街头的标语、广告，表演课本剧，进行新闻大讨论。学生们时而哄堂大笑，时而屏声静气，时而口若悬河、滔滔不绝，时而伏案疾书、洋洋洒洒……新课程下的语文课堂是灵活开放的，是融多种学习方式于一体的。总之，可用一个"活"字来概括。

三、社会需要激励"活",顺应时代巧引导

教育部制定和颁布的语文新课标谈到课程改革的必要性。文件认为,面对经济、科技的迅猛发展和社会生活的深刻变化,面对新时代社会主要矛盾的转化,面对新时代对提高全体国民素质和人才培养质量的新要求,面对我国高中阶段教育基本普及的新形势,普通高中课程方案和课程标准实验稿还有一些不相适应和亟待改进之处。

确实,我们国家近年来的发展变化可以说是日新月异。随着综合国力的大大增强,人们的生活水平不断提高,思想观念也发生了空前的变化。人们除衣食住行的消费外,更注重精神消费,如看电影、听音乐会、参加各种培训班、旅游等。学生自然也与原来不同了,他们是在这样丰富的物质环境下成长起来的,他们的思维是活跃的,视野是开阔的,见识是广博的。这样的学生需要更高水平、更灵活开放的教育教学活动。

如果我们依然遵循传统教学观念,端着教师的架子向学生灌输课本知识,沿袭原来的教学模式,采取"一支粉笔+一块黑板"的方式,语文课堂只能被学生厌弃。

1. 社会的开放和民主需要教师解放思想,营造民主、自主的课堂

传统的师道尊严思想、封建家长式的权威意识,导致大部分学生产生绝对服从心理、惰性心理、因循守旧的保守心理等。究其根源,在于教师观念落后,跟不上时代的潮流。如今的学生接受能力强,接收信息广,传统的教学模式亟待更新。教师要敢于放下架子,勇于丢掉面子,给学生营造敢说、敢想、敢做的开放的学习氛围,学生只有在多说、多写、多做的锻炼过程中,只有在允许说错、写错、做错的宽松的训练过程中,才能提高语言运用能力。在教学实践过程中,我与学生建立坦诚、平等的朋友式的师生关系,为学生营造激烈争辩的课堂氛围,鼓励学生大胆说"不",培养学生敢于提出尖锐问题的思维习惯,等等。这样不但唤醒了学生的主体意识,而且赢得了学生的信任、尊敬和亲近,也迎合了中学生的心理特点,发挥了学生的学习主体作用。

2. 时代的发展要求教师开阔眼界,及时更新教学方法

语文教师要做到与时俱进,与时代合拍。

第二章　语文教学"活"的艺术

　　首先，教师要彻底地更新教育观念，明白"教是为了不教"的最浅显的教学原则，鼓励学生大胆质疑、自主解疑。要明白知识的传授永远不如技能的传授这一道理，真正做到"授之以渔"。

　　其次，教师要"吃透"教材和学生。要深入研究教材中哪些是最应该讲的且又是学生最感兴趣的内容，用什么方法最容易吸引学生的注意力等问题。要尝试创新教学，以激发学生的兴趣，发挥学生的主观能动性。同时还要克服教材本身的束缚，大胆取舍。不求面面俱到，万无一失，但求一点突破，学有所获。要及时了解语文教学动态，针对学生实际开展研究性教学，利用活动课来引导学生参与语文实践，提高语文能力。作为语文教师，要使自己的知识广博一些，要成为一个"杂家"，上课时能旁征博引，增强教学的开放性和趣味性。语文教师更要关注社会、关注生活，让教学更贴近学生、贴近生活。语文教师还要与时俱进，掌握现代化的教学手段，使现代信息技术有效地服务教学。那种只抱着教学参考书"布道"的做法是行不通的。

3. 科技的发展要求教师充分利用网络资源，拓宽学生的阅读面

　　学生往往对新鲜的事物充满兴趣，很多教师的第一反应是禁绝，却没有想到疏导。比如，学生对网络文学感兴趣，对手机微信和 QQ 聊天工具痴迷。作为语文教师，我们可以换一种思路，可以在语文教学中运用新媒介。比如，我们可以尝试用微信群来和学生交流、讨论知识点。我们可以让学生在 QQ 空间进行写作训练，写日志和评论文章。我们也可以让学生在课堂上讨论自己喜欢的网络文学作品。

　　网络是一座取之不尽、用之不竭的矿山，要让学生利用现代信息技术，从网络中获取具有时代特色的知识。事实上，网络上有大量的电子书籍和文章，如果学生有了一定的信息鉴别能力，是可以引导他们去涉猎的。网络拉近了人与世界、人与社会的距离，我们有什么理由拒绝现代文明的成果呢？教师要树立"超文本"的大语文教育观，不要死死守着教材钻坚仰高，而应跳出语文教语文，积极沟通课本内外、课堂内外、学校内外的联系，不断拓展信息渠道，使学生将课外知识融会贯通，拥有充满生机和意蕴的生活。

　　杨东平在《中国传统教育的现代命运》一文中说："我们仍然需要以

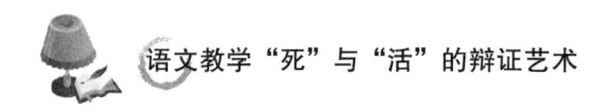

开放、自由的心态吸收人类文明的进步成果，与世界文明接轨，从而能够站在 20 世纪末现代教育的高度上，促进传统教育的更新转化，在两种文化的碰撞融合中，形成现代中国新的教育文化。"让我们顺应时代要求，巧用力，"活"引导，革新思想观念，改变教学模式，努力学习、运用信息技术，增强语文课堂的吸引力。

从总体上看，我国现如今的语文课堂教学因为新高考、新课改而呈现出"百花齐放，百家争鸣"的特点，并不乏"活"的艺术。以学科核心素养为落脚点，以新课程目标为生成点，以社会需要为归结点，这基本符合学生"活学活用"的成长成才规律。从这个意义上讲，语文教学"活"的艺术，正是以学生为本的真正体现。

四、学生发展素养"活"，遵循指示育高才

学生发展核心素养主要指学生应具备的、能适应自身终身发展和社会发展需要的必备品格和关键能力。具体来说有三个方面六个要素，即文化基础（人文底蕴、科学精神）、自主发展（学会学习、健康生活）、社会参与（责任担当、实践创新）。语文学科核心素养就是据此设计的。核心素养是知识、能力、态度、价值观等要素的综合体现。加强核心素养教育，是落实立德树人根本任务，培育和践行社会主义核心价值观的重要措施和必要途径，也是适应世界教育改革发展趋势、提升我国教育国际竞争力的迫切需要。

造就数以亿计的高素质劳动者、数以千万计的专门人才和一大批拔尖创新人才，是党和国家对教育工作提出的迫切要求和实践目标。把造就一大批拔尖创新人才作为教育工作的一个重要目标，既丰富了新时期国家教育发展方针和战略目标的内涵，又适应了与时俱进的时代要求，意义深远且责任重大。

《基础教育课程改革纲要（试行）》指出的新课程的培养目标中就有要使学生"具有初步的创新精神"。从教育科学和人才成长规律的角度看，拔尖创新人才成长的基础是在中学阶段。高中生对新事物充满好奇，对创新充满热情，并且已经储备了一定的自然科学和人文科学知识。我们要根

据高中生的心理特征和学龄特点营造和谐的人文环境和自由的学习氛围，特别是要加强语文学科在育人方面的力度。创新人才需要创新的教育，需要灵活的语文教育。灵活而富有创新性的语文教学是教育发展的要求，更是新课程改革的要求。我们应培养学生的批判思维能力和创新意识，发现并培养人才苗子，与高等教育接轨，建立起拔尖创新人才的培养体系。

一直以来，我们在语文教学中着力追求讲授系统的语文知识，把字、词、句、篇、语（语法）、修（修辞）、逻（逻辑）、文（文学）称为语文教学的"八字宪法"，把"双基"（基础知识和基本能力）的培养要求奉为圭臬。21世纪课程改革提出的"三维目标"是在"双基"的基础上发展而来，提出所有学科教学必须将知识与技能、过程与方法、情感态度与价值观这三者融合。这表明了我国教育的核心理念在转变，在回归教育的本质。

进入新时代，面临新挑战，我们广大语文教师要有一点新思考，有一点新作为，让我们的教育遵循生命的规律，滋润学生的心田，让我们的语文教育焕发生命的活力。

中国古典文学研究专家叶嘉莹女士回忆她的老师顾随先生时说："先生之讲课，真可说是飞扬变化、一片神行。"左右逢源，出神入化，这是怎样的一种境界啊！学生的精神全部调动起来了，留给学生的长期记忆，数十年难以忘怀。学生学习的积极性、主动性被调动起来，靠的是教师的真本领，靠的是知识的力量、思维的力量、审美的力量，靠的是文化积淀、学术功底的支撑。比如柳宗元在《邕州柳中丞作马退山茅亭记》中说："夫美不自美，因人而彰。兰亭也，不遭右军，则清湍修竹，芜没于空山矣。"假如兰亭不逢王羲之，没有接受主体对景物的心灵折射，织锦成《兰亭集序》妙文，美景就会被埋没于空山，它不会言说自己美。文本解读与之道理相通。文本中的经典佳作再美也不会言说，要靠教师沉潜其中，阅读体验，有自己切实的心得体会，在课堂教学中与学生交流碰撞，才会出现意想不到的精彩。

教师在新思考的激励下应有点新作为，用心、用情探索语文核心素养落实的途径，引领学生生命涌动，投入母语怀抱，学习、思考、实践，使心智与能力共同成长。

语文教学"死"与"活"的辩证艺术

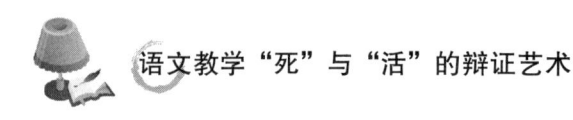

高中语文教材也是我们培养学生的好范本。如人教版高中语文必修1的第1课是毛泽东的《沁园春 长沙》，毛泽东热爱祖国大好河山，他风华正茂，以天下为己任，把一切反动派都看作纸老虎，"自信人生二百年，会当击水三千里"，是高中生做人的榜样。学习高中语文教材，可以学到许许多多：学到陶渊明、朱自清对权势的拒绝，学到屈原、艾青对祖国的热爱，学到苏轼、巴金的旷达。我们还可以引导学生从勾践的"卧薪尝胆"中读懂"有心人天不负"的精髓，从鲁迅的"横眉冷对千夫指，俯首甘为孺子牛"中读懂"中国的脊梁"，从《苏武传》中读出坚贞的气节，从《老人与海》中感受不屈服于命运的抗争精神。通过学习这些内容，培养学生的坚强意志和坚韧品质，净化学生的灵魂，塑造学生的人格，培养学生高尚的情操。教材中一个个优秀人物的崇高品质和人格魅力可以对学生产生积极、深远的影响，让学生在健康的文学熏陶中明辨是非美丑，体会生命的伟大，感悟生存的意义。

优秀的文学作品以其鲜明、生动、准确有力的语言给学生提供了一个个广阔而深邃的精神世界，让学生有机会感受善良、勇敢，热爱自由，追求真理，认识生命的神圣、个体的尊严，为个性发展储备必要的精神资源。所以，我充分利用课外阅读，开阔学生的视野，让学生更广泛地从文学作品中领略文化的博大精深，获得崇高的思想教育和积极的人生教育，充分感受人物坚毅的形象美、崇高的品行美和庄严的生命美，从而培养学生的健全人格。我常组织学生阅读一些经典名著，如《假如给我三天光明》《钢铁是怎样炼成的》《贝多芬传》等，让书中的故事感染学生，让主人公身残志坚、自信自强的人格力量震撼学生，使学生悟出作为一名肢体健全、风华正茂的青少年，更要以无穷的斗志和毅力迎接人生的挑战。

总之，学生发展所需的核心素养需要语文教学"活"的艺术。学生在"活"的语文课堂上能提高思维能力，受到美的熏陶，在潜移默化中使自己的精神更丰富、心灵更充实、目光更敏锐，也让语文教学变得更精彩。

第三节　如何掌握语文教学"活"的艺术

一、"活"的艺术之准备篇

1. 师生打好基础，具备新素养

（1）"活"的艺术根基——基础知识

语文教学"活"的根基和前提是语文基础知识。高中阶段教育的任务就是帮助学生为将来走向社会打下坚实的语言文化基础，所以我们的语文教学必须根基于"死"。

可是现实情况让人忧心。很多学生认为小学毕业，所学语文知识已经足够终生所用。上中学后，语文的地位退居二线，上大学后干脆不学语文。不只是学生有这样的认识，很多学校管理者和家长也在功利主义价值观的推动下鄙弃语文。

复旦大学附属中学语文特级教师黄玉峰曾撰文指出，教育是一门科学，更是一门艺术，这门艺术需要一定的基础。他举的例子就是语文学习中的基础知识。他说，大量地阅读、背诵，大量地积累，语文水平自然提高了。"有人说，死记硬背会加重学生的课业负担。我认为，看你记什么、背什么。打人文底子，是绕不过要背要记的。死记硬背的内容是可以内化为人文素养的。设想一下，一个能背出一千首诗歌、两百篇古文，读过几十部小说的人，语文素质会不高吗？"他认为，语文学习的规律是"死去活来，先死后活"。现在有些人打着素质教育的旗号反对"死记硬背"，路子走歪了。他建议为提高人文素养，学生应该积累中国古诗文知识。他引用一位英国哲学家的话说："在中学阶段，学生应该伏案学习；在大学里，他该站起来，四面瞭望。"如果还没有好好地"伏案学习"，怎能站得起来？"瞭望"时怎能望得远？

黄玉峰老师的建议和我们前面的论述是一致的。我们在上一章中论述和分析了高中语文"死"知识的根基作用不可轻视，它是我们追求"活"

语文教学"死"与"活"的辩证艺术

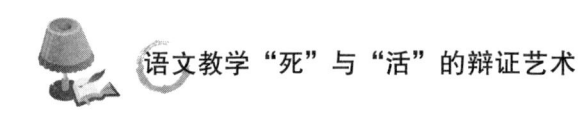

的课堂的前提。

(2)"活"的艺术主导——教师素养

教师在坚持"抓好基础不放松"的前提下要解放思想,树立民主意识,提高与学生沟通的技巧和本领,以达到"死去活来"的目标。

语文新课标在对传统语文教学从语文教学的目标、语文教育的性质、语文教育的特点三个方面进行反思之后,所确立的新课程改革的核心思想就是为了每一个学生的发展。

要真正在语文教学中实现这一核心思想,最重要的就是要真正推行教学民主。如何在语文教学中实践教学民主思想呢?我的体会是从树立以下"三观"入手来实现教学民主,进而实现"为了每一个学生的发展"这一核心思想。

① 以学生为本,树立"为了学生的一切"的育人观。20世纪的语文教学经历了"知识本位"到"智力本位"的过程。语文教学的重点则相应表现为从以知识为中心、课本为中心、课堂为中心到以开发学生智力和教给学生语文学习的各种技能、技巧为中心。与此对应的语文教学方法则表现为从满堂讲、满堂灌到满堂问、满堂练。传统语文教学是把学生当作待灌的容器,重视的是知识的传授,忽视了学生的发展,忽视了教育的本体性是育人。语文新课标针对市场经济的发展和科技进步向教育提出的新的挑战,明确提出"人本"思想,即以学生为本的教育教学思想,要求教师在教育教学中"以人为本,呼唤人的主体精神",明确表达出我们的教育不再仅仅是为了追求文凭,而是为了使人的潜能得到充分发挥,使人的个性得到自由和谐的发展,使教育成为提高人的素质的教育思想。因此,在我们的语文教学中要首先实现教育思想的转变,由重知识、重智力转到重学生上来,要把握和研究语文教学的性质和特点,使我们的语文教学真正起到培养学生语文素养,为学生全面发展和终身发展奠定基础的作用。树立"为了学生的一切"的育人观,是实践教学民主思想的根本。

② 尊重学生,树立平等的新型师生观。传统的语文教学以传授知识和培养学生能力为旨归,忽视学生的主体地位,教师是主宰,教师讲,学生听;忽视学生的个性及学生在学习过程中的独特体验,教师讲,学生记,答案、理解要求千篇一律,结果教出的学生"千人一面"。凡此种种都是

第二章　语文教学"活"的艺术

不尊重学生的表现。曾经我在课堂上就想凭借教师的权威来提高教学效率，让学生记住我对文本的理解，让他们背诵作文范文，然后摹写。几年的教学实践使我认识到，这样的教学方式使得学生失去了创新能力。语文新课标要求教师改变教学方式，转变自身角色，明确指出教师是教学活动的组织者和引导者，语文教学应在师生平等的对话中进行。要实现这一转变，教师就要在教学中真正放下架子，和学生打成一片，亲近学生，做学生学习的伙伴；要尊重学生的人格，不挖苦、讽刺学生，培养学生自尊、自信的良好心理品质；积极发现学生的长处，鼓励学生大胆质疑，尊重学生在学习过程中的独特体验；要教书育人，充分发挥语文课程丰富的人文内涵对学生精神的熏陶、感染作用。总之，树立平等的新型师生观，是实现教学民主的关键。

③ 创造宽松、和谐、开放的教学环境，树立开放、创新的方法观。与传统语文教学中的知识本位、能力本位相配套的"讲授法""谈话法"，有时演变到极致就是教师的满堂讲、满堂灌，学生的满堂听、满堂记，因而导致语文课堂死气沉沉，学生被动地接受、被动地学习，长此以往，学生学习的积极性、主动性逐渐丧失。语文新课标积极倡导自主、合作、探究的学习方式，旨在实现学生学习方式的转变；强调语文学习是学生的个性化行为，应尊重学生的学习自主性；强调学习过程中学生与学生之间、学生与教师之间的合作与交流；强调学生在学习过程中的探索精神。为实现学生学习方式的转变，教师要坚决摒弃落后的教学模式和方法，尊重学生在学习中的主体地位；要不断给学生创造宽松、和谐、自由的语文学习环境，尊重学生的独特体验，欣赏学生的独到见解；要多用启发式、讨论式的教学方法，给学生的合作交流创造条件，提供机会，鼓励学生的发现创造，为学生提供学习资源和实践机会。同时，教师要不断充实自己，提升自己，使自己的教学思想、教学方法不断开放、创新。这是实现教学民主的桥梁与纽带。

语文课堂是教师完成文化传承、指引学生健康成长、实现师生相互影响的主要阵地，而达成这些目标靠的是交流，掌握交流的基本技巧同样是教师专业成长的必然要求。

能否在课堂教学中实现有效的交流，不仅取决于教师对倾听艺术掌握

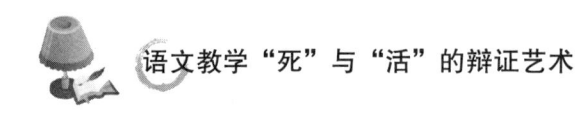

得如何，而且取决于教师将自己的思想和感情与这些交流者沟通得如何。

在人际交往中，渴望被接纳、希望被重视是人们最基本的也是最重要的需要，而倾听体现着接纳和重视。然而，人们常常忽视学习倾听的技巧。在学校，所有的学生都喜欢那些会倾听的教师。倾听是表达尊重的一种态度。倾听是满足学生情感上被接纳、受重视及安全感需求的最重要的工具。教师的倾听，可以使学生感受到自身的价值。

教师是"平等对话中的首席"，教师的倾听态度和技巧直接影响着学生接受知识的质量。在教学过程中，我们往往会遇到这样的情况：一名学生感到自己在班级中不受欢迎，心中苦闷，于是向老师诉说这种感受，可老师说："你不应该那样认为，我知道情况并不是如你所想的、所说的。"一名学生因为在竞赛中没有获胜而感到失望、难过，他向老师倾诉内心的悲伤，老师说："你不应该感到灰心丧气，你积极参与了，你已经尽力了，这才是最重要的。"这种否定学生的真切感受并进一步告诉学生应该如何去感受的做法就是不会倾听的表现，这不是真正意义上的倾听和理解，而是居高临下地训导和评价学生，学生就会认为老师不重视"我"说的话、"我"的感受，也就不愿意再对老师说什么了——师生关系仍然是"教师中心"，课堂氛围仍然弥漫着"教师真理"的气息，这便阻碍了师生之间的沟通与交流，使得教育教学目标很难达成。

要掌握倾听的艺术，首先要有体察学生的技能。体察技能是一种通过敏感、移情、预测等方式来理解学生的技能。这里的"敏感"是指对学生的细微变化能够及时反应；"移情"是将自己的感情与学生当时的情感暂时联系起来；"预测"即在移情的基础上，能够说出学生想说的话来。有一位教师这样处理课堂教学中的一次偶发事件：在课堂分组讨论时，张同学不小心把同桌李同学的墨水瓶碰翻了，弄脏了李同学的新运动衫，李同学大声斥责张同学，张同学毫不示弱，两个人开始拌嘴，并不再讨论老师布置的课堂问题。老师不动声色地走到他们面前，分别说出了他们想要说的话："弄脏了衣服不道歉，还强词夺理。""不就是弄脏了一件运动衫嘛，我又不是故意的，居然当着同学和老师的面，这么不留面子。"两人听后相视一笑，又回到课堂讨论中来。整个解决过程不到一分钟。在这个例子中，教师细心体察学生的心理并注意倾听，然后耐心、宽容、巧妙地解决

第二章 语文教学"活"的艺术

了课堂偶发事件,不仅让教学顺利进行,还达到了教育学生的目的。

要掌握倾听的艺术,还要讲究沟通的策略。大多数人喜欢通过语言来表达自己的见解,并且需要有人倾听。当一个人在表达时能有一些聚精会神的听众,那么他的反应就会是积极的,也更加容易接受他人的建议。在课堂上,当一个学生有疑惑或有独到发现的时候,他就会通过语言来向教师表达,会倾听的教师往往可以通过语言形式(如"我也像你这样想过""你认为是这样的吗""请继续……""大家注意听他的发言,并认真思考哟")或非语言形式(如侧身做倾听状、颔首做会意状、微笑做鼓励状等)来与学生进行有效的交流。在这样的氛围中,每一位交流者都乐于表达,因为他受尊重的需要得到了充分的满足,他感到自己被人重视,得到理解,这时候教师再因势利导,或进行思想疏导,或进行知识讲解,都将是有效甚至高效的。这样的课堂才是新课程所需要的生命课堂。

在讲授柳永的《望海潮》时,上课伊始,我问学生:"《望海潮》写的是哪个城市的景色?你对这个城市有什么印象?"我有意调动学生已有的知识积累,给学生一个表现的机会。学生得到发言的机会后,都争先恐后地举手。等到学生充分表达后,我微笑着说:"听了你们的介绍,我比以前更了解杭州了。有谁再说说,你读了这首词后对杭州又有哪些新发现?"学生分明感觉到:老师不仅重视"我"的发言,还尊重"我"的感受。他们受到了极大的激励,继续饶有兴致地跟随我活跃在课堂探索中。在此,我充当的是"学生发展的促进者"的角色,这样的师生关系是民主的、和谐的。

教师运用倾听技巧,平等地与学生交往,艺术地与学生交流。对于学生而言,这种交流意味着心态的开放、主体性的凸显、个性的张扬、创造性的发挥;对于教师而言,这种交流意味着上课不仅是传授知识,还是与学生一起分享理解。这一切的实现都有赖于教师掌握了倾听技巧并熟练地加以运用。

教师是课堂上唯一可以创造奇迹的人。这个奇迹就是,教师可以营造一种独特的课堂气氛,通过对话、交流走进学生的心灵世界,激发学生的生命活力,课堂也就成为学生心灵成长的土壤。庄子说:"大人之教,若形之于影,声之于响,有问而应之,尽其所怀,为天下配。"教育者与受

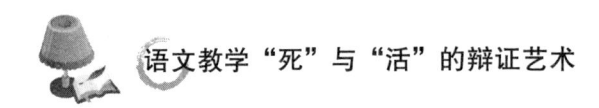

教育者的关系如形和影一样自然亲和，似声音和回响一样相得益彰。倾听、对话是心灵的交流。课堂教学的时间和空间是有限的，但是教师可以通过这有限的时空，通过交流，充分地了解学生，并使他们感到快乐。我们相信：如果教师掌握了高超的交流艺术，学生无限丰富的精神世界将向教师敞开，教师为教育教学所做的努力才不至于徒劳，而且我们坚信，"在人类教育的观念中，我们已经获得了自己工作的真正蓝本"。

（3）"活"的艺术主体——学生素养

虽然说灵活开放、令人神往的课堂重在教师引导，但对学生素养的培养也不可忽视。近年来，我们漯河高中探索的"三维六元"卓越学本课堂，不仅释放了学生的活力，而且提升了学生的素养。

学校从高一军训开始就让班主任引导学生养成高效学习的习惯，在班级里倡导小组合作学习，引导他们形成合作学习必备的素养。小组合作学习的质量取决于每一个小组成员所具备的素养，包括合作性素养、独立性素养、展示性素养、倾听性素养、责任感素养、创新性素养等。"有效的教学活动不能单纯地来模仿与记忆，动手实践、自主探索与合作交流是学生学习的重要方式。"因此，教师在教学中要充分提供合作学习的机会，为学生搭建合作的平台，指导学生采取有效的合作策略，促使学生形成合作学习应有的素养。

① 合作性素养。小组内各个成员在小组活动中，行为上表现得很协调，小组成员协调合作，不发生矛盾与摩擦，彼此都能体会到大家同属一个小组，这就是小组的合作性。合作性在一定的情境下会表现得更加强烈。当小组取得荣誉时，小组成员会进一步增强合作性，进而激发自豪感。优秀小组的合作性与自豪感会更强烈，这可以树立每个成员的自信心，从而使其更努力地为小组达到目标做出贡献。当小组受到外界压力时，会增强合作意识，小组成员会合作得更紧密，并能充分发挥个人的主观能动性。

② 独立性素养。教师应该让学生在独立思考的基础上进行合作交流，要让每个学生都在合作交流中真正获得知识和技能，发展并拓展思路，提高小组合作学习能力。独立思考的过程是学生个体根据自己已有的知识经验，对问题做出判断、推理，得出结论的过程。独立思考应有足够的时

间，使全体学生都能得出思考结果，否则部分学生在以后的学习中就可能当听众、观众，从而被动接受。

③ 展示性素养。小组合作学习结束后，教师要给学生充分展示的机会。对于表述不全面的，本组的同学可以补充，同时允许其他组的同学提出异议，并进行小组间的讨论。教师不仅要注重学习结果的汇报，也要注意对合作过程的评价。评价是对学生的一种肯定、一种鼓励，对合作学习有十分重要的促进作用。教师在对学生的展示进行评价时，要适当把对个人的表扬改为对小组的表扬，把整个小组学生的表现作为评价的依据，这样会让更多的学生受到老师的表扬或同学的鼓励，使学生都能感受到成功的喜悦，从而获得不同程度的进步。对合作好的小组、组织能力强的组长，应及时给予评价、鼓励和表扬，让学生充分体验合作的乐趣，增强自信心，也为合作学习的成功注入新的催化剂。教师及时的肯定和评价能激发学生展示的欲望，培养学生的展示性素养。

④ 倾听性素养。新课程理念倡导学生主动参与课堂学习活动，鼓励学生积极表达自己的观点。在教学中，教师应为学生创设轻松愉快的学习环境，为学生提供展示个性、才华的机会。在一些课堂上，学生情绪高涨，举手发言此起彼伏，但在"热闹"的同时却忽视了倾听。良好的倾听氛围可以将师生、生生的心智融为一体，充分沟通。倾听能使我们博采众长，弥补自己考虑问题的不足，也能使我们萌发灵感，举一反三，还能使我们养成尊重他人的良好品质。如果不会倾听，又怎能吸收别人思维中的精髓呢？所以说，倾听是合作学习中的一个重要环节，也是一种重要的学习方法。在平时的学习中，教师应该注重培养学生的倾听性素养。

⑤ 责任感素养。如果学生在小组中的努力获得其他成员的认可或老师的肯定，就可以较好地满足其归属的需要，每个成员会更强烈地感到自己是小组的一分子而不是孤立的个体，从而增强他们对小组的责任感，使小组合作成为大家共同展示、共同创造的学习形态。因此，在合作教学过程中进行师生之间、生生之间的激励性评价，既可以让每个小组成员有获得成功的体验，又能增强其主动参与的责任意识。

⑥ 创新性素养。课堂教学对学生进行系统的创新意识教育和影响，有利于学生发现和认识有意义的新知识、新事物、新思想和新方法，真正从

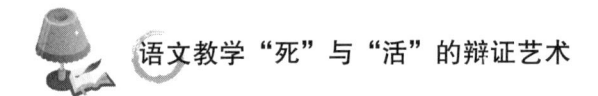

接受性学习走向创新性学习，成为学习的主体。创新能力的培养与发展离不开学生主体性的发挥。在传统的教学中，由于要应对平时的考试，会出现片面的烦琐练习、盲目的重复练习，忽视了对学生创新能力的培养。教师应从学生实际出发，运用科学的教学方法，调动学生的积极性、主动性，激发他们的创新性思维，培养他们分析问题和解决问题的能力。在创新能力培养的过程中，还要注重采用激励性评价。在平时的教学中，教师应尽可能少用或不用负面评价，即使有时学生的回答是幼稚的、荒谬的、错误的，教师也不应该嘲笑和讽刺，同时教师要教育其他学生不能嘲笑回答问题的学生。因为学生的创新能力往往源于一定的兴趣、爱好，源于一定的好奇心和想象力，教师或其他同学的嘲笑和讽刺不但会挫伤学生的积极性和主动性，而且会抑制学生创新性思维的萌芽。

打造"活"的语文课堂是我们的目标，但如果学生不具备一定的素养，不管学习的形式如何更新，其学习效果也很难提升。因此，学生的素养是有效开展学习的必要条件。在平时的教学活动中，教师应该有意识、有计划地对这些素养进行有效的培养，并让这些素养上升为一种能力，进而使学生的合作学习真正发挥应有的作用。

（4）"活"的艺术精神——团队意识

在传统的教学模式下，教师授课更多采用的是"单兵作战"，依靠个人的力量解决课堂问题，无合作意识。"单干"做不了大事，在一个封闭的课堂上，难以运用一些新颖的教学方法和活动模式。

作为新时期的教师，我们必须改变彼此之间的孤立与封闭现象，学会与他人合作，包括与其他学科教师合作。当然，这种合作要建立在良好的人际关系的基础上，要荣辱与共，忌利益相争。为此，要树立一种正确的竞争意识，在积极良性的竞争与合作中达到双赢，这也是我们一直提倡的教师之间应遵循的合作原则。这种合作不受时间、地点的限制，可随时随地进行。

教师间的合作可具体到某个教学目标或教学任务上，如将为完成同一教学任务而采取的不同的教学方法进行对比，通过对比，不断改进教学设计，开展恰当的教学活动。另外，教师在专业上的互相学习也是合作。个人的成长离不开集体和社会，学会与人合作、与人沟通，方能学会生活。

苏霍姆林斯基说："教师集体是大家志同道合地进行创造性合作的团体。在这里，每个教师都能为集体的创造做出自己的贡献，每个人从集体的创造中吸取精神力量，同时也以精神力量去丰富自己的同志。"在教师群体中，每个教师的工作态度、工作能力、工作效益，可以通过比较、鉴别，分出优劣，从而激励先进，督促后进。同时，教师也可以吸取别人的长处和经验，来丰富和对照检验自己，达到互帮互学、共同提高的目的。

"活"的语文课堂需要的更多的是集体的力量。我们可以学习企业内部常采用的合作模式，譬如他们的高效合作研发模式。我们学校的教师队伍是一支年龄有梯度、特长各不同的队伍。年龄大的教师人生阅历丰富，更擅长从理论上指导学生；年轻的教师精力充沛，能与学生打成一片，更擅长开发学生喜闻乐见的课堂形式。大家一起工作，取长补短，共同合作，才能使我们的教学有所突破和创新。

2. 环境优雅现代，启学生群智

语文新课标提出，我们要积极探索新的课程开发和管理方式，为国家课程的有效实施提供充分的师资准备和资源保障。要根据语文课程实施的需要，组织安排好实践活动，做好时间、空间、资源的规划和准备；要加强学校的图书资料和信息技术资源的建设，为语文课程的有效实施创造必要的物质条件。

心理学研究表明：优美的环境能激起人的美感，并影响人的身心健康、生产效率及情绪等。优美的学校环境可以提高学生的素质和修养，可以塑造学生的气质，可以改变学生的精神面貌，从而达到全面培养学生的目的。

在中国特色社会主义进入新时代的今天，大力建设校园文化，建设体现社会主义特点、时代特征和学校特色的校园环境，是实践环境育人、实现社会主义精神文明建设的重要内容。

第一，要努力营造浓郁的教育氛围。课堂是学校教育的主阵地，教师首先应创建良好的课堂环境，对学生进行自然美、社会美、艺术美、科学美的教育。如语言教学，可抓住语文教材中的赞物写景作品或革命传统故事等进行美德教育；又如地理教学，可以通过教师讲解或让学生观看高耸入云的喜马拉雅山、碧绿无垠的科尔沁草原、浩浩荡荡的万里长江、水平

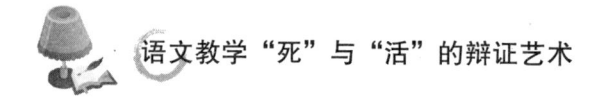

如镜的长白山天池等的相关图片、视频营造优美的课堂环境。

第二，要用心创造良好的课外环境。学校的传统、风气、管理、纪律、秩序、活动等都应满足师生身心品德和个性发展的需要。学校要为学生的发展提供广阔的平台，如经常开展故事会、赛诗会、演讲会等活动，以丰富学生的校园生活，促进学生才能的施展。当然，精心组织学校的各项活动时，教师要以身示范。如升旗仪式、隆重的集会、严肃的报告等，教师应与学生一样列队参加。"亲其师，信其道"，教师的知识背景、生活阅历、交往能力、团队合作精神，以及教师的性格特征、思维方式、话语方式等都可能对学生的成长产生影响。教师应不断提高自己的道德修养，用严谨的治学态度、规范的生活方式、健康的生活理念影响学生，陶冶学生的情操。

第三，要加强学校物质环境的创建。在经济迅速腾飞的今天，各级各类学校的办学条件正在不断改善，校园物质环境建设越来越科学化、艺术化、现代化、个性化。学校应如何创建良好的校园物质环境呢？我们认为，学校的物质环境要有一定的舒适性。学生大部分时间是在学校度过的，创设一个舒适的学习环境，使学生产生愉悦、舒畅等积极情绪，对学生进行潜移默化的教育和熏陶，提高学生的修养是十分必要的。如寝室与教室美化，悬挂古今中外著名人物的画像、名言、警句，室内学生的桌凳都要符合学生的需求，做到学习、生活、活动的场所绿化、美化、知识化、舒适化，以达到激励学生奋发进取、缓解学生脑力疲劳之效。

学校的物质环境建设要体现出艺术性。校园环境布局可采用烘托、对比、对称、象征等多种形式构建和谐的景观，以增添艺术魅力。如古雅校园的建设，配上清澈见底的池水、高低错落的树木，再点缀些石头瓦砾，就会别有情趣。教学楼前屹立一尊艺术雕塑，或矗立题写书法作品的石刻等，可表现学校勇于创新、开拓进取的办学理念。

学校的物质环境建设要追求科学性。学校操场要宽敞，便于学生开展活动或进行游戏；教室光线要充足，通风要良好，色彩要合适。室内、室外的色彩应适宜师生教学和休息。校园的整体布局色彩要适合季节变化，夏季以黄、绿、白为主，冬季以红、黄为主，冷暖变化相得益彰。

学校的物质环境建设要起到潜移默化的教育作用。学校的物质环境建设要寓教于"景"。如种植高大的青松,以给人崇高、正直之感;种植秀美的竹子,使人想到虚心向上;种植傲雪蜡梅、出淤泥而不染的荷花,使人感受到坚强而纯洁的品性;立火炬、奔马等具有象征意义的雕塑,使人奋发向上。此外,教室内张贴的字画、格言、警句以及校园内的各种通告、启示等也应注重美德教育。学校在规划建设时,应充分考虑实现学校"处处有教育""让每一面墙壁都说话"的理念。

学校的物质环境建设要突出自身的个性。由于所处的地理位置、办学规模、经济状况不同,学校不可能都高楼林立、绿树成荫、四季飘香、群鸟欢唱、设施一流,但可以立足现实,竭尽所能建设富有个性的学校物质环境。如以"绿化、香化、儒化"为个性,构建农村学校环境建设。"绿化"就是广植树木、花卉、草坪,让学生沐浴在绿色的海洋中尽情学习、享受生活。"香化"就是根据不同的需求,安排生活学习、工作环境的气味,如在教学楼前的花坛内种植使人沉静的茉莉和丁香等,在操场边的花坛内种植使人奋发向上的百合和橘树等,在实验楼前种植使人头脑清醒并能调节身心的菊花、薄荷等。"儒化"是借助儒家文化,在围墙墙壁上画上"二十四孝"图,在楼道内挂出"孔子施教"图,在校园内建《论语》长廊、竖孔子塑像等,形成浓厚的儒家校园文化特色。

创建优美的学校环境是一个复杂的、宏大的工程,是学校管理者管理理念、办学目标、办学理念和学校传统、风气、面貌的综合体现,也是培养学生热爱生活、体会学习的乐趣,使学生的身心在和谐环境中得到发展,从而成为培养具有高尚情操、富有创新精神和实践能力的高素质人才的有力支撑。优美的校园环境,有助于提升师生思想交流、感情沟通、生命对话的质量。

二、"活"的艺术之实施篇

当通过学习和培训,师生都拥有了相应的素养后,就要寻找合适的方法和形式,来使得我们的语文教学活力四射。在这里我简要介绍一下实施高中语文教学可采用的方法和活动形式。

语文课外学习活动,也就是"第二课堂",对语文学习的裨益不可小

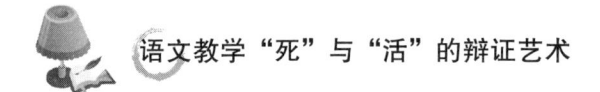

觑，可作为对课堂教学的补充。这些活动有诗歌朗诵比赛、书法比赛、成语接龙比赛、名著阅读比赛、诗词背诵竞赛、修改病句比赛、讲故事比赛、语文学习感悟大讨论、散文诵读比赛、春联大比拼、课本剧创作与表演比赛、课本观点辩论赛、时事大讨论等。这些活动名目繁多，对语文学习多有助益，但这些活动相对比较传统，如果活动安排不专业，可能达不到预期效果，需要在实践中进一步创新语文课外学习方式。

那么，有哪些更新、更有实效的语文课外学习方式呢？

"他山之石，可以攻玉。"教师要拓展自己的思路，向社会学习，向同行学习，向媒体学习，向书本学习，向学生学习。比如，向电视节目学习。近几年推出的一些文化类节目，似清风扑面，受到大家的好评。如传记类节目《大家》、诗词类节目《中国诗词大会》、读书类节目《朗读者》等。这些节目的形式也可以用于语文教学。比较专业的文学鉴赏类节目备受欢迎，给我们教师以启示：美的文学、美的语言、传统文化，是社会和我们的学生必要的精神食粮。那么，我们教师能不能依靠这些精神食粮烹制出美味佳肴？是不是也可以做这样的尝试？

1. 回归语言学习本真，救活语文课堂

教师单向灌输知识，学生被动接受，成为纯粹的"听众""看客"，学习的主动性、积极性无法真正调动起来。这种教学模式必将导致课堂气氛沉闷，学生的语文能力难以提高。而"活"的语文教学是师生积极互动、共同发展的过程。要使课堂真正地活跃起来，教师应回归本真，善于引导，激发学生开口、动脑、用手的兴趣，最大限度地发挥学生学习语文的主体作用，让学生做课堂的主人，以达到提高学生语文素养的目的。

相对于初中生、小学生而言，高中生的生理、心理、性格较为成熟，思想也较为复杂，不太愿意在课堂上朗读、发言。但诗词曲赋需要朗读，文言文需要朗读，现代文学作品也需要朗读。朗读既是语文自学的有效手段，也是语文教学的重要手段。朗读有助于培养学生的语感，包括口语和书面语；朗读还可以让学生习得语言文字组合的方式方法，培养学生体味文学作品情感、韵味的欣赏能力，使学生领悟语言的魅力。只有朗读才能实现语言的两种转换，即书面语言向口头语言的转换、作者语言向读者语言的转换。在这两个转换的过程中，学生的语言感悟能力和语言表达能力

第二章　语文教学"活"的艺术

能同时获得提高。

　　首先，要引导学生认识到朗读的重要性，要让学生朗读，要让语文课堂书声琅琅。在我们学校，周一、周三、周五的早自习是语文朗读课。为了督促学生朗读，教师会向学生下达明确的任务，制定奖惩措施，及时检查，以调动学生的学习积极性。同时，可以在课堂上进行小组朗诵比赛，用这种灵活的方式为课堂带来活力，也可以让学生分角色读、男女生分开读，教师范读，还可以让优秀的学生范读，方式不一而足。

　　其次，要让学生开口说。语文教学的重要任务之一是培养学生的说话能力，说话要简洁明白，力求流畅、生动，体现口语特点。教师在课堂上要鼓励学生畅所欲言，各抒己见，只要言之有理，就要加以肯定，尤其对那些性格内向、不善表达的学生应当多鼓励，可选择一些容易的问题让他们回答，帮助他们克服胆怯心理，树立自信心，逐步培养说话能力。长期坚持下去，课堂上教师唱"独角戏"，或只是教师和几个学优生相互应和的状况必将得到改变。在这方面我们学校的教师一直都做得比较好。很多班级都开展了课前三分钟演讲活动，鼓励人人参与，学生在做了充分的准备后，很开心地和大家分享自己近期的心得，在发言中获得了自信。

　　再次，要让学生开口问。质疑问难，善于发现问题，勇于提出问题，是培养独立思考能力的一个重要方面。学生开口提问题，也是思考问题的开始。因此，教师要在课堂上对为什么要问、怎样问等问题进行必要的解释和具体有效的指导，鼓励学生提问，认真对待学生提出的问题。

　　语文教学要重视发展学生的思维能力，尤其是求异思维能力和创新思维能力，重视提高学生的思维品质。在课堂上，教师要注意点燃学生思维的火花，让他们积极动脑，从而使课堂活跃起来。而要实现这一目标，关键是优化教师在课堂教学过程中的提问能力。应紧紧围绕教学目标，紧贴学生学习实际，向学生提出有价值的问题，并引导学生积极思考、分析，寻求最佳答案，从而使学生获得新知，提高能力，开发智力，拓展思路，培养创新精神。作为主导者的教师要强化提问意识，努力创设问题情境，精心设计课堂提问，提出新颖独到的问题，促使学生带着问题去思考、分析，寻求解决问题的最佳途径。当然，课堂提问要讲究策略。

　　（1）明确目的性

　　紧紧围绕实现教学目标这一中心，提哪些问题、在何时提问、提问哪

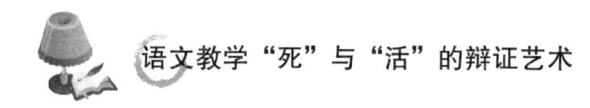

些学生、期望得到怎样的答案、学生可能回答的情况及处理办法等，都要有明确的通盘设计。

（2）富有启发性

提问要能促进新旧知识之间的联系，能逐步提高学生的思辨能力和创造性解决问题的能力。

（3）兼具艺术性

教师在课堂教学中艺术性地进行提问，更能营造师生沟通的问题情境，形成"疑义相与析"的良好氛围，从而达到预期目的。

此外，教师还要善于把握课堂提问的最佳时机和方式。如导入新课时用引言式提问，朗读课文前用联想式提问，讨论时用质疑式提问，赏析文章时用悬念式提问，小结时用评析式提问。例如，在分析《祝福》一文中祥林嫂这一人物形象时，可以设计以下几组问题。

第一组：祥林嫂是不是一个好吃懒做的女人？她花钱是不是很阔气？你得出结论的依据是什么？

第二组：祥林嫂识字吗？她的姓名是什么？她的身份如何？她为什么要问"一个人死了之后，究竟有没有魂灵的"这一问题？

第三组：为什么祥林嫂在儿子被狼吃了以后重新回到鲁四老爷家当佣工？她在鲁四老爷家做工约多长时间？从第一次出现在鲁四老爷家到最终悲惨离开人间，祥林嫂的外貌、心灵、行动发生了哪些变化？鲁镇的其他人是否也发生了这样的变化？祥林嫂的这些变化说明了什么？

第四组：祥林嫂一生屡遭不幸，她是否试图进行抗争以改变自己的命运？其结果如何？祥林嫂由一个勤劳、俭朴、善良的劳动妇女沦落为一个凄惨的乞丐，最终在年关的祝福声中无声无息地死去，说明了什么？

这四组问题紧紧围绕分析祥林嫂这一人物形象提出，由浅入深，由表及里，循序渐进，有较高的思考价值，能很好地促使学生去研究、思考和讨论，从而使学生学有所得。

要使课堂真正活跃、生动、高效，应面向全体学生，使学生成为课堂的主人，不仅要激活学生的思维，激发学生开口的热情，还应调动学生动手写。有些学生往往愿背不愿写，有些东西一看就会，但一写就错。如字词、课文等背得滚瓜烂熟，而一写可能就错误百出。为此，教师设计的题目要富有弹性，要面向不同层次的学生，尽量让学生动手多写。这里的"写"包括写字词、写文学常识、写思考题答案、写读书心得，以及写简短的鉴赏评价、仿写等。比如仿写，可以仿写文章或段落组织材料、展开思路、构思谋篇的方式，可以仿写表现手法，也可以仿写精彩的句、段等。如模仿《荷塘月色》中"月光如流水一般……"这一段，描写即将西下的夕阳，要求学生不直接写夕阳，而是借助夕阳下的各种景物来突出夕阳的特点。总之，在课堂上教师要通过引导，回归语文本真，让学生乐于开口、善于动脑、勤于用手，做到三位一体，说好、想透、练够，充分发挥学生学习语文的主体作用。如此一来，何愁课堂"活"不起来？何愁学生的语文能力得不到提高？

2. 合理运用新技术，盘活语文教学

现代教学媒体为学生提供了形象生动、色彩鲜艳、声音清晰的感知材料，使学生的多种感官同时受到刺激，产生愉悦的视听效应，从而产生浓厚的学习热情和学习兴趣。

（1）将多媒体应用于识字教学，带领学生走进语海

汉字源远流长，博大精深，是承载中华文化的重要工具。郭沫若先生曾说："识字是一切探求之第一步。"人生聪明识字始，汉字教学与人的发展关系之重大，由此可见一斑。然而，识字本身是枯燥的，而对于枯燥的事物，人的情绪总是消极和被动的。如果学生一味地被动识字，不仅识字的效率低，还会在一定程度上束缚思维的发展。因此，教师一定要在起步阶段通过多媒体来营造识字教学的良好氛围，充分调动学生识字的兴趣，不断激发学生去体验识字的乐趣。只有这样，学生才能乐于识字、主动识字。在日常识字教学中，教师除要引导学生注意观察周围的事物外，还可以把实物制成图片。例如，教学"山""水""火"这类象形字时，教师可以按山、水、火的形状制成图片，再把这三个字由实物→象形字→小篆→楷书的演变过程用课件演示给学生看。这样一来，直观的画面使枯燥的汉字变得形象生动起来了，学生识字的热情高涨，字的音、形、义也就牢牢地刻在了学生的脑海里。当然这是低年级语文教师常采用的方式，学生进入中学后，这种方法是不再适用了吗？不是。文言文对于学生来说难度较大，而高考对文言文的阅读理解能力要求颇高。学习文言知识也可采用这

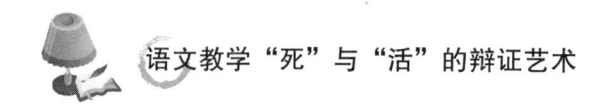

种办法。用多媒体将重要的文言实词的本义、引申义的发展过程呈现出来,有利于学生进行联想记忆。比如,"勒兵"的"勒"这个字在文言文中不容易理解。我们可将它的本义、引申义通过多媒体呈现出来:

本义:带嚼子的马笼头,如马勒。

引申义:收住缰绳不让骡马等前进,如悬崖勒马。

引申义:强制,如勒令。

引申义:统率,如勒兵。

引申义:雕刻,如勒石。

这样每一个字的意义演变就形成了前后关联的故事和画面,有利于学生记忆。

(2) 将多媒体应用于朗读教学,带领学生走进画中

古人云:"书读百遍,其义自见。"由此可见,朗读是理解文本的重要手段。如何引导学生朗读?可以巧借多媒体这个"东风",让学生在朗读中读出意、读出味、读出情、读出神,读得如闻其声、如见其人、如临其境、如在画中,"入情入境",因情而自得。只有在读中悟法、在读中悟情,切实做到在读中感知、在读中体会、在读中感悟,才能深入地理解文本。朗读最注重的是一个"情"字,学生的学习动力来源于"情",在朗读指导中,教师应引发学生的情感共鸣。兴趣是学生学习的源泉和动力,为此,教师要巧妙地运用多媒体为学生创设情境,让学生身临其境,激发朗读兴趣,让学生乐意读、喜欢读。在日常语文教学中,我最注重训练学生有感情地朗读,因为把文本中字、词、句中的感情读出来,有助于学生深入地理解文本。例如,在教授《项脊轩志》一课时,我精心制作了课件,并配上了优美的图片和音乐。讲授课文的第1、2自然段时,我用课件播放月下小院的优美图片,在学生不由得赞叹之后,我发问:"项脊轩美在哪里呢?"学生情绪高涨,踊跃发言。

(3) 将多媒体应用于阅读教学,带领学生走进文本

阅读是人们获得各种信息的途径之一,也是人们在学习、工作、生活中获得信息从而进行思想交流的一种迅速有效的方法。"读书破万卷,下笔如有神",就说明了阅读的重要性。阅读教学是学生、教师、文本之间对话的过程,其重点是培养学生的感受、理解、欣赏和评价能力。在阅读

教学中，教师要想让学生真切地感悟文本，可以借助多媒体来进行教学。平时，语文教师可能更喜欢用多媒体给学生播放视频、音频资料，这些都不失为提升学生语文素养的好方法。但我觉得，需要学生精读的材料则要让学生阅读，只有阅读才能真正走进文本。

阅读量大的学生往往有丰富的积累。而阅读量小的学生的积累则是很贫乏的，他们对历史人物知之甚少，对名家名作没有系统的把握，对社会时事没有深切的感触。这些都是学习语文的大忌。我们学校从高中一年级开始就有计划地开阔学生的视野，利用多媒体引领学生进行名著阅读。比如，课堂上学习了《逍遥游》，学生对庄子了解得并不深入，我们就拓展阅读《庄子》，并介绍一些学者的解读，如鲍鹏山先生的《庄子：在我们无路可走的时候》。

庄子：在我们无路可走的时候

鲍鹏山

当一种美，美得让我们无所适从时，我们就会意识到自身的局限。"山阴道上，目不暇接"之时，我们不就能体验到我们渺小的心智与有限的感官无福消受这天赐的过多福祉吗？读庄子，我们也往往被庄子拨弄得手足无措，有时只好手之舞之，足之蹈之。除此，我们还有什么方式来表达我们内心的感动？这位"天仙才子"他幻化无方，意出尘外，鬼话连篇，奇怪迭出。他总在一些地方吓着我们，而等我们惊魂甫定，便会发现：呈现在我们面前的，是朝暾夕月，落崖惊风。我们的视界为之一开，我们的俗情为之一扫。同时，他永远有着我们不懂的地方，山重水复，柳暗花明；永远有着我们不曾涉及的境界，仰之弥高，钻之弥坚。"造化钟神秀"，造化把何等样的神秀聚焦在这个"槁项黄馘"的哲人身上啊！

"庄子钓于濮水，楚王使大夫二人往先焉，曰：'愿以境内累矣。'"

先秦诸子，谁不想做官？"一朝权在手，便把令来行。""在其位，谋其政。""君子之仕，行其义也。"谁不想通过世俗的权力，来杠杆天下，实现自己的乌托邦之梦？庄子的机会来了，但庄子的心已冷了。这是一个有趣的情景：一边是濮水边心如澄澈秋水、身如不系之舟的庄周先生，一边是身负楚王使命，恭敬不怠、颠沛以之的两大夫。两边谁更能享受生命

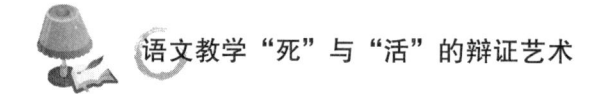

的真乐趣？这可能是一个永远聚讼不已，不能有统一志趣的话题。对幸福的理解太多样了。我的看法是，庄周们一定能掂出各级官僚们"威福"的分量，而大小官僚们永远不可能理解庄周们的"闲福"对真正人生的意义。这是有关对"自由"的价值评价。这也是一个似曾相识的情景——它使我们一下子就想到了距庄子七百多年前渭水边上发生的一幕：八十多岁的姜太公用直钩钓鱼，用意却在钓文王，他成功了。而比姜太公年轻得多的庄子（他死时也只有六十来岁），此时是真心真意地在钓鱼，且可能毫无诗意——他可能真的需要一条鱼来充实他的辘辘饥肠。庄子此时面临着双重诱惑：他的面前是清波粼粼的濮水以及水中从容不迫的游鱼，他的背后则是楚国的相位——楚威王要把境内的国事交给他了。大概楚威王也知道庄子的脾气，所以用了一个"累"字，只是庄子要不要这种"累"？多少人在这种累赘中体味到权力给人的充实感及成就感？这是生命中不能承受之"重"。

"庄子持竿不顾。"

好一个"不顾"！濮水的清波吸引了他，他无暇回头看身后的权势。他那么不经意地推掉了在俗人看来千载难逢的发达机遇。他把这看成了无聊的打扰。如果他学许由，他该跳进濮水洗洗他干皱的耳朵了。大约怕惊走了在鱼钩边游荡试探的鱼，他没有这么做，从而也没有让这两位风尘仆仆的大夫太难堪。他只问了两位衣着锦绣的大夫一个似乎毫不相干的问题：楚国水田里的乌龟，它们是愿意到楚王那里，让楚王用精致的竹箱装着它们，用丝绸的巾饰覆盖它们，珍藏在宗庙里，用死来换取"留骨而贵"呢，还是愿意拖着尾巴在泥水里自由自在地活着？二位大夫此时倒很有一点正常人的心智，回答说："宁愿拖着尾巴在泥水中活着。"

庄子曰："往矣，吾将曳尾于涂中。"

你们走吧！我也是这样选择的。这则记载在《秋水》篇中的故事，不知会让多少人暗自惭愧汗颜。这是由超凡绝俗的大智慧中生长出来的清洁的精神，又由这种清洁的精神滋养出拒绝诱惑的惊人内力。当然，我们不能以此悬的，来要求心智不高、内力不坚的芸芸众生，但我仍很高兴能看到在中国古代文人中有这样一个拒绝权势媒聘、坚决不合作的例子。是的，在一个文化屈从权势的传统中，庄子是一棵孤独的树，是一棵孤独地

第二章 语文教学"活"的艺术

在深夜看守心灵月亮的树。当我们大都在黑夜里昧昧昏睡时,月亮为什么没有丢失?就是因为有了这样一两棵在清风夜唳的夜中独自看守月亮的树。

一轮孤月之下一株孤独的树,这是一种不可企及的妩媚。

一部《庄子》,一言以蔽之,就是对人类的怜悯!庄子似因无情而坚强,实则因最多情而最虚弱!庄子是人类最脆弱的心灵,最温柔的心灵,最敏感因而也最易受到伤害的心灵……

胡文英这样说庄子:

庄子眼极冷,心肠极热。眼冷,故是非不管;心肠热,故悲慨万端。虽知无用,而未能忘情,到底是热肠挂住;虽不能忘情,而终不下手,到底是冷眼看穿。

这是庄子自己的"哲学困境"。此时的庄子,徘徊两间,在内心的矛盾中作困兽之斗。他自己管不住自己,自己被自己纠缠而无计脱身,自己对自己无所适从无可奈何。他有蛇的冷酷犀利,更有鸽子的温柔宽仁。对人世间的种种荒唐与罪恶,他自知不能用书生的秃笔来与之叫阵,只好冷眼相看,但终于耿耿而不能释怀,于是,随着诸侯们的剑锋残忍到极致,他的笔锋也就荒唐到极致;因着世界黑暗到了极致,他的态度也就偏激到极致。天下污浊,不能用庄重正派的语言与之对话,只好以谬悠之说、荒唐之言、无端崖之辞来与之周旋。他好像在和这个世界比试谁更无赖,谁更无理,谁更无情,谁更无聊,谁更无所顾忌,谁更无所关爱,谁更赤条条来去无牵挂,从而谁更能破罐子破摔,谁更无正义无逻辑无方向无心肝——只是,有谁看不出他满纸荒唐言中的一把辛酸泪呢?对这种充满血泪的怪诞与孤傲,我们怎能不悚然面对,肃然起敬,油然生爱?

学生被这样的文字吸引了,感动了,表示一定要买来鲍鹏山先生的《风流去》好好读。他们还在课后与我分享了他们的读后感。

读完鲍鹏山先生的《庄子:在我们无路可走的时候》,我很有感触。我喜欢他形象、生动的文字,喜欢他叙述和解读的语言,我佩服他能把晦涩难懂的《庄子》讲得如此妙趣横生,令人信服。作者认为庄子的思想是超凡绝俗的,他有着大智慧,这种智慧是乱世中生长出来的清洁的精神。庄子深知官场黑暗,居于庙堂之上定会受人排挤,于是宁愿"曳尾于涂

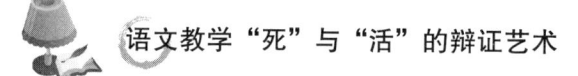

中"。然而，在此之前，我是不懂庄子的。读他的作品，感觉除了虚幻就是荒谬，是鲍鹏山先生让我真正走近了庄子。

利用多媒体手段，我把学生带进了文学的世界，这岂不是语文教学的成功吗？

(4) 将多媒体应用于作文教学，带领学生走向生活

作文教学历来是广大语文教学工作者探索的重要课题。对于语文教师来说，最难的是教学生写作文；对于学生来说，最难的莫过于写作文。要解决这个师生共同的难题，教师可以借助多媒体播放一些成语故事、开展活动时的录像和图片等，以此来激发学生的写作欲望。比如，我在教学"写一个活动场面"时，首先把本校开展的拔河比赛的录像播放给学生看，接着又把本班比赛时的三张图片展示给学生看，让学生仔细看、细心听的同时，想一想本班参加比赛的同学当中，哪些人给他留下了最深刻的印象，他们当时的神情怎样，做了什么动作，由此猜想他们当时的心理活动。如果你也是参赛队员之一，当时你会想些什么；如果你是一名观众，你的心情如何，会说些什么。等学生思考之后，让他们在小组内说一说拔河比赛场面中最精彩的一个片段；同时要求小组成员不但要认真发言，而且要细心倾听，倾听的学生要说出发言的学生说得好的地方和不妥之处。小组交流后，再抽几个学生说一说，然后集体评一评，最后由我总评，课后让学生加上开头和结尾写一写这个精彩的拔河比赛场面。叶圣陶先生曾说："文章要自己改，学生只有学会了改的本领，才能把文章写好。"待学生写完习作后，我带领学生用一节课的时间来议一议、评一评大家的习作。我首先用课件展示修改作文的方法，让学生自读自改后，再在小组内互改，并要求学生写上眉批和总评。最后展示事先准备好的三篇有代表性的习作，引导学生集体评议，具体做法如下：

第一步，小组长组织本组成员进行集体修改，各抒己见，小组长要做好记录。

第二步，请小组长上台宣读本组集体评议后的综合修改意见。

第三步，教师选择习作修改中有针对性和代表性的问题与全班学生讨论，并达成共识。

第四步，课件展示教师的修改意见。

综上所述，多媒体为我们提供了理解、探索语文的平台，使语文知识变得容易理解，使语文走向生活、走向现实，更加情境化，使语文教学更加生动活泼，使语文从书本中、课堂上、考试中走出来，回归语文教学的本质。因此，语文教师要好好利用多媒体，让它在语文教学中尽显魅力。

3. 树立大语文观，激活语文教学

除在课堂教学中解放学生，打造有活力的课堂外，我们还要大胆尝试开展多种语文活动，使学生在活动中得到锻炼，将学生头疼的古诗文、文化常识、成语等"死"的知识不知不觉地植入学生的脑海。

我们学校在这方面做过很多尝试，也取得了一定的成效，主要有两大方面：一是常规的语文课外积累活动，二是广泛的课外比赛和课外社团活动。其中，我们学校开展的常规的语文课外积累活动有以下几种形式和目的。

（1）课外摘抄积累以"活"学

语文教师要树立大语文观，明白语文的外延就是生活。所以学好语文绝不只是利用好课堂时间就可以做到的事情。大凡语文成绩好的学生，都在情感、语言、材料等方面有长期的积累。

教师指导学生进行摘抄，不仅要在不增加学生课业负担的前提下进行，而且要将摘抄与抄写文言字词、完成课后练习等课外作业区分开来，在内容、形式、时间等方面给学生自由选择的权利，让学生按自己喜欢的方式进行：可以看书报，也可以看杂志；可以边读边抄，也可以边抄边背；可以坐在家中慢慢品味抄写，也可以在学校挤休息时间快速阅读摘录。看自己想看的，写自己想写的，乐而为之，这样才能使摘抄成为学生的一种主动行为，真正促进学生的主动阅读。

（2）课外写作练笔以"活"用

写作对于很多学生而言是比较困难的事情。要把自己的思路整理好后诉诸文字，不经训练，没有乐趣，的确是难事一桩。我们可以让学生写自己感兴趣的事情，"我手写我口"，让他们在快乐写作中养成良好的写作习惯。

在日常语文教学中，从高一起我就让学生坚持练笔，从自己积累的材料、同学们课前的演讲、时事新闻或教科书的选文中挑选出自己最感兴趣

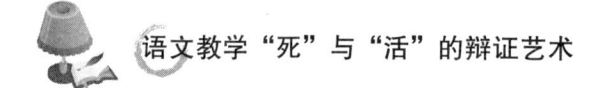

的内容写下来。如学了文言文《荆轲刺秦王》后，我鼓励学生为自己班里的同学写传记，这个提议得到了大家的支持。学生把自己的所见所闻、所思所感诉诸笔端，不拘一格地表达出来，这是他们在灵活地"输出"。

(3) 共建教室书柜以"活"读

每接手一个新的班级，我就会建议学生建立班级共享书柜。我会带头拿出自己的三五本书，写上名字，号召大家都这样做。我们把这些书放置在教室的共享书柜里，定期更换，期末各人收回。

还可以以班级为单位订购一些报刊，丰富教室共享书柜的存储。这不仅开阔了学生的视野，丰富了学生的积累，而且阅读共同的书目使他们加强了彼此之间的交流。

(4) 举办讲座论坛以"活"思

举办专题讲座和论坛，以点带面，激活学生的思维，激发学生学习语文的兴趣。教师可以开展大厅讲座、电视讲座，学生可以开展大厅论坛、时事辩论、名著争鸣论坛，让学有所长、学有所得的师生展示语文学习的效果，树立语文学习的榜样。

我曾多次让学生开展读书主题讲座。2017年6月，高二（19）班的武晨雨同学在班级里做了"我所认识的张岱"的读书报告。她一开讲就与同学们分享了自己的小秘密。她说，人无癖不可与之交也，所以她喜欢有癖好的人，因之有深情。她常梦想自己生在明代，嫁给张岱。这样有个性的开场白自然引起了学生的兴趣。接着，她又从张岱的生平、张岱的宗教观、张岱的文章三个方面进行了有理有据的分析。学生们听得津津有味。

在教师的指导和倡议下，学生们进行了广泛的课外积累，这些讲座论坛活动在潜移默化中提高了他们的语文素养。

4. 建立语文素养评价体系，促活语文教学

检测和竞赛不仅是检查教师教和学生学的效果的快捷途径，还有激发学生积极性的作用。为了提高学生语文学习的积极性，我校开展了一系列语文素养竞赛活动。每年高一新生入校时，学校都会向各个班级的学生印发表格，让他们明白各类语文素养技能过关检测和竞赛的项目和时间，让他们一开始就做好自己高中三年语文素养的提升计划。这在我校已经形成常规，年年如此，旨在锻炼学生的语言综合能力，提升他们的语文素养。

常规竞赛的项目如下：

漯河高中语文素养技能过关检测和竞赛项目时间表

高一年级上学期：诵读过关检测、朗诵比赛。

高一年级下学期：书写过关检测、硬笔书法竞赛。

高二年级上学期：语文基础知识过关检测、语文知识竞赛。

高二年级下学期：演讲比赛、成语接龙比赛、时事辩论赛。

分项检测，分项竞赛。如果有学生某项检测没过关，必须进行补测。

丰富的课外检测和竞赛活动让学生在各阶段有目标的准备中，自觉地进行语文素养技能的学与练。经由"班级—年级—学校"三层筛选，学生间相互竞争的气氛和榜样的力量，使得校园内形成了浓郁的语文学习氛围。这种课堂以外的语文活学模式，既是语文教学的需要，也是当代素质教育和人文熏陶的迫切要求。

下面是我们采用的竞赛模式之一。

一、活动时间：1小时

二、活动方式：班级内竞赛

三、具体操作

（一）竞赛准备

全体动员，精心准备，广泛搜集，集中识记，班内小组筛选，代表参赛。由学生推荐或自荐，确定主持人、裁判员、计时员和计分员，并进行指导，模拟演练。

（二）竞赛程序

1. 赛前导入

2. 群答问题

（1）A组题——名句接龙

限时作答：5分钟。

开展形式：以中国古典诗词（课内课外均可）为范围，由甲方提出首句，乙方接龙，以得分多者为胜。

赋分原则：每接对一句得1分。如有错，错一句倒扣0.5分。

（2）B组题——诗句扩展

竞赛用时：5分钟。

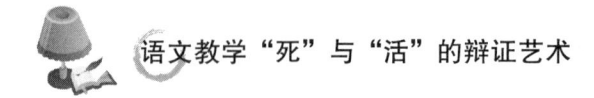

开展形式：从意象入手，展开联想，由参赛代表抽签确定，以得分多者为胜。

赋分原则：每句2分，答错不给分。

备用题组：①古人写"愁"的句子；②古人写"月"的句子；③古人写"柳"的句子；④古人写"水"的句子。

示例：古人写"愁"的句子——①问君能有几多愁？恰似一江春水向东流。②汴水流，泗水流，流到瓜洲古渡头。吴山点点愁。③只恐双溪舴艋舟，载不动，许多愁。④天无涯兮地无边，我心愁兮亦复然。⑤试问闲愁都几许？一川烟草，满城风絮，梅子黄时雨。⑥放眼暮江千顷，中有离愁万斛。⑦抽刀断水水更流，举杯消愁愁更愁。⑧少年不识愁滋味，爱上层楼。爱上层楼，为赋新词强说愁。

（3）C组题——转换

开展形式：由已知诗句，导出语本，熟知典故，把握主旨。

示例：①照花前后镜，花面交相映。——语本唐代崔护《题都城南庄》：去年今日此门中，人面桃花相映红。人面不知何处去，桃花依旧笑春风。

②至今商女，时时犹唱，《后庭》遗曲。——语本唐代杜牧《泊秦淮》：烟笼寒水月笼沙，夜泊秦淮近酒家。商女不知亡国恨，隔江犹唱后庭花。

③二十四桥仍在，波心荡，冷月无声。——语本唐代杜牧《寄扬州韩绰判官》：青山隐隐水迢迢，秋尽江南草未凋。二十四桥明月夜，玉人何处教吹箫。

④素衣莫起风尘叹，犹及清明可到家。——语本晋代陆机《为顾彦先赠妇》：京洛多风尘，素衣化为缁。

（4）D组题——背诵

开展形式：指定篇目，学生自选，要求口齿清晰，准确无误。

示例：略（以高考必考篇目为范围）。

教师的作用是提出整体设想，明确活动目的，给予必要的指导。而学生则是活动的主角，从策划、组织到具体安排，都由学生自主研究确定。这些活动如果由教师一手操办，学生的积极性、创造性便难以发挥，他们的才能也难以充分展现出来。所以，教师一定要大胆放手，让学生真正参与其中，在丰富语文知识的同时大大提升学生的语文综合能力。

总之，我们一定要借助多方力量，使我们的语文教学开放而灵活。在社会、学校、教师、学生多方力量的共同努力下，灵活多元的学习方式必将使我们的语文教学实现"死去活来"的目标。

5. 引入多种文本资料，助活语文教学

随着知识社会的来临和高考的需要，对高中生的阅读能力要求越来越高，学生要能掌握信息、分辨信息、筛选信息、整合信息并吸收内化。而传统的语文课堂，教师往往重阅读方法的指导，轻阅读兴趣的激发；重课内精读，轻博览群书；重单篇文章的阅读，轻整本书和多种文本的阅读。教师对教学内容和教学资源缺乏整合、利用，存在"少、费、差、慢"的低效教学情况，导致学生阅读兴趣无法培养，阅读能力无法提高。这就要求我们的阅读教学必须顺应时代发展，教师必须更新阅读观念，积极探索适应时代需要和高中语文教学实践操作的教学模式，探求新的阅读方法，提高阅读的质量。

教师可以在课堂上指导学生阅读群文，即把多篇文章以一定的方式串联在一起，指导学生阅读学习，使学生形成自己独特的见解，进而提升阅读理解能力和写作能力。教师也可以在课堂上让学生结合教材中的多篇文章进行比较阅读，再拓展一些课外的相关文章，以扩大学生的阅读面，唤起学生的阅读激情，激发学生的阅读兴趣。课堂上，教师应以学生为主体，指导学生阅读的方法，让学生通过自主阅读、分享交流，养成良好的阅读习惯，锻炼读写能力。

虽然我们一直提倡素质教育，近几年又提出了新课程改革，但在实践中，很多教师的传统观念根深蒂固，在课堂上依然采用传统的一节课教授一篇文章的方法。通常教材中的一个单元有三四篇文章，一个学期下来学生只学习二三十篇文章，阅读面太狭窄。而且学生所学的科目较多，课外阅读时间很少，阅读量不大，因课内外脱节，学生在课内学习到的一些阅读方法不能很好地运用。

在高中阶段，部分学校及部分教师又重新回到片面追求升学率的老路上，以提升学生的考试成绩为最终目的。我校在一项针对语文学科教学开展的问卷调查中发现，在360名在校高中生中，有超过80%的学生在回答

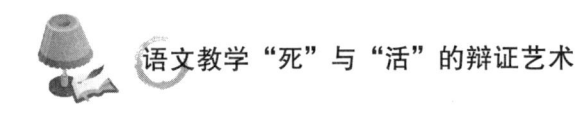

"你有过下课后还沉浸在课堂上的体验吗?"一题时选择了"从来没有过";在学习诗歌的过程中,只有不到10%的学生愿意"把诗想象成一个画面,并描述画面内容",绝大部分学生选择了"读读背背"的学习方式。

对此,我校立足学情,通过开展大容量阅读课,让学生开阔视野,打造符合高中语文高效课堂的阅读教学模式;开设语文阅读课,以实现高中语文教学方式和课堂教学形态的改变,从而推动语文教学的发展,使学生形成良好的语文素养和学习素养。这主要从三个层面着手。

一是学生层面。就学生而言,主要是掌握方法。开展丰富多彩的"多文本阅读"教育实践活动能激发学生的阅读兴趣,拓展学生的视野。通过阅读各类文体的群文,让学生琢磨出不同文体的阅读方法,在开阔眼界的同时,掌握不同文体阅读的方法策略,并逐渐转化成个人的阅读能力和学习能力。

二是教师层面。就教师而言,主要是探索方法。通过课题组培训及阅读教学实践,教师要摸索出适合各类文体的阅读方法。在课题研究中,汇聚集体的智慧,碰撞思维的火花,在提高专业素养和教学水平的同时,充分体验职业幸福感,为学校的可持续发展积聚能量。

三是学校层面。我校作为全国百强中学之一,在完成教育实验的同时还借助实验打造"书香校园",形成以"阅读"为导向的办学特色,提升教育教学的内涵和办学品位,进而辐射周边的兄弟院校,为打造全民阅读和学习型社会蓄势。

将大量经过教师精心筛选的优质的多元的阅读资源引入课堂,在"多文本阅读"教学中积累群文素材,可以尝试研发"群文阅读"教师读本和学生读本等资料库。

以活动为主线,形质兼具,语文课堂不再枯燥无味;学生成为课堂的主人,教师与学生其乐融融,欢乐无限,语文成为最受学生欢迎的学科。这便是语文教学"活"的艺术的实施之效。

第三章

语文教学"死""活"兼顾的

艺术实施策略

第三章 语文教学"死""活"兼顾的艺术实施策略

第一节 "死""活"兼顾符合辩证之法和教育规律

一、"死""活"兼顾一分为二，符合辩证之法

辩证思维能力是一种重要的、高层次的思维能力，是我们认识世界的有力武器，是一种真正的"聪明术"。历史上许多被称为天才的卓越人物，往往具有较强的辩证思维能力。雨果称莎士比亚为"天才"，他说："天才与凡人不同的一点，便是一切天才都具有双重的返光。"

所谓"双重的返光"，从实质上来说，正是指唯物辩证法的思想方法。许多世界著名的企业家、管理学家都认识到辩证思维的作用。美国的杜拉克在《有效的管理者》一书中谈道，管理者的良好决策不是从众口一词中得来的，而应以互相冲突的意见为基础。所以听取不同的意见，是做出正确决策的第一原则。

根据我国著名心理学家朱智贤的研究，辩证思维可以使人全面地、动态地看问题，使人能越出日常经验的狭隘界限，因此它在思维品质的发展上起着重要作用。由此可见，辩证思维能力的培养是提高思维品质、发展思维能力的重要途径。进行辩证思维训练，首先要学习、领会辩证唯物主义的基本原理，学会运用联系的、发展的和对立统一的观点观察问题、分析问题、解决问题。在此基础上，初步掌握辩证逻辑的思维形式、具体概念、矛盾判断和辩证推理。"一分为二"要求我们分析问题时要客观全面。

语文学科核心素养和课程目标中也都包含基础和处延两个大的方面，需要一分为二地看待。

语文新课标指出，语文学科核心素养包括"语言建构与运用""思维发展与提升""审美鉴赏与创造""文化传承与理解"四项内容。其中，语言建构与运用是语文学科核心素养的基础。在语文课程中，学生的思维发展与提升、审美鉴赏与创造、文化传承与理解，都是以语言的建构与运用

语文教学"死"与"活"的辩证艺术

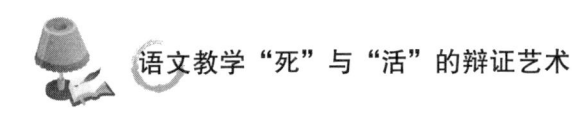

为基础,并在学生个体言语经验发展过程中得以实现的。

文件的解读一语中的,语言建构与运用是后三项的基础,那是不是把语文学科核心素养的四个方面分成两类了?是的。这两类就是按照语言基础知识和思维、审美等能力区分的。

如果我们认真解读课程目标,就会发现它和学科核心素养是契合的,也是分为两个大的方面。比如,在12项课程目标中,语言积累与建构是基础,"语言建构"需要"积累较为丰富的语言材料和言语活动经验","语言表达与交流"需要"能凭借语感和对语言运用规律的把握","语言梳理与整合"需要"将积累的语言材料和学习的语文知识结构化","发展逻辑思维"需要"能够辨识、分析、比较、归纳和概括基本的语言现象和文学现象……运用基本的语言规律和逻辑规则,判别语言运用的正误"。语文素养和逻辑思维能力的提高都必须以语言积累与建构为基础。

由此可见,课程目标也是分为两部分的,即基础知识和基础之上的各种能力。

那么,语文新课标不就正好契合了我们传统上对知识和能力的区分吗?不正是本书提到的"死"知识和"活"能力的区别吗?作为学生学习的引导者,我们也是一分为二地看问题的,既看到了"死"抓基础知识的重要性,也看到了一味注重基础知识给学生带来的倦怠感;既看到了"活"学、注重素养的好处,又看到它必须以基础知识为前提,在语文教学中既注重基础知识,又注重能力的提升。我们总结的"死""活"兼顾的教学艺术不正体现了辩证法吗?作为高中语文教师,我们要学会这样的"聪明术",在思想认识上和课程策略的选择上都要辩证而不走极端。

总而言之,语文教学艺术中的"死""活"兼顾合乎辩证之法,语文教学对辩证法的灵活运用,是明智而卓有成效的。

二、"死""活"兼顾全面考虑,符合教育规律

教育学中有总结教学过程的四大基本规律,是一种最基础的理论,是指导教师工作的基本规律。我们要认真领悟这四大基本规律,用来指导我们的教学实践。

1. 间接经验与直接经验相结合的规律

这一规律说明了教学过程中学生掌握间接经验与直接经验的关系。

学生获得知识有两种途径：一是间接经验，即从书本、课堂和别人那里得来的知识；二是直接经验，指通过亲身实践得来的知识。教学中，学生获得的知识既有直接经验又有间接经验。虽然课堂教学以学习间接经验为主，但也要重视学生的直接经验；虽然强调以学习书本知识为主，但绝不能忽视直接经验在认识客观世界中的作用。因为学生的认知遵循人类认知的普遍规律，是从感性到理性不断深化的，学生的间接经验是建立在直接经验基础上的，所以以间接经验为主并不是不要直接经验。

教师在教学过程中既要重视学生对间接经验的获得，又要重视学生对直接经验的获得，应将两者有机结合起来，摒弃只重视某一方面知识的片面观念。

2. 掌握知识与发展智能相统一的规律

教学过程既是向学生传授系统的科学文化知识的过程，又是发展学生智能的过程，两者有着密切的联系。

掌握知识和发展智能相互依存，相互促进。掌握知识是发展智能的基础，发展智能是掌握知识的必要条件，两者相互联系，辩证统一。学生的智能是在掌握知识的过程中形成、发展和表现出来的。离开或排斥掌握知识，发展智能将无从谈起。同时，学生具有一定的智力、能力，是进一步掌握科学文化知识的必要条件，直接影响到学生掌握知识的广度、深度、巩固程度和运用程度。实践表明，智能发展水平影响着学生对知识的掌握。

教学过程中既要重视学生智能的发展，又要重视学生对知识的掌握。教师应重视学生智能的发展，智能的发展是学生掌握科学文化知识的必要条件，能有效地提高学生的学习效率。同时，教师应引导学生自觉地掌握和运用知识。知识虽然并不等于智能，知识掌握得多也并不一定表明智能发展得好，但两者互相联系。调动学生学习的积极性，引导学生自觉地掌握知识，就能促进学生智能的发展。要防止出现单纯抓知识或只重视智能发展的片面倾向。

3. 传授知识与思想品德教育相统一的规律

传授知识与思想品德教育相统一的规律即教学的教育性规律，指教学

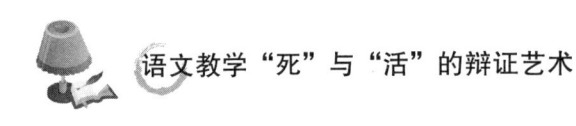

过程既是传授和学习系统的科学文化知识的过程，又是学生在掌握知识的基础上接受思想品德教育的过程，两者具有紧密的联系。

教学为何具有教育性？

首先，从社会要求来看，教学活动是按照一定社会要求来开展的，受社会意识形态的制约，并服务于一定的社会政治制度。

其次，从教学内容来看，科学知识本身具有思想品德教育的因素。

再次，从教学手段来看，教学组织形式、教学方法也具有教育因素。

最后，从教师角度来看，教师是具有一定思想观点的人，在教学中总是表现出一定的立场、观点、个性特征，从而对学生产生影响。

教师在教学过程中应自觉地运用教学的教育性规律，把知识教学与思想品德教育有机地结合起来，既注重挖掘教学内容的思想因素，克服只教书不育人的倾向；又要防止教学中进行思想品德教育的自然主义和形式主义。要寓德育于教学之中，做到教书育人。

4. 教师的主导作用与学生的主体作用相结合的规律

这一规律说明教学过程是教师和学生共同活动的过程。教师在教学活动中起主导作用，学生在教学活动中发挥主体作用，双方具有紧密的联系。

教师在教学中起主导作用，理由如下：

第一，学生在各方面还不成熟，知识的掌握、能力的培养、品德的提高都离不开教师的组织和安排，需要教师的指导。

第二，教师代表社会向学生提出学习要求。

第三，教师受过专业训练，有较丰富的知识。

因此，发挥教师的主导作用能有效地帮助学生掌握知识，使其身心得到发展；否定、削弱教师的主导作用势必会导致教学质量的下降。

学生在教学中发挥主体作用，理由如下：

第一，学生是学习的主人。教学内容只有被学生主动地吸收、消化，才能为学生所掌握。

第二，学生虽然在许多方面并不成熟，需要教师的指导，但他们仍是认识和自身发展的主体，具有主观能动性。因此只有充分发挥学生的主观能动性，才能促进教学活动的顺利开展。否定学生在教学中的主体作用，

第三章 语文教学"死""活"兼顾的艺术实施策略

必然会削弱教学的效果。

教师的主导作用与学生的主体作用是辩证统一的,两者相互联系,相互促进。既要重视教师的主导作用,通过教师的组织、调节、指导,促进学生的发展,又要充分发挥学生的主体作用,调动学生学习的积极性,使学生适应教师的教学。将两者割裂开来,或是只强调某方面的作用都是片面的、错误的。

我们仔细梳理了教育学中的四大基本规律,再对照我们提倡的语文教学"死"与"活"的艺术,发现二者也是深度契合的。

我们遵循了间接经验与直接经验相结合的规律。在语文教学中,我们让学生大量地背诵、摘抄、模仿、记忆,这些都是为了让他们汲取前人的经验,对于学生来说,是他们人生的间接经验,他们并没有去参与。这对应的是"死"知识的范畴。我们提倡让学生夯实自己的知识基础。同时,我们也经常提醒学生感悟生活,他们虽然没有经历过历史上仁人志士"去国怀乡,忧谗畏讥"的痛苦,可是也有过在群体中不被接受的痛苦;他们虽然没有"自经丧乱少睡眠,长夜沾湿何由彻"的焦心,可是也有学业带来的紧张和焦灼;他们虽不曾"读万卷书,行万里路",可是也有不少阅读和游览的经历。我们所倡导的体验生活,积极参与社区活动,积极关注家乡文化,不都是让他们获取直接经验的有效途径吗?

教学过程中既要重视知识的掌握,又要重视学生智能的发展。这一规律也是我们"死""活"兼顾的教学原则。我们抓"死"是重视知识的积累,我们重视"活"是想促进学生智能的发展。我们努力帮助学生探寻基础知识之间的联系和规律,使他们融会贯通。我们组织不同形式的活动,千方百计地使学生学会迁移、拓展自己的知识。

我们也没有忽视教学的教育性规律。教书就是育人,教语文更是教学生形成正确的价值观和人生观,教会他们如何做人、如何生活、如何获得幸福。我们在本书第二章阐述语文教学"活"的艺术的时候,就举了2008年汶川大地震时学生课堂上的一次辩论。学生在辩论的过程中其实就是在讨论职业道德和法律之间的关系问题,这位老师没有违背法律,我们不能对他进行人身攻击,但是他违背了职业道德,他的行为不会受到推崇。学生的辩论不就是学校对他们进行的思想道德教育吗?

语文教学"死"与"活"的辩证艺术

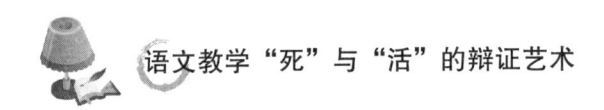

教师的主导作用与学生的主体作用相结合的规律也是我们"死""活"兼顾的语文教学艺术严格遵循的教育规律。我们深深懂得，不管是"死"抓基础不放松，努力夯实学科知识基础，还是采用"活"的形式多放手锻炼学生，教师只是"导演"，学生才是"主角"。

由此可见，"死""活"兼顾的语文教学艺术能够从学生的实际情况出发，考虑周全，符合教育规律。

第二节 "死""活"兼顾的注意事项和实施策略

一、起始"死"，过程"活"，由"死"到"活"

语文教学中"死""活"兼顾要注意不同的年级、不同的学段。一般来说，在起始年级，因为学生的基础比较薄弱，我们要"死"抓基础，强调日复一日的积累，而"活"的学习方法更适用于毕业年级。"死""活"兼顾，但二者比重不同，具体要看学生所在的学段。

人们常说，人的一生最重要的就是那几道坎，过了那几道坎，乘风破浪，就畅通无阻了。高一就是这样的一道坎：刚成功通过人生中第一场重要的考试——中考，精神上有点懈怠，又进入了一个全新的学习阶段，对新的学习方法、学习内容不了解、不适应，加上初高中教材知识体系脱节的问题，给新阶段的学习带来很大的障碍。

确实，这正是在初高中衔接问题没有得到很好解决之前长期困扰广大师生的一大难题。我们要告诉学生，相较于初中语文，高中语文内容更加广泛、丰富，学生必须踏踏实实地积累。高中语文教材所涉及的内容，几乎包括人类进入文明社会以后各个时期的作品。从中国古典文学的角度看，涵盖从《诗经》到明清的诗歌、散文、戏剧、小说等各种文学形式，而其中的作家作品、文化常识、实词、虚词、句式、修辞、文章内容理解归纳、文学鉴赏以及语言的运用等，都在学习范围之内；而外国文学的学习重点是著名作家、政治家的具有较大影响的诗歌、小说、散文、演讲词

第三章 语文教学"死""活"兼顾的艺术实施策略

等作品。从风格看，更是不拘一格，例如，"二战"后西方兴起的"后现代主义"小说也被选入教材中。同时，高中语文教材知识性强，系统性强。初中语文学习较注重学生的感性认识和积累，高中语文学习的要求已上升到能够对有关内容进行知识性、系统性的理解和领悟，将感性认识上升为理性认识。比如，学习诗歌，初中要求朗读背诵，形成语感，在教师的指导下能够初步理解诗意，而高中则要求能够对其进行分析，学会初步鉴赏和感悟。由于高中学习的科目比初中要多，学生的学习负担加重，课外用于语文学习的时间相对就减少了，这实际上给语文学习增加了难度，对语文学习提出了更高的要求。高中语文学习的自主性更强了，需要把以教师传授知识为主的教学过程转变为学生在教师指导下主动获取知识、获得能力的过程。教师不只是"传播真理"，还要教给学生"发现真理"的方法、途径和规律。这样，学生才能自己用"拐杖"走路，这是一个质的飞跃。

面对新的学习要求，学生在高中语文学习的方法上应有哪些相应的准备呢？首先要养成良好的学习习惯。

第一，勤读课外书。

第二，勤做读书笔记。

第三，勤查工具书。

第四，勤于朗读背诵。

第五，勤于独立思考。

第六，勤于求教探讨。

第七，勤于写日记。

良好学习习惯的养成需要坚强的毅力，要持久地有意识地培养。只要有决心，良好的习惯就一定能养成。这对于学生来说将是一笔巨大的财富，终生享用不尽。

进入高三后，因为有了两年"死"知识的积累，语文学习中应该更多运用到"活"的方法。众所周知，课堂教学效率高是学生成绩提升的重要保证。良好的师生关系有助于提高教学效率。古人所说的教学相长就说明了这一点：教师的"教"影响到学生的"学"，同时学生在学习过程中产生的生成性问题也会促进教师的"教"。教师在教学中应多站在学生的角

度思考，多反思自身，多与学生交流，以此来促进自己的教学。高三语文复习应该成为学生愉悦的情感体验过程，教师应营造和谐融洽的教学氛围，增强语文课的魅力，让学生喜欢上语文课，并逐步对语文学习产生浓厚的兴趣，这样，我们的课堂教学就会事半功倍。教师可努力创设教学情境，在活跃课堂气氛上下功夫，灵活利用现代化信息技术手段，采用"启发式""探讨式"等教学方法，让学生各抒己见，深入探究，深化对知识的理解；在课外利用学校网站、论坛设立语文栏目，引导学生进行自主交流；应与时俱进，不断丰富、提升自身的语文学识，讲究授课艺术，以自身的创造性调动学生的主动性，使学生从"要我学"变成"我要学"，充分感受到语文学习的乐趣，从而激发浓厚的学习兴趣。

　　当学生有了学习兴趣后，我们还要深入研究高考考点，注重科学备考。科学备考，是指复习既要保证能对学生的高考"增分"有帮助，又要考虑学生未来的发展。语文新课标不仅强调学生对基础知识的掌握，更注重学生能力的培养，特别是学生的实践活动能力。作为标准和方向的《考试说明》，每年都会根据实际情况及要求进行调整，这种调整或改动势必会对高考起到一定的指向作用，从而要求各学科教师针对说明进行细致研究。在实际教学工作中，我们不断地结合实际问题，有针对性地对每一个考点进行解读，并与去年的考点进行分析比较，特别是结合高考试题分析，从而明确教学的侧重点，更好地指导自己的教学。作为高三的语文教师，必须仔细研究高考题型的新变化，才能组织学生进行有效的复习。在总复习阶段，除了教师的讲授，系统有效的训练也是"重头戏"。这里我想重点谈一下什么样的练习才是有效的。有效的练习贵在举一反三，贵精不贵多，重在有效提升答题能力。反之，练习做得再多再难，也不利于学生的学习进步与能力提高。所以在选择训练习题时，首先，教师要对高中阶段的教材体系、课程标准有准确的把握，把练习看作提升学生知识迁移能力的有效途径，针对考点，扎实有序地开展训练。其次，训练的内容和题型必须和高考接轨。再次，要分清主次，明确练习的重点，抓住"增分点"进行训练。作为高三的语文教师，我们很清楚，有些考点的攻克，主要是靠学生平时的积累，如语音、字词等，应让学生从高一起便养成主动积累的习惯，靠集中时间训练，效果不明显。我们应把重点放在阅读、写作和语言应用题上。当然，由于默写名句名篇的训练效果是显而易见的，也应列为重点。我想，扎扎实实地训练学生养成良好的书写习惯，积累经典名篇，提高写作能力，等等，又何尝不是为了学生未来的发展呢？

在高考语文复习中，教师一定要灵活运用各种方法，注重实效；必须时刻保持谦虚谨慎、求真务实的态度，不断学习，不断探索，精益求精，让教学更上一层楼。

二、解困"死"，培优"活"，"死"去"活"来

"死""活"兼顾，不仅要注意学段，还要兼顾学生基础。特别是在一些教育条件相对落后的地区，无法开展理想的小班教学，班级学生人数多，且基础参差不齐，这特别考验教师的责任心和能力。

教师首先要有责任心，要特别关注语文基础差的学生，注意多和他们进行情感交流，对他们的语文学习状况进行分析指导。

很多学生都有这样的疑惑："我平常已经很努力了，可为什么就是考不好呢？"语文算得上是所有学科的基石了，但是为什么从小学一年级开始就学习的语文，到了高中仍旧没有办法考到高分呢？对这个问题，不仅学生弄不明白，就连一些家长也糊涂："孩子从小就学语文，小学倒是学得不错，可是慢慢地，语文成绩越来越差，现在上了高中只能勉强及格。这是怎么回事？"

当然，高中和小学肯定是不一样的。毕竟高中的语文更多的是考查学生的理解能力，对基础知识考查得更加细致、更加深入了。

其实，造成这一问题的原因有很多。但最根本的原因是很多学生对基础知识掌握得不够牢固。很大一部分学生在考试中失分的都是那些能够在课本上找到答案的题。而对阅读理解以及课外文言文，学生普遍觉得很难，最主要的原因是阅读量太少，没有从正确答案中总结出答题的规律。有些教师会让学生将一些练习册后面的答案撕掉并上交，但是我从来不会这样做。学生可以看答案，但是一定要从答案当中寻找答题的规律。其实，很多阅读理解题的答案都有一定的规律，就像有一个固定的模板，只要将你的理解按照模板写下来，基本上都是可以得分的。所以，学生要学

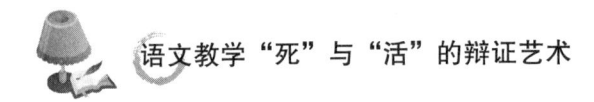

会自己寻找答案。当然，学生觉得语文学习效果不佳，还有一个重要的原因，就是对常用知识点的总结不够关注或不上心。

那么，我们在教学中怎样做到因材施教，"死""活"兼顾呢？可采用分层教学的方法和策略。我校语文教师在分层教学上一般有两方面的考虑。

一是行政班级、小组等学习共同体管理组织上的分层。

这一分层的依据是学生的语文学习能力。教师会根据学生的中考成绩，进入高中后的语文月考、期中考试成绩来决定学生的分层。当然，还得同时考虑学生的语文学习兴趣和管理能力。

在班级这一学习共同体中，我们会选出语文基础好的学生担任学术助理，一般为两人，相当于原来的课代表。他们不仅是班级里语文成绩最好的学生，也是有志于服务班级的热心人。

在小组这一学习共同体中，管理者是学习小组中的学科组长。一般一个小组我们会选两个组长，轮流"执政"。当然，这两个组长也是语文学习的佼佼者。

在这样的学习共同体中，学优生是管理者、带动者，学困生是学习者、成长者。二者互相支持，互相配合，共同进步。

二是语文学习任务的分层。

学习任务的分层就是根据学生基础的不同，布置不同的学习任务。每一小组的学生按成绩分为优秀、良好、学困三个等级。

学困生大多基础薄弱，要补"死"知识，万丈高楼平地起，首先要把基础打好。我们会注重语文学习的渐进性，通过设置阶段目标，让这类学生在达成目标后感受成功的喜悦，树立自信心。从简单问题开始，如注音、改错别字、找反义成语、名句默写等，再逐步过渡到现代文阅读、诗歌鉴赏、写作等难点上，使其排除畏惧心理，不断提高语文成绩。这样，学生在阶段学习中有了收获感、成就感，尝到了学习的甜头，学习语文的兴趣就会提高。

此外，对学困生既要"死"抓，又要抓"死"。"死"抓，指教师勤督促、勤帮助，学科组长勤落实、勤带领。教师和学术助理、学科组长组成成长"死党"。抓"死"，指抓学困生的每日课文背诵默写、上课笔记、书

第三章　语文教学"死""活"兼顾的艺术实施策略

法练习、基础知识补差笔记和错题集。将"死"任务落实"死",逐渐夯实基础。

对语文学习优秀和良好的学生,当然也不能放松,给他们的任务可以相对灵活而具有挑战性。

语文基础好的学生也有认识上的误区,如认为语文考试和语文教材没有关系。之所以存在这样的错误认识,是因为语文教材知识琐碎,而在课堂上教师又没有进行系统的归纳,导致学生没有形成对教材知识的全面、深度把握。

就拿高中语文人教版必修 1 来说,第一单元现代诗部分与古诗直接相通,涉及古诗鉴赏中的情感、意象、诗人形象等重点知识;第二单元的三篇史传文言文则涉及重点虚词、实词和文言特殊句式;第三单元的写人叙事散文是高中散文阅读的入门级文章,其中表达的情感、思考和写作技巧是经常出现的考点;第四单元的新闻、通讯这一类实用类文章,则重点训练学生提取信息的能力,这一能力贯穿整个高中语文学习的始终。除了课文,"表达交流"板块教给学生如何写好记叙文,"梳理探究"板块向学生介绍了有关语言、文字的传统文化知识,"名著导读"板块则要求学生了解《论语》和《大卫·科波菲尔》。

如果我们结合考题来看,就可以发现教材中的知识是考题的来源,只有全面而系统地掌握教材知识才能打好基础,提升语文成绩。

所以我给学优生布置的任务是"活"的,如梳理教材知识体系、拓展语文学习视野、多读名著、多写读后感、多读评论、多练习写作。学优生的任务还有更多的引领作用,如组织、展示梳理教材知识的成果,给同学们讲解。

另外,还可以让学优生多参与课外拓展活动,比如,让他们经常读《人民日报》《光明日报》《三联生活周刊》中的社评文章,并在课堂上和大家分享文章中的观点和素材,这样的展示可以放在课前三分钟演讲活动中进行。另外,学术助理每学期都要组织辩论赛、成语竞猜活动、优秀文章评选活动等。

当然,这种分层并不是一成不变的,开展这样的分层教学只是侧重点不同。不过要注意,学优生也需要掌握基础知识,同时要引导学困生拓宽

语文教学"死"与"活"的辩证艺术

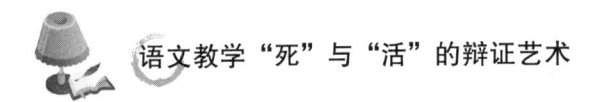

语文学习视野。

三、文本"死",方法"活","死"中求"活"

"死""活"兼顾要注意不同的文本,在不同的文本学习中,"死"与"活"的比例有所不同。也就是说,文本是"死"的,方法是"活"的,我们要根据不同的文本运用不同的方法。

在高中语文学习中,特别是学习文言文,与学习白话文相比,"死"和"活"的比例不同。在文言文学习中下功夫更多的是文言字词、句式等基础知识,只有积累了一定的文言知识和文化常识才能顺利地阅读文言文,所以学生在学习文言文时更多的是需要采用"死"背诵、"死"记忆这些"死"方法。如通过课内细读,要能准确地正音、正形、断句,要解决粗读中遇到的疑难问题,要对文章中的文言实词、文言虚词和特殊句式进行分析,能够准确地翻译文章。

若没有牢固的"死"知识,学生会闹出很多笑话。如《触龙说赵太后》一文中有一个句子:"今三世以前,至于赵之为赵,赵王之子孙侯者,其继有在者乎?"很多学生翻译这一句子时傻了眼。有一个学生的答案竟然是:"从这一辈往上推到三代以前,到赵国建立的时候,赵王的儿子叫孙侯的,还有继续在的吗?"这个句子中的难点就在于"赵王之子孙侯者"既是被动句,又是定语后置句,和现代汉语句式不同。若学生不理解这两个句式就无法准确翻译。记"死"了文言句式,就明白了应该将"赵王之子孙侯者"翻译成"赵国君主被封侯的子孙"。

我们提倡阅读古典诗词和文言文,要基本上做到能当堂背诵。背诵当然要讲究方法。我曾总结过的组块性记忆法就是一种不错的记忆方法。例如,意义组块,即按文章意义分段组块记忆的方式;纲要组块,即应用层次内容提纲组块记忆的方式;关键词句组块,即通过关键词句组块来掌握文章大意、纲要,再反过来根据它们去掌握词句的识记方式;节缩句式组块,即将句子节缩为短语组成组块识记单位的方式。此外,还有句群中心句组块、关联词语组块等。

文言基础知识的积累和掌握是学习文言文最基本的要求,包括文言实词、文言虚词、文言句式。

　　知识的积累和掌握，要在诵读中进行。需要强调的是，不论是文言实词、文言虚词，还是文言句式，都不能孤零零地背解释、记术语，而应该把字、词、句放在一定的语言环境中，通过诵读课文、理解课文中的典型词句，达到重点掌握这些基础知识的目的。掌握词句等基础知识，是诵读古诗文的需要，而熟读成诵一批古诗文后，其词句的一些基本用法也就都涵盖其中了。这样一来，只要看到某些词句，马上就会从记忆中搜索出所学过的典型例句来。如读到《兰亭集序》中的"快然自足，曾不知老之将至"，由其中的"曾"字可马上联想到《愚公移山》中的"曾不能损魁父之丘""曾不若孀妻弱子"，这三个"曾"用法相同，都是加重了后面"不知""不能""不若"的否定语气，可用现代汉语中的"还""竟然"等副词来表达。

　　学习文言文，还要掌握一些必要的历史文化知识，这对疏通文句、理解文意、知本探源都有好处。历史文化知识细分起来有很多，基本的如天文地理、岁时节日、礼仪制度、职官沿革、学校科举、典籍宗教、科学技术、姓名称谓、衣食住行等。这些在课文注释中有些有介绍和说明，有些反映在词句的用法里，在诵读古诗文时要留意。

　　教授《荆轲刺秦王》一文时，当我讲到"而秦法，群臣侍殿上者，不得持尺兵；诸郎中执兵，皆陈殿下，非有诏不得上"这一句时，有学生提出疑问："郎中怎么会执兵？郎中不是指医生吗？"此时学生就需要"郎中"的文化常识来帮助了。郎中本是官名，即帝王侍从官的通称。其职责原为护卫、陪从，随时建议，备顾问及差遣。战国始有，秦汉治置。后世遂以侍郎、郎中、员外郎为各部要职。郎中作为医生的称呼始于宋代，南方方言中尊称医生为郎中。

　　学习现代文不同于学习文言文，更多用到"活"的方法。现代文阅读中不存在过多的文字障碍，学生无须把时间用在对字词的记忆上，而更应注重对文本思想内涵和艺术手法的鉴赏，以及对一些疑难问题的探究。比如，我们在鉴赏2016年高考语文试卷上的小说《玻璃》时应把重点放在对人物形象的探究上。

玻 璃

贾平凹

约好在德巴街路南第十个电杆下会面，去了却没看到他。我决意再等一阵，踅进一家小茶馆里一边吃茶一边盯着电杆。旁边新盖了一家酒店，玻璃装嵌还未完工，正有人用白粉写"注意玻璃"的字样。

吃过一壶茶后，我回到了家。妻子说王有福来电话了，反复解释他是病了，不能赴约，能否明日上午在德巴街后边的德比街再见，仍是路南第十个电杆下。第二天我赶到德比街，电杆下果然坐着一个老头，额头上包着一块纱布。我说你是王得贵的爹吗，他立即弯下腰，说：我叫王有福。

我把得贵捎的钱交给他，让给娘好好治病。他看四周没人，就解开裤带将钱装进裤衩上的兜里，说："我请你去喝烧酒！"

我谢绝了。他转身往街的西头走去，又回过头来给我鞠了个躬。我问他家离这儿远吗，他说不远，就在德巴街紧南的胡同里。我说从这里过去不是更近吗，老头笑了一下，说："我不走德巴街。"

他不去德巴街，我却要去，昨日那家茶馆不错。走过那家酒店，玻璃墙上却贴出了一张布告——昨天因装修的玻璃上未作标志，致使一过路人误撞受伤。敬请受伤者速来我店接受我们的歉意并领取赔偿费。

我被酒店此举感动，很快想到王有福是不是撞了玻璃受的伤呢，突然萌生了一个念头：既然肯赔偿，那就是他们理屈，何不去法院上告，趁机索赔更大一笔钱呢？我为我的聪明得意，第二天便给王有福打电话，约他下午到红星饭店边吃边谈。

红星饭店也是玻璃装修，我选择这家饭店，是要证实他是不是真的在酒店撞伤的。他见了我，肿胀的脸上泛了笑容，步履却小心翼翼，到了门口还用手摸，证实是门口了，一倾一倾地摇晃着小脑袋走进来。

"我没请你，你倒请我了！"他说。

"一顿饭算什么！"我给他倒了一杯酒，他赶忙说："我不敢喝的，我有伤。"

"大伯，你是在德巴街酒店撞伤的吗？"

"你……那酒店怎么啦？"

"这么说，你真的在那儿撞的！"

第三章 语文教学"死""活"兼顾的艺术实施策略

"这……"

老头瓷在那里,似乎要抵赖,但脸色立即赤红,压低了声音说:"是在那儿撞的。"一下子人蔫了许多,可怜得像个做错事的孩子。

"这就好。"我说。

"我不是故意的。"老头急起来,"我那日感冒,头晕晕的,接到你的电话出来,经过那里,明明看着没有什么,走过去,咚,便撞上了。"

"你撞伤了,怎么就走了?"

"哗啦一声,我才知道是撞上玻璃了。三个姑娘出来扶我,血流了一脸,把她们倒吓坏了,要给我包扎伤口,我爬起来跑了。我赔不起那玻璃呀!"

"他们到处找你哩。"

"是吗?我已经几天没敢去德巴街了,他们是在街口认人吗?"

"他们贴了布告……"

老头哭丧下脸来,在腰里掏钱,问我一块玻璃多少钱。

我嘿嘿笑起来。

"不是你给他们赔,是他们要给你赔!"

"赔我?"

"是赔你。"我说,"但你不要接受他们的赔偿,他们能赔多少钱?上法院告他们,索赔的就不是几百元几千元了!"

老头愣在那里,一条线的眼里极力努出那黑珠来盯我,说:"你大伯是有私心,害怕赔偿才溜掉的,可我也经了一辈子世事,再也不受骗了!"

"没骗你,你去看布告嘛!"

"你不骗我,那酒店也骗我哩,我一去那不是投案自首了吗?"

"大伯,你听我说……"

老头从怀里掏出一卷软沓沓的钱来,放在桌上:"你要肯认我是大伯,那我求你把这些钱交给人家。不够的话,让得贵补齐。我不是有意的,真是看着什么也没有的,谁知道就有玻璃。你能答应我,这事不要再给外人说,你答应吗?"

"答应。"

老头眼泪哗哗的,给我又鞠了个躬,扭身离开了饭桌。

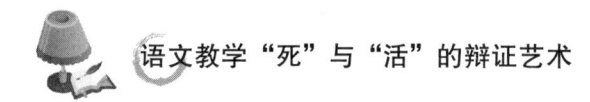

我怎么叫他,他也不回头。

他走到玻璃墙边,看着玻璃上有个门,伸手摸了摸,没有玻璃,走了出去。

我坐在那里喝完了一壶酒,一口菜也没吃,从饭馆出来往德巴街去。趁无人理会,我揭下了那张布告:布告继续贴着,只能使他活得不安生。顺街往东走,照相馆的橱窗下又是一堆碎玻璃,经理在大声骂:谁撞的,眼睛瞎了吗?!

我走出了狭窄的德巴街。

(有删改)

这篇小说高考题考查了两道主观题,一道是:"我"在小说中的主要作用是什么?请简要分析。解读现代文也需要理论知识的积累,比如要求分析作品中"我"的作用,主要是考查次要人物的作用。次要人物的作用一般有这样几点:一是突出主人公的性格(对比差异);二是深化主题(与主题的联系);三是推动故事情节发展;四是烘托气氛,展现当时的社会环境;五是作为故事的讲述者,增强了故事的真实性。这些理论知识也是需要学生记忆的,但是在解答这道题时,学生需要理解本文的"我"起到了什么作用,还需要感悟分析,而不只是简单地记忆。学生经过讨论得出了答案:①讲述故事:小说故事是由"我"讲述出来的,真实可信。②推进情节:"我"是事件的参与者,由于"我"的提议,情节得以发展变化。③衬托人物:小说主人公王有福的性格,由于"我"的存在而更加鲜明。

另外一道题是:小说中的王有福有哪些性格特点?请简要分析。要解读人物性格,得依托于小说的情节,寻找小说中对人物的描写。经过对小说的分析,学生总结出以下几点:①性情谦卑,甚至有点窝囊:见了晚辈,也要鞠躬,说话谦和。②胆小怕事,有点狡黠:撞了玻璃偷偷溜掉,别人问起也不敢承认。③有点固执,但本性善良:怀疑酒店诚意,承认自己有责任,不愿借机发财。

解读现代文,更多需要运用的是灵活的方法,靠的是感悟和理解分析,这超越了低层次的记忆能力要求。除了探究文本中的人物,还应该让学生感悟作家的创作动机和文本的主体意韵,这是有异于文言文阅读的。

第三章　语文教学"死""活"兼顾的艺术实施策略

贾平凹的这篇小说写得很有深意。王有福就是农村社会的一个典型人物，胆小，朴实，在社会转型过程中吃过亏、受过骗，所以他说"经了一辈子世事，再也不受骗了"，听了他的话让人心酸和同情。孩子在外面打工，境况未必好，自己的娘病了，还不能回家给娘治病，只是托"我"转交钱。

小说中的"我"应该算是一个从农村进入城市的所谓的成功者，可以"喝茶"，可以去"红星饭店"吃饭，可以想到"趁机索赔更大一笔钱"，商业社会已经慢慢浸入了"我"的思想，"我"已经慢慢脱离了农村的壳，开始了城市人的生活。但"我"的内心偶尔还是有对农村小人物的同情，比如"趁无人理会，我揭下了那张布告"。

在农业社会向商业社会转型的过程中，人性的嬗变，环境所慢慢培养出来的人的心理或品质，只要你用心观察和体验，就会油然而生出一种难以言说的感慨。这些都应该引导学生感悟到。

可是对现代文的解读就这样结束了似乎有些意犹未尽。我们前边在讲到语文教学"活"的艺术时，论述了"活"是丰富和开阔的。学生在探讨一个问题时要有开阔的视野，可以放观天下，这样有利于培养学生的拓展延伸能力和学术研究能力。于是我引导学生到互联网上查找有关贾平凹的《玻璃》的论文，其中浙江师范大学人文学院戚懿丹的《从贾平凹的〈玻璃〉看现代文化对传统价值观的冲击》一文引起了学生的注意。学生利用一节课的时间讨论了《玻璃》这篇文章的深刻内涵。

戚懿丹认为，贾平凹的作品以"玻璃"为象征，揭示以西方主流话语为代表的现代文化的实质，通过对看似消解了个性的人物命运的设置，引发出对传统价值观与现代文化的深刻思考。文章中鲜明地指出："事实上19世纪以来，随着西方资本主义的发展，资本迅速地向全球蔓延，殖民扩张通过经济、武力、文化等多种手段得以实现，西方话语或者说文化借助强大的经济武力背景把自身标榜为时间纬度上的'现代'，而殖民地文化则相应地被贴上了'传统'的落后的标签。这种以时间上的先后来潜在地代替世界上不同地域间的文化价值其本身在逻辑是无从论证的，而当我们潜移默化地被这种看似合理的谎言所蒙蔽并予以默认时，不能不说是一大悲哀。"

语文教学"死"与"活"的辩证艺术

有一部分学生同意这篇论文的看法，认为贾平凹确实在表达我们千年以来的传统价值观被西方价值观所取代的悲哀。一部分学生则反对这样的看法，他们认为《玻璃》更多表现的是老汉生活的贫苦，以及中国曾经的极度贫困给人留下了"后遗症"——不自信和失去自我，悲哀的是贫穷刻在人身上的烙印。我指出学生的看法都有道理，极度贫穷给人留下的"后遗症"在文中体现在王有福的窝囊、胆小怕事。价值冲突也是有的，玻璃墙伤人事件的背后，交织着伦理观念、法治观念、诚信意识等不同理念的矛盾、困惑与冲突，是转型期中国社会的一面镜子。

学生在这样的探究性学习中确实提高了鉴赏能力。更为丰富的资料，更为开阔的视野，更加民主的课堂，这不是语文教学"活"的艺术吗？我们在现代文阅读中就要这样培养学生更高层次的能力。

四、模式"死"，运用"活"，"死""活"兼顾

近十年来，漯河高中主要推行"三维六元"卓越学本课堂模式。该模式强调教学理念的革新，从根本上体现了教学活动应以学生为中心的指导思想。

"三维六元"卓越学本课堂模式从以教师为主"教"的课堂转变成以学生为主"学"的课堂，这与国家推进信息技术与学科课程整合的目的是一致的。在解决"三维"目标的过程中，将信息技术的应用通过自学、议学、探学、展学、点学、练学六种元素，真正渗透到学生课前、课中、课后三个环节中，真正实现教学内容的呈现方式、学生的学习方式、教师的教学方式和师生互动方式的变革，充分发挥信息技术的优势，为学生的学习和发展提供了良好的教育环境和有效的学习工具。

信息技术支持下的"三维六元"卓越学本课堂模式，变枯燥为有趣，变抽象为直观，快速处理海量信息，节约空间和时间，提高教学效率，通过确立以学生为中心的教学模式，从根本上激活了教师和学生的思维，促进了教育教学理念的革新，让学生成为真正意义上的知识构建者，而不单纯是外部刺激的被动接受者和知识灌输的对象，从而使得教与学更加富有活力。

第三章 语文教学"死""活"兼顾的艺术实施策略

1. 激活师生，善用学习模式

语文教学的审美性决定教师必须活用、善用信息技术。如面对一段"风戏垂柳，湖波荡漾，花前月下，深谷幽涧，泉水叮咚，百鸟鸣啭，碧江晚霞，夏岭秋山……"的文字，教师如何尽其美、广其义呢？如果教师只是一味磨破"嘴皮子"，那么学生的兴趣也很难高涨，思维也不会活跃，培养出来的也必然会是"书呆子"。但倘若引进了信息技术，以画面、音乐、文字相结合的方式呈现，课堂就会变得活泼生动、趣味十足，学生也会被诱"活"。

教师活用、善用信息技术主要表现在两个方面：一是广开视听，获得知识的"活"；二是启发智慧，获得思维的"活"。如在讲授《边城》一课时，通过信息技术集中展示文中描写歌声的句子并配以土家民歌播放后，我问"为什么作者如此浓墨重彩写歌声"时，有学生甚至说出了"当歌声点燃歌声，青春就不再是一个谜"的妙语。这就是信息技术环境下"三维六元"卓越学本课堂模式在语文课堂中活用的功效。

2. 博观约取，活用学习模式

信息技术环境下"三维六元"卓越学本课堂模式最大的特点便是可以极大限度地扩充知识面，链接相关信息，进行广泛阅览。苏轼云："博观而约取，厚积而薄发。"叶圣陶也说："故教师之为教……必令学生运其才智，勤其练习，领悟之源广开……"在语文课堂中应用信息技术，给了教师"眼观六路，耳听八方"的自由空间，于是，"处处是创造之地，时时是创造之时，人人是创造之人"（陶行知语）。

从学生的角度讲，虽于博取约，但其获得的知识量仍是相当巨大。若教师再相机诱导，利用信息技术广泛开展研究性学习，其知识的储备可谓"富五车"了，其学习能力也会更进一步。

如在教授《荷花淀》一课时，我留下课下研究性学习题目《一枝一叶总关情——谈细节描写在小说中的作用》，让学生充分利用网络进行研究。一周后，各学习小组纷纷交上了自己的研究成果，答案之妙让人赞赏，如：

　　细致入微妙传神，

　　暗示情节作蓄势，

　　渲染氛围巧烘衬，

　　线索作用贯主题。

3. 师生创新，变用学习模式

信息技术环境下"三维六元"卓越学本课堂模式还有一个鲜明的特点就是节省教学环节，及时更新所学，如节省板书时间、资料印刷、操作步骤，更新教学手段、教学方法、教学内容。

如在讲授《祝福》一课时，如何让学生充分理解并领会鲁迅"画眼睛"的写人方法呢？来几幅面部夸张但眼睛神似的名人肖像画可谓"此时无声胜有声"。但如果按传统做法，让学生传阅图片，则会浪费太多的时间，而应用信息技术，采用投影方式，则快捷方便。

又如在讲授《寡人之于国也》一课时，如何引导学生深入理解和体会孟子的语言艺术呢？一篇《王顾左右而言他》再合适不过。使用信息技术，轻轻一点击，引导学生阅读、思考、议论、总结，既节省学习时间，又强化了学习效果，可谓一箭双雕。

4. 激发兴趣，巧用学习模式

信息技术环境下"三维六元"卓越学本课堂模式的应用，可以让学生精力集中如一，葆有学习兴趣，从而取得事半功倍的学习效果。

如在讲授《〈呐喊〉自序》一课时，我在课件的每幅画面中加入了不同比赛项目的"福娃"造型，或飞入，或闪入，或旋转，或螺旋，或水平，或垂直，使学生的注意力保持在屏幕上，将课堂教学内容穿插其中，学生始终乐此不疲，效果甚佳。

黑格尔说过："只有从心灵生发的，仍继续在心灵土壤中长着的，受过心灵洗礼的东西……才是艺术品。"课堂教学其实是真、善、美相融合的过程，教师"心动"与学生"情动"有机统一，体验与思维是这一过程的两个关键词。

如在讲授《边城》一课时，我是这样设计导入环节的：由中国民间四大爱情传说的影视片段引出一段话："中国有孟姜女哭长城的执着，外国有魂断蓝桥的钟情……正如苏联教育家苏霍姆林斯基所说：'爱情是生活中的诗歌和太阳。'爱情如此神圣、神秘和神奇，今天就让我们共同走进湘西，去解读一段健康、优美、质朴的爱情故事。"由此很自然地导入新课，使学生饶有兴趣地融入作品的意境中去。而在教学过程中，我又通过对比电影《边城》和课文内容的细节，引导学生进行体味研究，并通过配乐《在水一方》让学生进行《十八里相送》的情节描写，使学生体会到纯洁真挚的情愫。整节课由于师生互动共融，情绪互相感染，课堂疑难迎刃而解，学生学习效果良好。

《礼记·学记》在论述教学之道时十分明确地指出："道而弗牵则和……和易以思，可谓善喻矣。"这其实是课堂教学的一种终极状态——和而不同，定位致和。信息技术环境下"三维六元"卓越学本课堂模式在语文课堂中的应用，使得教师的主导地位和学生的主体地位更加鲜明突出，落实有效。

综上所述，只要我们运用各种方法激活信息技术支持的"三维六元"卓越学本课堂模式，就可以使课堂变得生动、有趣，富于创新，充满生机。

第四章

语文教学"死""活"兼顾之案例分析与点评

打好语文基础，提高学生诗词鉴赏能力
——中原名师王海东《沁园春　长沙》教学案例

课堂实录

一、课前常规活动

1. 课前三分钟演讲活动

请一位学生上台做简短的演讲，教师点评。

2. 检查早自习背诵和默写情况

强调背诵和默写的常规要求。组员背给组长听，组长背给学科助理听，学科助理背给老师听，并定期统计，进行奖惩。

让学生拿出默写本默写《沁园春　长沙》。默写后同桌互相批改。

【评析】观摩、分析真实的课堂是我们学习的最佳途径。这节课有两个亮点值得注意：一是教师和学生进行了亲切的交流。学生"亲其师"才能"信其道"，所以教师一定要和学生形成良好的关系。二是课堂采用了灵活的形式，如课前三分钟演讲。这样的小活动可以培养学生的语言表达能力，帮助学生积累素材。

二、鉴赏学习

（出示毛泽东书写的草书《沁园春　雪》的图片）

师：同学们，祝贺你们开始了人生又一段新的征程，迈上了人生最关键的路段。良好的开端是成功的一半，高中伊始，我们先走近伟人，请大家欣赏一下毛泽东的书法作品，并一起背诵一下毛泽东的这首词吧。

语文教学"死"与"活"的辩证艺术

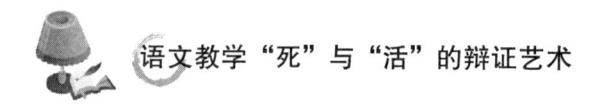

（学生齐背诵）

【评析】开学第一课，先和学生聊聊人生，以鼓舞他们的斗志，树立高远的人生理想，这也是教材编写者的目的。用毛泽东的《沁园春 雪》导入新课，既让学生感到亲切熟悉，也让学生从书法作品的字里行间看出人物的心胸和气度，为下面的解读做好情绪的铺垫。

师：我们可以从这首词中看出作者博大的胸怀和冲天的豪气。那么，如此博大胸怀、冲天豪气是怎样炼成的呢？让我们回到1925年的那个深秋，湘江边上，年轻的毛泽东望着滚滚东逝的江水，心中涌动着革命的激情。在这个深秋，他不得不离开留下求学踪迹和开展过革命活动的长沙，在橘子洲，这个充满诗意和浪漫的地方，和她作真情告别。

【评析】我们要引导学生树立高远的理想，首先要开阔他们的心胸，培养他们乐观豪迈的品质。毛泽东的诗词就是最好的教材。"活"的语文需要教师能够以自己开阔的视野来引导学生。"活"的语文不只是丰富，还要生动优美，要调动起学生的情绪，让学生初步感受到诗词的美，打开自己的情感世界。

师：毛泽东写词就是"不走寻常路"，有人把这首词的开头评为毛泽东诗词中最"酷"的开头，你认可吗？

【评析】课文开讲就直奔语言形式。

生：我觉得这个句子语序颠倒了。应是在寒秋，"我"站在橘子洲头，望着湘江北去，这样才合理。

师：但为何要做如此处理呢？

【评析】这里是"死"的语文教学艺术之体现。诗词句式的倒装一定要让学生熟悉，这种有意味的形式其实就是内容和情绪表达的需要，文学作品中特殊的语言形式一定隐含着作者特有的意图，需好好留意。

生：把"独立"放在开头，让人印象深刻。

生：突出强调独立的形象，使主人公的形象更加高大伟岸。

师：你是说青年毛泽东是个帅哥？（出示照片）确实英俊。这个倒装句好似猛地推出的电影特写镜头，令人过目不忘。"酷"吧？老师改作"站立"可以吗？

【评析】教师的真诚和幽默营造了民主、开放的课堂氛围。诗词教学

第四章 语文教学"死""活"兼顾之案例分析与点评

中,词语的精练、恰当如何体现?最好的方法是换词训练,让学生真正理解这个词在此语境中是最恰当的,或者说这个词是独一无二的。

生:"独立"可以看出作者感到很孤独,没有朋友,有点感伤。

师:你的回答让我想到了独钓寒江雪的柳宗元,"独立"有孤傲不屈的意思。你认为毛泽东有这种感觉吗?(停顿)老师介绍一下背景材料:这首词作于1925年。当时革命运动正蓬勃发展,五卅运动和省港大罢工相继爆发,毛泽东直接领导了湖南的农民运动。同时,国共两党的统一战线已经确立,国民革命政府已在广州正式成立。这年深秋,毛泽东去广州主持农民运动讲习所,在长沙停留期间,重游橘子洲,写下了这首词。

"独立"这两个字体现了年轻革命者的从容与坚定,泰山崩于前而色不变。滚滚东逝的湘江水告诉我们,人生像水一样不可倒流,有志青年应抓住时光,奋发有为,实现自己的鸿鹄之志。诗词往往是用来抒发人物情志的,但又不能赤裸裸地表达,而需要通过外在的事物来传递内心的情绪。诗人看到的景物和我们不太一样,往往带有主观情绪,通过对景物进行变形想象,写出景物的特点,可以让诗词达到妙不可言的境界。

【评析】以上讲解引导学生联系背景,品味语言,体会作者情感,课堂教学生动而扎实。

师:这些景物的特点是什么?用词中的原话来回答。

生:竞自由!

师:非常贴切。一切景语皆情语,这些景物都是有特点的。作者是如何来写出"竞自由"的特点的?结合词句说说。

生:作者写自己看到了"万山",但事实上看到的不可能是"万山",这是想象。

师:好,注意"万山"后面是"红遍",毛泽东写词就是有自己的个性特点。你看,万山要红就要——

生:红遍!

师:层林要染就要——

生:尽染!

师:江水要碧就要——

生:碧透!

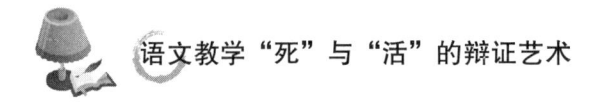

师：这里的"遍""尽""透"和"万""层""漫"相互照应，带有主观的情绪，这是极致的描写。眼中秋色斑斓、充满生机，胸中豪气汹涌喷发，这是一种自由的力量。

【评析】这就是走进语言的内部，是咬文嚼字的品鉴。阅读教学的根，就是要深深扎进语言文本的土壤里。

师："百舸争流"中的"舸"是什么意思？

生：大船。

师：当时江上真的有这么多的船吗？

生：这是作者的想象，因为只有船多，奋勇争先，你追我赶，才能争流。

师：画面给人的感觉是——

生：充满活力和生机，充满斗志，昂扬奋进。

师：这是一种自由的力量。当然其中有想象的成分。

生："鹰击长空"中的"鹰"也是想象吧？

师：为何要写鹰呢？写燕子或其他鸟类可以吗？

生：鹰威猛，有力量，充满阳刚之气，符合毛泽东的气质。

师：确实，毛泽东具有鹰的品质，不怕风雨，敢于挑战。正因为是鹰，所以相关的动词用"击"。你能模仿"鹰击"这个动作吗？

（学生模仿）

生："击"是一个腾空的过程，很有力度美。

师：因为是鹰，所以必须"击"，这样才有气势。而鹰必须生活在——

生：长空。

生：长空很空旷，鹰可以自由翱翔、搏击。

师：所以鹰是自由的，它可以在长空中搏击。鹰又是快乐的，长空给了它用武之地。刚才我们说的是天上搏击的鹰，现在说一说水里的鱼。这里的鱼很奇怪，从哪个字可以体现出来？

生：翔。

生：鱼怎么会飞翔呢？有翅膀才能飞翔。

师：谁来模仿一下"鱼翔"的动作？

（学生模仿）

师：鱼有没有翅膀？

生：鱼鳍看上去像翅膀。

生：江水很清，就像蓝天一样，鱼儿自由地游动，就像鸟儿自由地飞翔，"翔"字写出了鱼儿的快乐和无拘无束。

师："鱼翔深渊"或"鱼翔深底"可以吗？

生："浅底"给人的感受是鱼游得很轻快、自由自在、无拘无束。

师：好，明明应该用"游"，而作者偏偏用"翔"，这是词语的变形。在作者的眼中，所有存在的事物都是自由的，船是自由的，鹰是自由的，鱼也是自由的，它们平等相处，互不干涉，十分自由。

师：老师有个疑问，湘江到底是浅还是深？作者一会儿说"漫江"，一会儿说"浅底"，到底是怎么回事？

生：因为作者的观察视角不一样。

师：总之，在毛泽东的笔下，秋天的特点是——

生：绚丽多彩，充满生机。

【评析】语言教学中，学生的语言训练活动不可少，它是直观可感的，学生容易接受。比如，让学生模仿"击""翔"的动作，有时比教师一味地讲效果要好得多。当然，语言分析后，教师要及时总结以深化认知，优化分析，否则文本解读容易滑入"零碎敲打，肢解分析"的泥淖。总之，最后教师为学生总结清楚景物描写的风格特点十分重要。

师：作者选择了山上、江面、天空、水底的几种景物，以别样的眼光，通过想象夸张、变形变异，达到妙不可言的诗词境界。其实，优秀的诗词不一定合乎客观的事理，谁见过"白发三千丈"？谁又能"乘风归去"？这都是不合常理的，但就是妙不可言，这就是诗词的魅力。

师：一切景语皆情语，远山、江面是静景，老鹰、鱼儿是动景，远近相间，动静交错，显得错落有致。

师：万物是自由的，作为万物之灵，人应该更加自由。生命诚可贵，爱情价更高——

生：若为自由故，二者皆可抛。

师：作者的笔陡一转弯，化景物为情思："怅寥廓，问苍茫大地，谁主沉浮？"

（学生朗读）

师：应用怎样的语气朗读？

生：在"怅"后面停顿，读出忧伤和担心。

师：对。忧伤什么呢？

生：为国家、为不自由的人而忧伤。

师：就是"先天下之忧而忧"啊！这就是有志青年的境界和抱负。

【评析】课堂教学中，教师的追问技巧和课堂的动态生成相辅相成，教师之所以追问是因为学生的认识不够深入，通过追问，可以让学生豁然开朗。这就是思维训练。

师：能思考这个问题的就是伟人，至少有伟人宽大的胸怀。毛泽东不但想了，也问了。让我们再大声地朗读一遍最有主人翁意识的一句——

生：怅寥廓，问苍茫大地，谁主沉浮？

师：到底谁来主宰世界？词中有没有回答"谁主沉浮"中的"谁"到底是谁？

生：百侣。

生：同学少年，书生。

生：年轻有为、有才华的人。

师：确实是这一类人。上阕以写景为主，下阕则主要是回忆往事，怀念朋友。

师：前几年有部革命题材的电视剧，剧名就来自这首词的下阕，大家猜猜是哪几个字。

（学生自由说，各种答案都有，经过讨论都认定"恰同学少年"最恰当，最能体现革命青年雄姿英发的战斗风貌和豪迈气概）

（出示《恰同学少年》的剧照）

师：你认为他们是怎样的一群年轻人？说说哪个是青年毛泽东。（学生指出）

【评析】外部资料的引入，有利于丰富教学内容，使得课堂丰富而灵活。但是关键要合理，内容不能过多，以免喧宾夺主。

师：年龄特征？

生：风华正茂。

第四章 语文教学"死""活"兼顾之案例分析与点评

师：行动？

生：写文章，抨击黑暗，宣扬真理。

师："激扬文字"的意思是——

生：用文字来批评丑恶现象，赞扬美好的事物。

师：这是对青春岁月的回忆，也是对自己未来的激励。人生为何有意义？因为自己曾经奋斗过，努力过。

（出示毛泽东在《湘江评论》上发表的《民众的大联合》："我们知道了！我们觉醒了！天下者，我们的天下；国家者，我们的国家；社会者，我们的社会；我们不说，谁说？我们不干，谁干？"）

师：年轻人拿起笔杆子和反动势力做斗争，在《湘江评论》的创刊词中，毛泽东满怀激情地写道——

世界什么问题最大？吃饭问题最大。什么力量最强？民众联合的力量最强。什么不要怕？天不要怕，鬼不要怕，死人不要怕，官僚不要怕，军阀不要怕，资本家不要怕。

师：刚才老师出示的材料和词中表达的意思很接近的是哪一句？

生：粪土当年万户侯！

师：这里的"粪土"是什么意思？

生：把……看成粪土！

师："万户侯"指的是什么人？

生：高爵显位的人。

师："万户侯"指达官贵人、军阀之类，是采用借代修辞手法。"粪土当年万户侯"这一句的意思是什么？

生：把反动军阀看作粪土。

生：蔑视他们，不怕他们。

【评析】一节课是否成功大致看这些方面：一是教学内容，即看教师教什么。由此判定教师的教学目标是否明确，对语文课程目标和高考考纲的把握是否到位。二是整体布局，即看教师怎么教。不同的课程解读的方法是不一样的，看教师所用方法是否能够很好地达成自己的教学目标，是否适合学生。三是学生的学习情况。好的教师善于营造既轻松又启人心智的课堂。这节课到这里基本达到高潮，学生和教师配合默契，课堂气氛和谐。

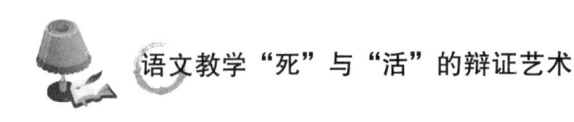

师：这就是领袖的气质，藐视一切反动派，敢于战胜一切困难。毛泽东有句名言："一切反动派都是纸老虎。"多有气势！

师：总之，这是一段充满激情和理想的岁月，这是一群有理想、有行动的有志青年，既仰望星空，又脚踏实地，是中国真正的主宰，这就是所谓的"风流人物"。

师：词的结尾，作者回忆起年轻求学时的一件往事。是什么事？

生：游泳。"到中流击水，浪遏飞舟？"

师：如何写游泳？为何偏偏提到游泳？

生：激起的浪花能阻止"飞舟"，是采用夸张修辞手法，突出了人物的勇敢。

生：游泳可以强健体魄，锻炼意志。

师：中流是水流最湍急的地方，象征一种斗争的精神。毛泽东说过一个最具奥运精神的口号："文明其精神，野蛮其体魄！"他是很注重体育锻炼的。游泳是毛泽东一生的最爱，即使到了老年，他仍然喜欢游泳。游泳是一种精神、一种斗志的象征。

师：这里采用象征和夸张修辞手法，很好地写出了伟人的精神风貌。换而言之，毛泽东的志向必须用极力的夸张和直观的象征才能体现。他鼓励自己并号召年轻人到社会的大风大浪中奋力拼搏，乘风破浪。正是这些"到中流击水"的英豪，代表着"主宰沉浮"的新生力量。全词至此，引发了更深的思索，让人回味无穷。学习全词，不仅使我们欣赏到了壮丽秋景，获得了美的艺术享受，也使我们从作者昂扬炽烈的革命情怀中汲取了奋发前进的力量。

教学反思

毛泽东的词作大气磅礴，从中我们可以读出青年人的博大胸襟与革命豪情，非常适合高一年级的学生。

这节课的一个重要任务就是要激起学生"以天下为己任"的壮志豪情，因而在设计《沁园春　长沙》的教学时，我就尽力体现这一点，让学

第四章　语文教学"死""活"兼顾之案例分析与点评

生在感受诗词美的同时，体会毛泽东"以天下为己任"的广阔胸襟，在学习中不断健全自己的人格。

要激发学生的大志，不能只靠教师的说教。我们要明确，学生才是学习的主体，课堂是他们的交流和训练的场所。要完成本课的教学目标，就要让学生在鉴赏评价诗词的过程中被毛泽东的胸怀和气魄所折服，并为之濡染。为此，我做到了五点：一是开展诵读训练，通过充分有效的诵读来加深学生对语言的感受；二是进行文字推敲，充分发挥学生的主体作用，让学生自主构建诗词的意义；三是提供学习支撑，让学生结合自身的阅读经验、感悟、体验去解读文本；四是合理整合和利用课程资源，整合和利用一切有利于学生理解作者思想情感的课外资源，为学生提供支持，并注重评价主体的多元性，让学生在相互评价中提高；五是注重合作学习，让学生在相互讨论、评价中学会倾听别人的意见，提高反思能力。

这节课的教学目标基本完成，课堂气氛也很热烈，学生对词作的语言、艺术手法以及主旨理解得比较到位。

分析点评

一、"死"为基础抓得实，贯穿课堂不放松

这节课是王海东老师的真实课堂。他让学生默写《沁园春　长沙》的课文，并在默写时对学生提出具体要求。这个环节注重的就是我们所说的基础知识，属于"死"的范畴。除了这部分的知识是相对"死"的，对"死"知识的贯彻也是有"死"规定的。这也是王老师课堂务实的表现。

近年来，很多教师在指导语文学习时提出"把语文当数学来学"的口号，认为语文学习也有可探寻的逻辑模式和理性规律，强调"死"字当头，该背诵的基础知识必须背，大量的背诵必然产生良好的语感；写作也可经大量的模仿后再开始创造。让学生先"死"后"活"，也就是"戴着镣铐跳舞"，先有规范，再考虑个性和创新。

语文教学"死"与"活"的辩证艺术

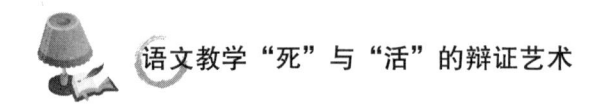

我经常提醒学校的年轻教师，听课时要注意观察经验丰富的教师的一言一行，布置什么作业，怎样要求学生，这都是有窍门的。如王老师上这节课先用了几分钟的时间检查学生的默写情况，并要求同桌交换批改。我们要在起始年级给学生说清楚要求，让学生重视基础知识，养成读写、背诵、默写的好习惯。

二、"活"为灵魂闪光辉，师生融洽心换心

"死"为基础，"活"是升华和灵魂。教师在创设民主课堂氛围时是需要能力的，需要师生间真诚的情感交流。在王老师质朴的课堂上，我们处处可以看到"活"的火花闪现，看到学生在学习语言时的舒适和师生间平等交流的融洽。

正所谓"亲其师，信其道"，师生之间美好的情感是语文学习的必要条件。情感交流是教育的基础，没有情感交流的教育就是机械灌输。只有在情感充分交流基础上的教育，才会取得事半功倍的效果。那么，王老师是如何与学生进行情感交流的呢？

王老师在强调基础知识的时候，不是盛气凌人的，而是温和的。即使在对学生提出批评时，王老师也是以幽默调侃的方式。尊重是相互的，善意的批评也会让学生回报以善意。王老师的民主与温和换来了学生的尊重和爱戴。

常言道："身教重于言传。"教师的举止、处事态度在潜移默化中会对学生的成长产生极大的影响。教师在治学作风、敏捷思维、高尚情操，甚至解题的规范性和科学性等方面做出榜样，将会对学生起到深刻的教化作用。

王老师的语言诙谐幽默、生动精彩，给予我们启迪。他不回避，真情面对；他不模糊，科学面对；他饱含情感，循循善诱；他真情关怀，从长远着眼，从细处入手；他不高谈阔论，而是娓娓道来；他不一味讲解，而是真情互动。这节课真实地反映出王老师高超灵活的教学艺术。

（点评人：河南省基础教育教学研究室　丁亚宏）

强化情感教育，使教学灵活而富有诗意
——全国百佳语文教师张荣谦《边城》教学案例

课堂实录

师：上一节课，我们在鲁迅深切冷峻的孤愤和崇高仁爱的关怀中走进《祝福》，共同体会了在"被所有人遗忘的角落"里祥林嫂悲情、苦情、哀情、绝情和凄情的故事，不免掩卷而沉思，扼腕而叹息，正所谓"天长地久有时尽，此恨绵绵无绝期"。要问这是谁的错？都是封建礼教惹的祸。

由此，我不由得想起了鲁迅唯一的一篇爱情小说——《伤逝》里面的主人公涓生和子君，当他们终于自觉地向自由自主的爱情之门发出叩击的时候，我想，幸福一定是他们所能想起的最浪漫的事。而另一种味道的"祝福"，也是你我心中泛起的最朴素的情愫。

说起爱情，我不由得想到了古代四大爱情经典：牛郎与织女、许仙与白娘子、梁山伯与祝英台、董永与七仙女。

钱锺书在《围城》中断言：爱情是一座围城。梁晓声在《浮城》中调侃：事实证明，一个人的床，两个人是可以睡下的。

中国有孟姜女哭长城的执着，外国有魂断蓝桥的浪漫……这一切，正如苏联教育家苏霍姆林斯基所说：爱情是生活中的诗歌和太阳。

那么请你不妨到我们中国的古诗词中寻找答案。（多媒体出示）

两情若是久长时，又岂在朝朝暮暮。（秦观《鹊桥仙》）

在天愿作比翼鸟，在地愿为连理枝。（白居易《长恨歌》）

衣带渐宽终不悔，为伊消得人憔悴。（柳永《蝶恋花》）

人生自是有情痴，此恨不关风与月。（欧阳修《玉楼春》）

身无彩凤双飞翼，心有灵犀一点通。（李商隐《无题》）

窈窕淑女，君子好逑。（《诗经·周南·关雎》）

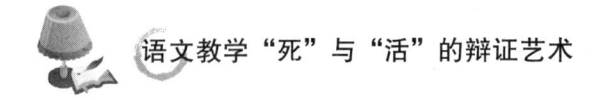

一日不见，如三秋分。（《诗经·王风·采葛》）

举手长劳劳，二情同依依。（《孔雀东南飞》）

东边日出西边雨，道是无晴却有晴。（刘禹锡《竹枝词》）

问世间，情为何物，直教生死相许？（元好问《摸鱼儿 雁丘词》）

长相思，摧心肝。（李白《长相思》）

春心莫共花争发，一寸相思一寸灰。（李商隐《无题》）

一日不思量，也攒眉千度。（柳永《昼夜乐》）

一种相思，两处闲愁。（李清照《一剪梅》）

何当共剪西窗烛，却话巴山夜雨时。（李商隐《夜雨寄北》）

花红易衰似郎意，水流无限似侬愁。（刘禹锡《竹枝词》）

曾经沧海难为水，除却巫山不是云。（元稹《离思五首（其四）》）

愿得一心人，白头不相离。（卓文君《白头吟》）

生：老师这是带我们欣赏中国爱情专题文学呢，真让人应接不暇呀！

师：确实，老师是想让大家明白，爱情是人类永恒的主题。古往今来，吟咏者无数，但是每一篇都有其独特的动人之处。沈从文的《边城》哪里触动了你的心弦呢？今天，就让我们共同走进湘西，去解读一段优美、质朴的爱情故事。这个故事描述了少男少女情窦初开的美丽情思，故事的主人公和大家的年龄差不多，大家一定会有感触的，希望大家踊跃发言！

【评析】张荣谦老师是我校有名的诗人型教师。他的文学积淀从《边城》的导入可见一斑。借助多媒体与学生分享这么多以爱情为主题的诗词名句，是排山倒海似的主题积累，值得学习。这正是语文教学"死"的艺术的应用。学生一定会被老师的用心和才华打动，从而激发他们学习语文的兴趣。

师：我们解读一篇小说，最先感知的应该是故事情节。这也是大家最感兴趣的部分，当然也是最浅层的部分。准确地把握故事情节是鉴赏小说的起始。下面，我请同学来讲一讲这篇课文的故事情节。

生：《边城》写了发生在湘西边城的一个爱情故事。边城茶峒的掌水码头船总的两个儿子天保和傩送，都爱上了碧溪岨渡口老船夫天真美丽的外孙女翠翠。两兄弟坦诚地互诉心事，相约按古老习俗以歌声相比，谁能

第四章 语文教学"死""活"兼顾之案例分析与点评

打动翠翠，得到应和，谁就赢得爱情。天保不善唱歌，又明白了翠翠倾慕傩送的实情，就毅然随船下郴州。这个"水鸭子"竟被竹篙弹到水里"淹死"了。傩送为天保的死难受，又被家中逼着接受中寨王团总的女儿的妆奁，痛苦地坐船去了桃源。老船夫深为外孙女的婚事、幸福而忧虑，加上受到船总父子的误解和冷遇，在一个雷雨交加的夜晚悄悄地死了。翠翠继续操持渡船，在碧溪岨等待着自己心爱的傩送。但是"这个人也许永远不回来了，也许明天回来"。

师：看来，你是读过《边城》全文的，故事概括得很完整。可是我想让大家用小标题概括一下课文节选部分的情节，更细致一些。谁能来把我们概括故事情节的几大部分的名称写在黑板上？

生：老师，我来。（书写：序幕—开端—发展—高潮—结局—尾声）

师：那谁能来把相关的故事情节填补上去呢？

生：老师，我试试吧。（书写：今年端午节龙舟赛的场面—两年前端午节龙舟赛的情景—去年端午节龙舟赛的相遇—送亲队伍引发的情思—爷爷进城探实情—悲剧现实和爷爷的去世—翠翠的等待）

师：我总觉得不够清晰。

生：老师说得对！这篇小说不同于传统的故事性强的小说，其中的心理描写和环境描写很多，矛盾冲突不尖锐。只按照传统的方法概括情节还不能充分理解小说的人物和主旨。

师：有道理！看来，我们要理解小说，还需要进一步梳理故事情节，从而把握人物和主旨。

【评析】张老师目标明确，循循善诱，由浅入深，抽丝剥茧。从小说的情节梳理到人物心理描写、语言描写的分析，步步深入，引领学生学会鉴赏小说，注重文本的细节。

生：《边城》讲述的是爱情故事，文章节选部分也是以翠翠和傩送、天保三人的感情发展为线索的。而把这些人物牵连到一处的是端午节的龙舟赛。

生：对，端午节，翠翠看龙舟，对二老傩送产生了倾慕之情。

师：课文节选的内容是围绕传统节日端午节展开的，那课文都写到了哪几个端午节？主要写了哪些事？

语文教学"死"与"活"的辩证艺术

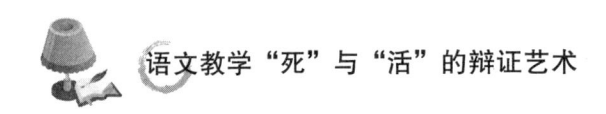

生：第三节的"端午又快来了"，说明先写的是眼下的端午节，写边城的人们准备龙舟赛的热闹场面。

生：接着又写了两年前的端午节，第四节中"还是两年前的事。五月端阳……"写翠翠看龙舟时遇到了二老傩送。"翠翠为了不能忘记那件事，上年一个端午又同祖父到城边河街去看了半天船"，说明写了上一年的端午节，翠翠和爷爷去城里看龙舟遇到了大老天保和船总顺顺。

生：第六节又写到了眼前的端午节。送亲的花轿引发了翠翠的情思。

生：作者从眼下的端午节写起，回忆了两年前的端午节、上一年的端午节，又回到眼下的端午节。

师：文中的这件"普通情事"就是翠翠对二老傩送心生倾慕。你从哪儿能看出来翠翠对二老傩送有倾慕之情？请找一找。

生：第四节中"翠翠想起自己先前骂人那句话，心里又吃惊又害羞"。

师：为何吃惊？又为何害羞？

生：将傩送叫作"岳云"，说明傩送长相俊美。翠翠心想，原来遇到的竟是茶峒有名的傩送，所以有点儿吃惊。

生：翠翠因为先前错怪了傩送，还骂了他，感到有些不好意思，所以害羞。

师：老师给大家在这一部分找一处更明显的语言描写："老船夫即刻把船拉过来，一面拉船，一面哑声儿喊问：'翠翠，翠翠，是不是你？'翠翠不理会祖父，口中却轻轻地说：'不是翠翠，不是翠翠，翠翠早被大河里鲤鱼吃去了。'"她完全可以说"翠翠丢了，翠翠不见了，翠翠被人拐跑了"，可她的回答表明了什么样的心理呢？

生：这是刚才在河边傩送对翠翠说的话，说明翠翠还记着刚才的那件事。

师：当翠翠说这话时，是对刚才二人邂逅的一个不自觉的温柔回忆。这个场景已经深深地印在了她的脑海里。后面反复多次提到"大鱼来吃你"就是翠翠倾慕傩送的一个微妙的心理体现。

生：第五节中"翠翠同她的祖父，也看过这样的热闹，留下一个热闹的印象，但这印象不知为什么原因，总不如那个端午所经过的事情甜而美"，邂逅傩送已经过去一年了，但她还记挂着，今年端午节，她到城里

第四章 语文教学"死""活"兼顾之案例分析与点评

去,还愿意去回忆,说明傩送已经在她的心里扎了根。

生:"翠翠一句话不说,只是抿起嘴唇笑着。"这不自觉的笑,说明翠翠虽然不说话,但她的心中有波澜,她已经一年没见傩送了,内心渴望着从这个人的口里听到傩送的消息。

生:第五节中写到祖父"因为今天太高兴一点,便不加检点笑着说:'翠翠,假若大老要你做媳妇,请人来做媒,你答应不答应?'……翠翠着了恼,把火炬向路两旁乱晃着,向前怏怏地走去了"。爷爷是开玩笑,翠翠心里就认了真,有点儿害羞,她对爷爷提到大老请人来做媒又有些不情愿。

师:同学们找得真好,老师提醒大家,这部分还有一处语言:"祖父说:'顺顺真是个好人,大方得很。大老也很好。这一家人都好!'翠翠说:'一家人都好,你认识他们一家人吗?'"翠翠为什么这么说?

生:因为爷爷漏说了傩送,翠翠心里想"其实傩送在我心里更好"。

生:第六节写翠翠看送嫁:"为了想早早地看到那迎婚送亲的喜轿,翠翠还爬到屋后塔下去眺望。""祖父拉船,翠翠却傍花轿站定,去欣赏每一个人的脸色与花轿上的流苏。"翠翠很羡慕地看别人,说明她心中对爱情有憧憬。

第五节"两人都记起顺顺家二老的船正在青浪滩过节,但谁也不明白另外一个人的记忆所止处",写翠翠对二老的牵挂和想念。

【评析】师生对翠翠心理的分析非常细致,把一个少女情窦初开的微妙心理分析得淋漓尽致。

师:我们基本上细致梳理了故事情节。可是这样淳朴、唯美的感情为什么会以悲剧收尾呢?它和我们分析的心理描写有没有关系?

生:当然有关系!老师,刚才我们梳理故事情节的时候,您让我们分析的心理描写等细节原来是在做铺垫哩!

师:说得好,你已经透彻地理解了"铺垫"的作用了。那你说说他们美好的感情怎么成了悲剧。

生:我感觉翠翠的情感悲剧是因为边城的人们太含蓄,不善表达。翠翠很含蓄,含蓄到她自己都不知道,两年了,这份情感傩送知道吗?就是她最亲近的爷爷也不能理解她青春少女的情怀。对翠翠而言,她不知道傩

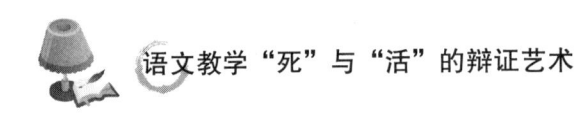

送也倾心于她，更不知道兄弟俩在夜里为她唱歌，她只在梦里盼望着爱情的实现，而当她醒来时，现实似乎就与她毫无关系，这就造成了她爱情的悲剧。爷爷内心有隐忧，怕翠翠走了母亲的老路，最后在一个雷雨交加的夜里溘然长逝；傩送也从未对翠翠明确表示过好感，唯一的一次机会，在夜里唱歌，翠翠也没有听见；大老意外触礁身亡，而顺顺不能再接受她作为另一个儿子的媳妇，二老心里悲痛且知道婚事一时难成，于是下了桃源。

生：他们互相之间都没有说出自己的真实想法，造成了很多误会。

师：看来，我们梳理清楚了故事情节，人物的形象特点也就随之浮现了。

生：对，老师不是说过依托故事情节是总结人物形象的重要方法吗？

师：理论高手呀！那你能试着总结翠翠的性格特点吗？

生：老师，我们组的其他人准备助力呢！

师：好，那有请助力同学发言！

生：中心人物翠翠淳朴、含蓄、倔强、执着。结尾处翠翠的等待含蓄地表现了她所具有的一种执着、坚强而又充满希望的美。我在看《边城》这部电影的时候，看到翠翠一个人坐在渡船里面，在等二老，电影的旁白说，二老可能明天就会回来，也许二老永不回来。当时我觉得翠翠会永远等下去，即使二老不会回来，翠翠也会坚强地活下去，她会成长，逐渐变得成熟，会找到自己的幸福。在她的心里会有一种爱的力量、善的力量。这种爱的力量、善的力量会支撑着翠翠，让她面对生活，面对现实，具有一种唯美主义色彩。

师：其他同学同意他对翠翠性格特点的总结吗？

生：同意！

师：大家不是言人人殊，而是异口同声。我再请另外一组来总结一下其他人物的性格特点。

生：我来说说天保兄弟吧。天保个性淳朴、豪爽、慷慨，他是船总的大儿子，却爱上了贫苦摆渡人的外孙女。他知道弟弟也爱翠翠，两人唱歌"决斗"，他却因为自己先提了亲，"作哥哥的走车路占了先"，一定要弟弟先唱；弟弟一开口，他知道自己不是"敌手"，就很大度地成全了弟弟，

第四章 语文教学"死""活"兼顾之案例分析与点评

充分表现了兄弟间的手足之情。后来他外出闯滩,既是为了弟弟的幸福,也是为了消解自己心中的失望和难过,"好忘却了上面的一切",最后死于意外,也许这正是他孤独的归宿。傩送也可以说孤独地追求着爱情,和哥哥"决斗",夜半唱情歌,却并不为心上人所知,最后也孤独地出走,不知漂泊到什么地方。

师:那弟弟傩送呢?

生:我觉得他们兄弟俩的性格特点差不多,没有太多的不同。

师:其他同学有补充吗?

生:老师,我觉得他们兄弟俩的性格确实差不多,有很多共同点,比如,都很淳朴、厚道,为对方着想,都敢于追求自己的幸福。课文节选的内容不多,人物的性格表现得并不充分。但是从整篇小说看来,天保性格外向、豪爽,广交朋友,注重兄弟友情;傩送性格内敛,为人厚道、诚恳。

师:总结得很全面呀!

生:老师,我插句话!

师:批准!

生:老师,我觉得只总结性格特点不够全面。您曾给我们区分过两个概念——人物形象和人物性格特点,我觉得这篇文章应该分析人物形象,这样能更全面理解翠翠的感情和心理,因为人物形象的概念要大于人物性格的概念。

师:为什么呢?

生:因为翠翠喜欢傩送的原因之一是他的形象俊美。这正是一种非常淳朴的人性。她没有考虑过社会地位、经济条件等因素,这与现代社会的某些女孩子不一样。

【评析】学生的发言很精彩,把课堂的气氛推向了高潮。学生能够有自己的思考,能够联系社会现实,把翠翠的爱情观和现代女性的爱情观进行比较,显示出很强的思维能力,这也是学生心智成熟的表现。

师:说得好!而且你注意到了社会环境。我们讨论了人物性格后就得说说小说的环境了。那么,是什么样的环境造就了这样的人物呢?

生:老师,我来说!其实课后习题说得很清楚:作者描绘的是"世外

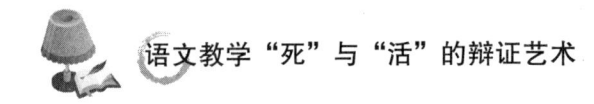

桃源"式的乡村社会，他想表达的是在封闭的农业社会中，每个人的精神都是孤独的，他们不沟通、不交流，正是这种精神的孤寂导致了翠翠的爱情悲剧。

师：对，你注意预习了。从时间、文化上考虑，"边城"与大城市截然不同，是"中国另外一个地方"，是沈从文在体会城里人"庸俗、小气、自私、市侩"的习气后，对其故乡未完全被现代物质文明摧毁的淳朴民风的怀念。

生：老师，课前预习资料上对沈从文的介绍，让我感觉作者也是像翠翠、天保、傩送一样淳朴的人。

师：你说得对，这就是"文如其人"！作者曾说，这世界上或有想在沙基或水面上建造崇楼杰阁的人，那可不是我。我只想造希腊小庙。选山地作基础，用坚硬石头堆砌它。精致，结实，对称，形体虽小而不纤巧，是我理想的建筑。这庙供奉的是"人性"。希望同学们课下能阅读《边城》全文，去认真体会小说中言之不尽的味道。

读了《边城》，我也很受启发，写了一首短诗，抛砖引玉，希望同学们也能把自己的感想写出来，文体不限哟！

无 题
——为翠翠而作

依水而居

年轻与梦与橹

荡漾

夜的喘息

只听到一声　一声　一声

渐近爱情的领地

寻你

就这样放开自己

当歌声点燃歌声

青春就不再是一个谜

第四章　语文教学"死""活"兼顾之案例分析与点评

🔆 教学反思

　　《边城》中的人情风物之美深深地打动了我们。这种美表现在哪里？我觉得《边城》的美在于一种"隐喻之美"，这种"隐喻之美"主要表现在"风俗美""人情美"中。但正是因为沈从文运用了这种"隐喻之美"，所以导致学生较难把握作者的旨意。教学中，我通过简单的引导及对几个句子的解读鉴赏，使学生对文章的主旨有了较深入的理解。

　　为了更好地传达这种"隐喻之美"，我在这节课中以学生为主体，以小说三要素为切入点，引导学生通过概括情节和分析人物形象进入文本，把握作者的主旨。教学过程中，学生非常积极，发言精彩纷呈。由此可见，引导学生阅读文本非常重要，根据文本设计的题目一定要切合学生的实际。当然，本课也存在一些不足之处，比如，课前我的导入稍显多了，以致课堂总结环节没有铺垫好，课堂结束得有些仓促。

🔆 分析点评

　　张老师的这节课"死""活"兼顾，异彩纷呈。

　　小说赏析是高考语文考查的一个重要板块。张老师的教学，实实在在扣"死"了高考考纲和热门考点，践行了教授小说专题的基本理论。

　　高考考纲和考点以及小说赏析的基本理论是纲领性文件，是对纷繁复杂的小说背后理性的总结。在教学中光靠说教是难以让学生深刻理解和掌握这些理论的，还要结合实践。张老师教授的《边城》一课，就是我们夯实小说基础的模板。

　　这一课中张老师对整体思路的梳理是以小说的三要素和高考常用的小说四级概念答题法来进行的，由浅入深，步步深入，有利于培养学生分析小说的规范思维。要分析小说，就得从小说的故事情节、环境、人物形象、主旨、艺术手法等几方面去鉴赏。

　　张老师首先引导学生总结故事情节，明白地告诉学生："我们解读一篇小说，最先感知的应该是故事情节。这也是大家最感兴趣的部分，当然

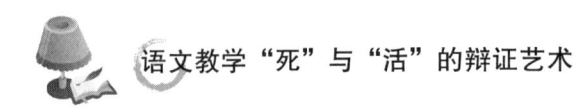

也是最浅层的部分。准确地把握故事情节是鉴赏小说的起始。"学生在复述故事情节之后，又让他们按照"序幕—开端—发展—高潮—结局—尾声"的顺序来概括，给学生以理性指导。

要分析小说中的人物形象，还需要详细分析故事情节中的细节。张老师又用到了分析故事情节的一些理论，如叙述故事的线索、叙述故事的顺序（这些都是高考的热点）。他引导学生认识到，《边城》讲述的是爱情故事，文章节选部分也是以翠翠、傩送、天保三人的感情发展为线索的。而把这些人物牵连到一处的是端午节的龙舟赛。这很自然地就让学生分析了故事的细节和人物的心理，从而为分析概括人物做好了铺垫。学生也把握了小说鉴赏的方法。

语文教学"死"的艺术让学生深入理解小说有了很大的进步。比如，张老师让学生总结了人物的性格特点后，有学生提出疑问："我觉得只总结性格特点不够全面。您曾给我们区分过两个概念——人物形象和人物性格特点，我觉得这篇文章应该分析人物形象，这样能更全面理解翠翠的感情和心理，因为人物形象的概念要大于人物性格的概念。"高二的学生能够有这样的认识，确实是基础理论的高手。

在这一节课上，张老师还引导学生深入理解了另外一种艺术手法——伏笔，他给学生讲解了"草蛇灰线"的说法，让学生理解伏笔的作用。

同时，课上张老师还对学生进行了情感教育，灵活而充满诗意。

张老师的课堂灵活体现在他的拓展开阔，还体现在他的教学方式多样，运用了课堂讨论法、课外链接法、教师下水创作带动法。教师能够写下水文对学生意义非同寻常。精心撰写下水文，体验学生写作的甘苦，能够走进学生的心灵，激发学生的写作兴趣。

在学生看来，名家的文章高不可攀，如果能读到自己老师的作品，则会感到运用新的写作技巧进行写作其实并不难。教师亲身体验写作，并与学生就作文进行交流，既拉近了师生的心理距离，又使作文指导有的放矢。作为语文教师，必须具有丰富的生活阅历、扎实的知识积累、敏锐的直觉思维和娴熟的语言技巧。写作能力对语文教师的重要性不言而喻。因此，教师平时要勤于笔耕，努力发表各类文章，为学生人人能写一手词达意顺、文句通畅的好文章做出榜样。

分组合作探究，带领学生走进文本世界
——高级教师张旭《哈姆莱特》教学案例

课堂实录

师："一千个读者眼中有一千个哈姆莱特。"从1877年开始到现在，平均每12天就有一篇或一部研究《哈姆莱特》的论文或专著问世，真是说不尽的莎士比亚、说不尽的《哈姆莱特》。课本中节选的是《哈姆莱特》全剧的第五幕第二场，即结尾部分。课前我们已经布置了预习题目：请各小组围绕《哈姆莱特》的主要情节、比武时人物的心理、哈姆莱特和奥斯里克对话的语言特色以及哈姆莱特的形象这四个话题查找资料，现在我们共享学习成果。下面请第一组同学来谈。

【评析】张老师课前布置预习题目，是一种行之有效的学习方法，可有效提高学生学习的效率，激发学生自觉学习的主观能动性。

生：《哈姆莱特》的主要情节，用一句话来概括，写的是丹麦王子哈姆莱特复仇的故事。

师：哈姆莱特的仇人是谁？他为什么复仇？

生：哈姆莱特的仇人是他的叔父克劳狄斯。他之所以复仇，是因为克劳狄斯杀了哈姆莱特的父王，娶了哈姆莱特的母后，篡夺了本应属于哈姆莱特的王位。

师：表达得很准确。这个故事写得很饱满，情节饱满，人物饱满，你们在阅读的时候感觉到了吗？

生：首先，人物关系错综复杂。哈姆莱特的仇人克劳狄斯在血缘关系上是哈姆莱特的父亲的弟弟，也就是他的亲叔叔；在感情上，克劳狄斯又是哈姆莱特最亲爱的母亲的现任丈夫。这种复杂的关系使得简单的爱、恨不再简单，使单纯的复仇变得有几分投鼠忌器了。

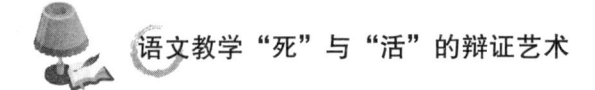

生：我们知道许多复仇故事，像《干将莫邪》《赵氏孤儿》《基督山伯爵》《呼啸山庄》，而在心灵的震撼上，这些和莎士比亚的《哈姆莱特》相比都显得逊色许多。

【评析】课堂拓展丰富，联系平日所学，调动了学生学习的积极性，同时拓宽了学生的知识面，让学生的知识宝库里又多了不少"干货"。

生：《哈姆莱特》的故事情节是复线结构，哈姆莱特和奥菲莉娅的爱情故事是这部戏剧最美丽、最纯粹、最忧伤、最温柔的部分。

师：同学们谈到这部戏剧错综交织的爱与恨，谈到哈姆莱特复杂的内心世界，非常好。戏剧的情节是由戏剧冲突推动的，而戏剧冲突更多地来源于人物的内心世界。下面我们继续探讨《哈姆莱特》的情节。谁还有补充？

生：不仅哈姆莱特的内心充满了爱与恨的纠缠，奥菲莉娅也被爱与恨折磨得痛不欲生。她深爱着哈姆莱特，而哈姆莱特却是她的杀父仇人，她只有疯狂，只有死去。

生：我补充一下，象征奥菲莉娅的花环、歌声、流水都太美了，这个纯情少女的死亡象征了美的毁灭，令人心痛。

生：我觉得哈姆莱特的复仇故事，因为有了奥菲莉娅，因为这份爱与伤，显得更饱满、更丰富、更立体、更令人感伤。

师：同学们谈得很好，经典永远是直指心灵的。中国古典文学很注重表层结构，以情节的跌宕取胜；而莎士比亚的戏剧更注重人物的心灵，以表现人物内心的痛苦和挣扎见长。同学们可以继续围绕戏剧情节的复线以及人物的复杂情感来思考。

【评析】教师和学生的语言都非常有表现力，和莎翁的语言风格一致。对某一风格的文章以相应的语言去解读，这就是"活"的教学艺术。著名语言学家吕叔湘在《关键在于一个"活"字》中指出："成功的教师之所以成功，是因为他把课教活了。如果说一种教学法是一把钥匙，那么，在各种教学法上还有一把总钥匙，它的名字叫作'活'。"怎样理解语文教学中的"活"呢？我们认为它是生动、灵活的课堂形式，是学生喜闻乐见、感兴趣的课堂训练形式，是能调动学生学习兴趣的语文教学艺术。

生：我认为《哈姆莱特》中的几个主要人物都备受爱与恨的煎熬，他

第四章 语文教学"死""活"兼顾之案例分析与点评

们都有着丰富而深沉的痛苦，他们的内心都充满了渴望与挣扎。以剧中的头号反面人物克劳狄斯为例，他不是用一个"恶"字就能简单概括的，他爱哈姆莱特的母亲——王后乔特鲁德，而乔特鲁德视哈姆莱特如生命，克劳狄斯想除掉哈姆莱特，因此也使自己陷入了爱与恨的两难境地，最后他用毒酒毒死的不是哈姆莱特而是乔特鲁德，这也正是这种爱恨交织的结果。

生：乔特鲁德的灵魂更是一个爱与恨强烈撞击的载体，她深爱着自己的丈夫——丹麦前国王，却又不得不嫁给杀夫凶手克劳狄斯。这是多么深切的悲痛！她在人世间也没有出路，只有一死。

生：波洛涅斯和雷欧提斯也难逃爱恨纠缠的劫数，也是挣扎在爱与恨的旋涡中的痛苦的灵魂。波洛涅斯深爱着女儿奥菲莉娅，他对哈姆莱特青睐有加，却又充当了克劳狄斯的帮凶，最终死在哈姆莱特的剑下。雷欧提斯尊重哈姆莱特高贵的心灵，却又无奈地用毒剑杀死了他。

师：看来，《哈姆莱特》这部剧不是一般意义上的复仇记，这里充满了人类情感的两极——爱与恨。此外，这部剧中还充满了生命与死亡、恶俗与优雅、庄严与荒诞、理智与疯狂等许许多多对立的东西，它们共同成就了这部巨著。

君臣、夫妇、父子、朋友、兄弟，这种被儒家文化称为"五伦"的、有着脉脉温情的关系，在《哈姆莱特》里全都被纠缠的爱与恨充斥着，人生在扭曲中变得残酷，在残酷中感到绝望，在绝望中走向毁灭，又在毁灭中获得重生。哈姆莱特艰难地举剑杀死了和自己有关的亲人，自己也被雷欧提斯杀死，这一悲剧强烈地震撼着我们的心灵。课下同学们可以再一次阅读全剧。

情节的丰富性是莎士比亚戏剧的又一主要特色，他的戏剧常常包含几条平行的或交错的线索。《哈姆莱特》一剧中有三条有关复仇的线索交织在一起：哈姆莱特为父复仇为主线，雷欧提斯和福丁布拉斯为父复仇为副线，三条线相互联系，又彼此衬托。在复仇情节之外，剧中还写了雷欧提斯和奥菲莉娅之间不幸的爱情，写了哈姆莱特和霍拉旭之间真诚的友谊，以及罗森格兰兹、吉尔登斯吞对哈姆莱特友谊的背叛，还写了波洛涅斯一家父子兄妹之间的关系。所有这些都起着充实、推动主要情节的作用。第

语文教学"死"与"活"的辩证艺术

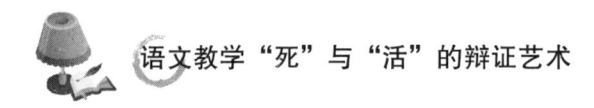

二组的同学可以谈一谈"比武"这一场的人物心理。

生：戏剧、电影当中的比武往往是刀光剑影、飞檐走壁、血流成河，再借助一些高科技的手段，使得场面非常吸引人。但除了高超的特技，人物的内心活动却停止了，性格也不见踪影了。而莎士比亚在《哈姆莱特》这段有关比武的冲突中刻画了人物丰富的内心活动。

师：哪位同学可以用生动的语言讲一讲比武的情节？

生：在比武开始之前，克劳狄斯和雷欧提斯两人准备了毒剑和毒酒。比武一开始，先是哈姆莱特向雷欧提斯道歉，雷欧提斯显得有些犹豫，犹豫间他连输了两场。克劳狄斯一计不成，又生一计，他假意向哈姆莱特庆功，举起酒杯，想用酒杯里的毒酒毒死哈姆莱特，却毒死了王后乔特鲁德。哈姆莱特无意的一句话激怒了雷欧提斯，他一剑刺中哈姆莱特，也激怒了哈姆莱特，在格斗中哈姆莱特用雷欧提斯的毒剑刺伤了雷欧提斯。雷欧提斯被自己的毒剑刺中了以后，心中明白哈姆莱特要死了，他自己也要死了，临死前他意识到自己也中了克劳狄斯的计。他把克劳狄斯的阴谋和盘托出，哈姆莱特拼着自己最后一点儿力气刺向克劳狄斯。在这之前，由于毒酒的毒性发作，乔特鲁德倒下死了。最后，剧中的六个主要人物——哈姆莱特、乔特鲁德、奥菲莉娅、波洛涅斯、雷欧提斯、克劳狄斯，全都死了，以悲剧收尾。

师：这段情节概括得很好。哪位同学再谈一谈主人公内心激烈的冲突？

生：哈姆莱特的心理变化：出于真心向雷欧提斯道歉—反激雷欧提斯想让雷欧提斯赢—发现雷欧提斯用毒剑后怒伤雷欧提斯—了解阴谋后杀了克劳狄斯—立下遗嘱。

师：概括得很好，能不能再简练一点？

生：道歉—激将—发现—怒伤—明白—真相—遗嘱。

师：哈姆莱特被称为忧郁的王子，但忧郁并不是他的天性，而是在理想与现实的矛盾中理想破灭时所引起的一种精神状态。在比武这个情节里，哈姆莱特变得更加清醒、更加深沉，在复仇的过程中他意识到自己的行动已不单是为父报仇，而是要重整乾坤。面对强大的恶势力，哈姆莱特孤军奋战，最后与恶势力同归于尽。哈姆莱特的悲剧已不仅仅是他个人的悲剧，而是人文主义者和整个时代的悲剧。通过比武这一情节，莎士比亚刻画了哈姆莱特的这一心路历程。

生：雷欧提斯的心理变化：由恨到犹豫，到被激怒，到后悔，最后揭露真相。作者借雷欧提斯衬托出哈姆莱特心理的变化。

生：我认为选文对乔特鲁德的心理描写得非常生动。在全剧即将落下帷幕的时候，她像一个悲剧性的慈母，替自己疼爱的儿子饮下毒酒，死前忏悔并痛苦着。

师：没有乔特鲁德的死，《哈姆莱特》便不是世上最完美的悲剧。乔特鲁德是一个典型的双重性格的人，她被哈姆莱特称为"最恶毒的妇人"，她在丈夫死后不足两个月就嫁给杀夫仇人，但是在她呼喊"啊，我的亲爱的哈姆莱特！那杯酒，那杯酒"的时候，我们读到了母亲的牺牲精神和弱者的无奈，不禁对她产生了同情之心。

生：克劳狄斯在比武一场戏中表面倾向于哈姆莱特，暗中却想谋杀哈姆莱特，一计不成再施毒计，阴谋被揭穿后极度恐慌，最后被哈姆莱特杀死。克劳狄斯是邪恶的代表，他比黑暗本身还令人不寒而栗。

师：莎士比亚在比武这一场戏中，笔端直指人物的心灵，刻画出了众多栩栩如生、可悲可叹、可圈可点的人物形象。

下面请第三组同学谈一谈哈姆莱特和奥斯里克对话的语言艺术，先请第三组同学分角色朗读一下。

（学生分角色朗读）

【评析】教师在课堂上把时间和话语权交给学生，让学生充分展示交流，有助于学生在活动中提高语言表达能力、探究思维能力。

师：你认为哈姆莱特和奥斯里克的对话有什么特点？

生：风趣幽默，多用比喻、拟人，富有哲理。

生：语言具有丰富性、生动性、形象性等特点。

生：语言既文雅又俚俗，既富有哲理又具有抒情性。

生：运用双关，插科打诨。

生：还有一些疯话。

师：能不能结合文本谈谈？

生：哈姆莱特在讽刺奥斯里克这个虚伪的家伙时说："他在母亲怀抱

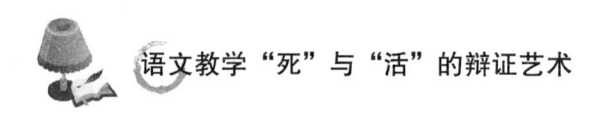

里的时候，也要先把他母亲的奶头恭维几句。"这种夸张生动地嘲讽了奥斯里克的繁文缛节。

生：哈姆莱特说："要是我们腰间挂着大炮，用这个名词倒还合适。"风趣幽默。

生：哈姆莱特的智慧过人和奥斯里克的自作聪明形成对比。奥斯里克的"欢迎您回到丹麦来"和哈姆莱特的"你认识这只水苍蝇吗"一庄一谐，相映成趣。

师：同学们继续说。

生：奥斯里克说："谢谢殿下，天气真热。"哈姆莱特说："不，相信我，天冷得很，在刮北风哩。"奥斯里克赶紧说："真的有点儿冷，殿下。"哈姆莱特又说："……我觉得这一种天气却是闷热得厉害。"奥斯里克马上附和："……真是说不出来的闷热。"这段关于"冷"与"热"的对话使我想起了契诃夫的《变色龙》，真是令人啼笑皆非。

【评析】文本语言精彩，抓住精彩点赏析莎翁语言特点，分析充分。在分析奥斯里克和哈姆莱特语言特点与前者的善变时，学生想到了契诃夫的《变色龙》，延伸拓展得当，提升学生的联想迁移能力。

生：这段对话诙谐幽默，放在充满死亡气息的"比武"大结局之前，反衬了悲剧的崇高，富有张力。

师：雅俗共赏，大俗大雅才是莎士比亚作品的特色。课后请同学们多读剧作多思考。请第四组同学用一句话来描述哈姆莱特。

生：哈姆莱特是一位高贵、优雅、勇敢的王子。

生：哈姆莱特是"朝臣的眼睛、学者的辩舌、军人的利剑、国家所瞩望的一朵娇花；时流的明镜、人伦的雅范、举世瞩目的中心"。

师：很好，引用了奥菲莉娅对哈姆莱特的赞美之辞。

生：哈姆莱特是深思和痛苦的。

生：哈姆莱特是忧郁和迟疑不决的。

师：两位同学都揭示了哈姆莱特的性格。

生：哈姆莱特对女性是有偏见的，他伤害了奥菲莉娅。

师：说得好！哈姆莱特对女性的偏见来自母亲对他的伤害，开始的时候他对女性带有唯美的幻想色彩，认为女性是纯洁、善良、真诚的。

生：哈姆莱特的成长伴随着痛楚，理想与现实永远冲突着。

生：哈姆莱特是一位悲剧色彩极浓的人物。

生：哈姆莱特是一位人文主义者。

师：真是说不尽的哈姆莱特。还有补充吗？

生：哈姆莱特是崇高和软弱的复合体，灵魂深刻，感情丰富。

生：我看过一篇文章，说哈姆莱特是"人文主义更改的锋利之剑"。

生：哈姆莱特是思想的巨人、行动的勇者。

师："一千个读者眼中有一千个哈姆莱特。"哈姆莱特的形象因为有了矛盾复杂的内蕴，因此具有多面性、丰富性和复杂性，课下请同学们继续探讨。这节课我们就《哈姆莱特》的情节，比武时的人物心理、人物对话和哈姆莱特的形象进行了讨论，同学们认真地查找了资料，并且大胆地谈了自己的见解。最后，我留几道思考题给大家，并列一些阅读书目供同学们参考。

思考题：

（1）简述莎士比亚的生平和代表作品。说说"四大悲剧"的故事梗概。

（2）试对哈姆莱特和堂吉诃德两个人物进行比较。

（3）你身边有没有哈姆莱特式的人物？

阅读书目：

《莎士比亚全集》，朱生豪译，人民文学出版社，1994年。

（阅读重点：《哈姆莱特》《罗密欧与朱丽叶》《十四行诗》）

教学反思

本节课，经过鉴赏戏剧、品味语言以及交流讨论，学生逐渐形成了对人物性格的评价，或许有些评价失之偏颇甚至肤浅，但在阐述的过程中大都理直气壮且言之有据，富有个性。由于学生的阅读能力不同，个性有别，对人物性格分析的深度和褒贬也就不同，这在一定程度上体现了学生的个性。课堂上，教师在引导学生鉴赏作品的过程中难免会带出

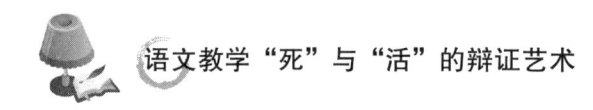

自己的阅读体会,所以还不可能真正实现学生的独立阅读。

我认为,对经典名著的导读采取完全放手的做法,让学生自己阅读并参照文学评论来理解作品是不现实的,还需要教师的有效组织和巧妙引导。在学生通读作品、了解情节的基础上,教师通过设计思考题等方法引导学生对作品的精华部分,尤其是精彩细节进行品读鉴赏,有利于学生贴近文本感受体会。同时,在阅读品鉴的过程中尊重学生的感受,鼓励学生以自己的经验来理解人物,有利于培养学生解读经典的自信。即使学生的理解并不深刻或全面,但学生只有拥有了独立思考的能力,理解能力才有提升的空间,这样我们才有可能实现培养学生良好的阅读品质和个性化阅读能力的目标。

分析点评

一、"活"的语文教学艺术:学生自主是主体,小小团队共研究

在张老师的课堂上,学生展现出很强的学习能力和探究能力。我们欣喜地看到,这些学生的探究能力和表述能力已经超越了一般中学生的水平,他们就像是一个高水平科研团队。

在《哈姆莱特》一课的学习中,张老师提前布置了预习任务,让学生分组进行探究。不同小组分到了不同的任务,他们能够一起查资料、学习、讨论,最后解决这些问题。

二、"活"的语文教学艺术:确定明确的学习目标,引领时代的新概念

学生的学习目标随着时代的变化也在发展。过去进行戏剧教学,教师只注重对戏剧本身的分析,而对学生在学习过程中展现出的团队意识、情

第四章 语文教学"死""活"兼顾之案例分析与点评

感体验、价值观、人生观、表述能力等都不太在意。

普通高中语文新课标中把语文学科核心素养凝练为四个方面，即语言建构与运用、思维发展与提升、审美鉴赏与创造、文化传承与理解。语文学科核心素养是学生应具备的，教学设计就必须以学生为主体。普通高中语文新课标中还提出了"学习任务群"的课程组织方法。

学习任务群涵盖学生生活、学习和日后工作需要的各种语言活动类型，不仅着力培养学生语言运用的基础能力，还充分关注跨文化、跨媒介等语言文字运用的新视角、新手段，以及自主、合作、探究等学习方式。

所谓"学习任务群"，是在真实情境下，确定与语文学科核心素养生成、发展、提升相关的人文主题，组织学习资源，设计多样的学习任务，让学生通过阅读与鉴赏、表达与交流、梳理与探究的自主活动，自己去体验环境，完成任务，发展个性，提升思维能力，形成理解、应用系统。这种有人文主题的任务群，是在学校课程总体设计和实施的环境下由学校和教师组织并有计划地引导完成的。它与过去的教学模式有内在的区别——课程中有文本，但不以文本为纲；有知识，但不求知识的系统与完备；有训练，但不把训练当作纯技巧进行分解训练。在教学中，教师是组织者，学生是主体，师生互动。

提高学生语文学科核心素养的根本途径是语文实践。普通高中语文课程的实施要把追求语言、技能、知识、思想情感、文化修养等多方面、多层次目标发展的任务，通过情境化、结构化的设计，组合成"群"，争取获得教学效益的最大化。语文学习活动是学生在教材和教师引领下的自主的语言文字运用实践，活动内容应该紧扣学习语言文字运用的任务和语文学科核心素养。

三、"活"的语文教学艺术：师生共建"学习共同体"，文本探究凸显创造力

张老师的这节课以学生为主体，分小组合作探究，而且学生能够主动查阅资料，创造性地解决问题，他的做法不正是师生共建"学习共同体"的探索实践吗？而且，张老师在分析总结哈姆莱特的个性时，注重文本分

析，注重和学生探讨。正是他的激情和他带领学生构建的民主的、真实的新型课堂才培养了学生的能力。

　　语文教师在课堂上焕发出来的激情、智慧与学生心灵的碰撞本身就充满着无限生命力，语文课在生命教育中承担着重要责任。教师的热情投入常常表现为从人性的角度去解读人物。很多时候，教师在分析人物时缺乏生命质感，只是在为人物"贴标签"，对文本中的人物进行解读时，往往只是将其作为文本的一个符号，在讲解分析中将人物的"灵魂"与"肢体"分离，这种没有走进生命的分析，充其量只能算作"走过文本"。这样的语文课堂，并不是我们想要的真正意义上的语文课堂。《哈姆莱特》是最深沉的、最幽微的、最能洞察人性的、最能体现时代特征的一部作品，学习这部作品就是要进行一次对生命的叩问。张老师和他的学生做到了。整个课堂上，学生对人物进行了细致入微的理解和创造性的表述。如学生在总结情节时候说到"复线结构"，说哈姆莱特和奥菲莉娅的爱情故事是这部戏剧中"最美丽、最纯粹、最忧伤、最温柔的部分"，认为"象征奥菲莉娅的花环、歌声、流水都太美了"。这样的表述说明学生对文本进行了深入的思考，对人性有了更深刻的认识。

唤醒学生思维，与文本进行诗意的融汇

——中原名师程克勇《念奴娇 赤壁怀古》教学案例

课堂实录

师：中国著名作家林语堂曾经这样评价过一个人——他是个秉性难改的乐天派，是悲天悯人的道德家，是黎民百姓的好朋友，是散文作家，是新派的画家，是伟大的书法家，是酿酒的实验者，是工程师，是假道学的反对派，是瑜伽术的修炼者，是佛教徒，是士大夫，是皇帝的秘书，是饮酒成癖者，是心肠慈悲的法官，是政治上的坚持己见者，是月下的漫步者，是诗人，是生性诙谐爱开玩笑的人。

师：他是谁？

（学生不断修正，最后异口同声地高呼：苏轼）

师：对，苏轼。今天我们就借着苏轼的经典词作——《念奴娇 赤壁怀古》来走近他。

【评析】这个导语很精彩。从形式上来说，它是有趣的；从内容上来说，它全方位地总结了苏轼，能够有效地帮助学生评价苏轼，使学生对苏轼产生无限的敬仰之情，从而自然产生学好文本的冲动。这个导语的成功，一半要归功于林语堂，写得太精彩了。当然，程老师运用得当，体现了他的功力。

师：宋词有豪放和婉约之分，两种流派可谓双峰对峙，二水分流。苏轼的这首《念奴娇 赤壁怀古》是豪放派词的代表之作，整首词大气磅礴，气势恢宏，使我想起贝多芬洋溢着英雄气概的交响乐，想起米开朗琪罗充满力与美的雕塑。苏轼在47岁时，也就是在他被贬黄州的第二年写下了这首词，当时作者心情如何？表达了怎样的感情？请同学们放声自由朗读。

语文教学"死"与"活"的辩证艺术

（学生朗读《念奴娇　赤壁怀古》）

师：声音很好听，朗读如行云流水。为了进一步体会这首词，我们一起来听录音再次朗读。

（学生跟着录音朗读）

师：要想更好地理解这首词，还必须进一步进行赏析，老师将这首词分成三个层次。

（板书：赤壁雄奇景、英雄周郎颂、失意酹江情）

师：古人作诗填词，特别讲究起句。起句如爆竹，应骤然轰响。长江，孔子曾深深地感慨："逝者如斯夫，不舍昼夜。"同样面对长江，南唐后主李煜也曾感慨万千："问君能有几多愁？恰似一江春水向东流。"面对长江，失意、落寞的苏轼又有何感想？

【评析】长江令人浮想联翩，文人轶事，诗词警句，长江的厚重历史向学生走来。程老师的适时拓展教会了学生"活"学"活"用，这是联想思维的恰当示范。

生：（齐读）大江东去，浪淘尽，千古风流人物。

师：作者有了怎样的感想？请一位同学稍作阐释。

生：作者面对滚滚东去的长江水，想到赤壁奇景，想到三国赤壁之战，想到三国时的英雄人物，从而慨叹："大江东去，浪淘尽，千古风流人物。"

生：作者面对长江，看到滚滚长江水，发出感慨，想到千古以来的风流人物，他通过滚滚而流的长江联想到了三国时的英雄人物。

师：非常好，面对长江，作者表达有限的人生和无限的历史，为整首词铺垫雄奇的底色。但光有底色不行，要放得开，而且要收得拢。第二句："故垒西边，人道是，三国周郎赤壁。"放得开，又收了回来，交代了什么时代？（三国）什么地点？（赤壁）有了这样的底色，有了这样的时空，接下来浓墨重彩描写了赤壁的雄奇之景，词中用了十三个字——"乱石穿空，惊涛拍岸，卷起千堆雪"。古人讲究炼字，留下了许多炼字佳话。你喜欢这句词中的哪个字？

生：我觉得"卷"字运用得非常好，体现了作者的豪迈气概，从中可以看出赤壁的雄奇之景。

第四章 语文教学"死""活"兼顾之案例分析与点评

师：你说这个"卷"字体现了气概，我同意。"卷"字还写出了一种形状。还有没有补充的？

生：我认为"雪"字运用得很好，不但写出长江回溅的气势，而且写出了颜色。

师：写出了色彩，而且色彩非常美丽。大家学习过《荷塘月色》吗？（学过）"落下斑驳的黑影"，这种景色美不美？（美）在这首词的景物描写中，哪个字体现了粗犷、野性的美？

生：我认为"穿""拍"两个字写出了长江的磅礴之势。

【评析】"炼字"考点抓"死"不放松，体现教师心中有考点，目的明确。在引导学生鉴赏赤壁的雄奇景致时，让学生选择自己喜欢的词分析，有效激发了学生的表达欲望。

师：滚滚长江不仅有壮美的一面，而且在不同的作品中展现出了不同的美。在这首词中是"乱石穿空，惊涛拍岸，卷起千堆雪"，在《前赤壁赋》中是"清风徐来，水波不兴"，在《后赤壁赋》中是"山高月小，水落石出"。在这里，作者用尽笔墨描写长江的壮美，暗示了当时的社会背景、时代环境，通过这种描写能体现三国时怎样的社会环境？用四字成语概括一下。

生：群雄逐鹿，三国鼎立。

师：好。还有没有补充？

生：群雄割据。

生：问鼎中原。

生：英才辈出。

师：从形、色、声上，我们能一起感受到也仿佛回到金戈铁马的古战场。写景的目的是抒情，也是写人，只有这样的赤壁、这样的长江才能和英雄周瑜相配，就像"蒹葭苍苍，白露为霜"只能写伊人一样，就像"杨柳岸，晓风残月"只能写离情一样，这样的赤壁、长江才能千呼万唤出周瑜的形象。

第一个层次"赤壁雄奇景"，作者通过长江写赤壁，通过写景这种描写手法，为人物出场做铺垫，这可以说是一种"衬托"的手法。

【评析】程老师引领学生感受了苏轼描写赤壁古战场的精彩，景与情

和谐，景物与氛围一致，并且与塑造的英雄人物也很契合。欣赏苏轼写景时调动学生的多种感官，从形、色、声上让学生感受到长江赤壁的雄奇。同时引导学生，写景的目的是抒情，也是写人，此处"蒹葭苍苍，白露为霜"和"杨柳岸，晓风残月"的例子运用贴切。

师：既然三国时代是一个英雄辈出的时代，那么大家想一想，在三国时代堪称英雄的人物有哪些？

【评析】过渡巧妙，毫不生涩，且问题开放，可吸引学生积极参与，乐于开口。

生：刘备。

生：关羽。

生：周瑜。

生：黄忠。

生：诸葛亮。

师：同学们说出了自己心目中三国时代的英雄，但作者只对周瑜情有独钟，作者是怎样描写周瑜这个英雄人物形象的？

（学生分组讨论）

师：作者是从哪几方面来写周瑜的形象的？

生：我认为是从三方面来写周瑜的：一是"小乔初嫁了"，说明周瑜年轻有为；二是"羽扇纶巾"，写出了他的儒将风度；三是"谈笑间，樯橹灰飞烟灭"，体现出他非常有才气。

师：塑造人物形象有正面描写、侧面描写两种方法。赤壁之战是历史上一场著名的以少胜多的战役，曹操深谙兵法，带领八十万大军直下江南，不可一世。当时周瑜只有 24 岁，作为东吴的主帅，理应一身戎装，一脸严肃，作者是怎样描写他的装束的？（羽扇纶巾）什么是"羽扇纶巾"？（手持羽扇，头戴纶巾）羽扇纶巾是什么人的装束？（儒将）作者将其描写成儒将，感觉不够，又写其"谈笑间，樯橹灰飞烟灭"，在赤壁火光中，在刀光剑影中，周瑜这一笑，比星空还灿烂，这是正面描写。除了正面描写外，还有"小乔初嫁了"，小乔明明是赤壁之战前嫁给周瑜的，这里的"初"改成"出"行不行？为什么？

生：不行。原文中强调的是时间，把十年所有事情浓缩在赤壁之战这

第四章 语文教学"死""活"兼顾之案例分析与点评

一点来表现周瑜,塑造周瑜的英雄形象。如果强调"小乔出嫁了",跟作者表达的意思联系不大。

师:本文的"初"之意是刚刚开始,女子刚出嫁时是最美的,更何况是江东美女小乔呢?这里写小乔主要是为了衬托周瑜的英雄形象,衬托周瑜什么呢?

生:衬托周瑜雄姿英发,年轻有为。

师:周瑜是著名军事家,离开了赤壁之战,没法更好地去写他。作者是如何描写战争的?

生:谈笑间,樯橹灰飞烟灭。

师:何为"樯橹"?

生:船桅杆和船桨,这里泛指船。

师:在谈笑之间,曹操的八十万大军化为灰、化为烟,周瑜的军事才能也得以显现,周瑜形象至此刻画得十分完美,令人类历史上一切军事家都相形见绌。无论是不可一世的拿破仑,还是战功赫赫的麦克阿瑟,无论是"法兰西的骄傲"戴高乐,还是"沙漠之狐"隆美尔,都显得黯然失色。为什么使其他人显得黯然失色?因为艺术真实往往高于生活真实,是经过作者提炼的,所以我们称之为"咏史"(板书)。

【评析】塑造人物形象有正面描写、侧面描写两种方法。塑造人物方法牢牢记,这是我们语文教学"死"的原则之一。此处,程老师讲解细致,正面描写了周瑜的神态、动作、装束,侧面则用敌人的覆灭、小乔的美丽衬托了周瑜的英雄形象。

侧面描写又叫间接描写,这里运用了衬托手法,这是需要给学生细致讲解的一种艺术手法。这里有正衬,美女衬托英雄,次要人物衬托主要人物,也有反衬,"樯橹灰飞烟灭"反衬英雄。程老师的拓展延伸,让知识点的讲解妙趣横生。

师:作者怀着极大的热情来刻画周瑜,表达了他渴望建功立业的心情。从某种程度上来说,周瑜是作者热切向往而又难以企及的梦。作者既是在写史,也是在抒怀,是借古人之酒杯浇自己心中之块垒。这里作者的抒情形象和周瑜的英雄形象构成了一种什么关系?

生:对比关系。

179

语文教学"死"与"活"的辩证艺术

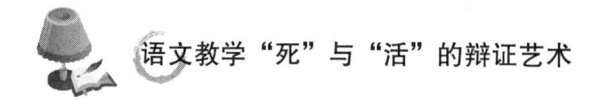

师：既然是对比关系，我们一起来看构成了几组对比。第一组是年龄的对比，周瑜做都督时才24岁，风华正茂，而苏轼被贬黄州时已47岁，可谓"知天命"之年。周瑜"雄姿英发"，而作者却"早生华发"，这形成第二组对比。周瑜有倾国倾城的江东美女小乔相伴，苏轼被贬黄州之前，便已失去了相濡以沫的爱妻王弗。这形成第三组对比。这三组对比都是为下文的对比做铺垫。下文重要的对比有哪些？

生：事业上的对比。周瑜年轻时就已是东吴的大都督，而苏轼是被贬的小官。

师：好。正如这位同学所说，周瑜24岁就任东吴的主帅，而苏轼被贬时已是47岁，可谓报国无门，所以苏轼有这样的诗句自嘲："问汝平生功业，黄州惠州儋州。"什么意思？"想我一生的功业，就是被贬到黄州之后，又被贬到更远的惠州，后又被贬到儋州。"周瑜与苏轼事业上的对比是非常强烈的，强烈的对比导致一种失落、一种悲剧的美。同学们认为这两个人有没有可比性？（有）如果说周瑜是一位千古英雄的话，苏轼则是一位旷世奇才，你们同意吗？（同意）他有哪些建树呢？

生：苏轼的书法、绘画都很有造诣。

生：苏轼是宋代书法四大家之一。

生：苏轼受儒、道、佛思想的影响，在政治上很有建树；在文学上也颇有造诣，是豪放派词的创始人，"唐宋八大家"之一。

师：此外，他在绘画上也是很有才华的，可谓几千年才出现的一个人才。这样的一个才子，在那个时代有这样的悲叹，联想时代了解作者的情感，我们可以看出，咏叹不是目的，最终是为了抒怀。作者要抒怀，千言万语化作一句话："人生如梦，一尊还酹江月。"下面大家讨论一下，你是怎样理解这句词的？

生：我觉得作者发出"人生如梦"的感叹，主要是抒发壮志难酬的心境，并不是真的消极，否则他早就隐退了，也不会遥想当年意气风发的周瑜了，所以我觉得作者在表面的消极之中蕴含着积极的精神。

师：非常好，能够有自己深入的理解。有谁补充？

生：作者在写这首词的时候是被贬黄州之时，因政治上遭受挫折，萌发了逃避现实、怀才不遇的感受，从而在词中流露出沉重、苦闷和人生如

第四章　语文教学"死""活"兼顾之案例分析与点评

梦的慨叹。但是，我觉得最后的词句仍然掩饰不住他热爱生活、积极乐观的性格和为国尽忠的豪放情感，虽然有些消极，但还是以乐观为主。

师：非常好，能够联系作者生平辩证地理解这句词。辛弃疾"少年不识愁滋味，爱上层楼。爱上层楼，为赋新词强说愁"；到了中年，"欲说还休。欲说还休，却道天凉好个秋"，历经沧桑。在这里表达的正是这样的感情。被贬黄州后，苏轼的创作进入高峰时期，但他对自己的前途感到迷茫，在这里表现出一种曲折的奋进和昂扬。

总而言之，这首词通过写景、咏史来抒情，来描写长江、书写赤壁，来描写英雄周瑜，最后描写人生的况味，不愧为豪放词的代表之作。

赏析这首词后，我们一起来做一个迁移练习。这首词是范仲淹的《渔家傲　秋思》（出示内容）。请大家读一读，体会作者的感情。

生："塞下秋来风景异，衡阳雁去无留意"，从这句词可以看出作者所处塞下的荒凉、萧瑟。作者曾生活在江南，联想到江南风景，表现出思念故乡的悲凉之情。"千嶂里，长烟落日孤城闭"，很像王维写的"大漠孤烟直，长河落日圆"，描写了非常悲凉的景色。"燕然未勒归无计"，抒发了作者渴望为国尽忠、能够赢得荣誉的愿望。然而作者到达塞下后，发现要报国并不是那么容易，"人不寐，将军白发征夫泪"。

师：非常好，还有谁来谈一下？

生："塞下秋来风景异，衡阳雁去无留意"描写的是塞外的凄凉景色。"浊酒一杯家万里"说的是有一个人思念故乡。"燕然未勒归无计"是指把信念都寄托在这里，随时准备为国捐躯。总体来说，这首词表达了作者惆怅、忧伤和忧国忧民的感情。

师：说得相当不错，能够抓住关键，但是要注意，回答问题时应避免相似阐释的重复出现。同学们能够联系景物来抒发感情，这是很好的。接下来我们看另一首风格迥异的词——欧阳修的《踏莎行　候馆梅残》（出示内容），这首词抒发了作者的什么感情？

生：我觉得这首词的风格与《渔家傲　秋思》不同，尤其是最后一句"平芜尽处是春山，行人更在春山外"。这里写的是春山，看出了希望。

师：大家看"梅"怎样？梅都残了。描写人的两句词"寸寸柔肠，盈盈粉泪"，这里是高兴得断肠吗？高兴得哭了吗？当然不是。

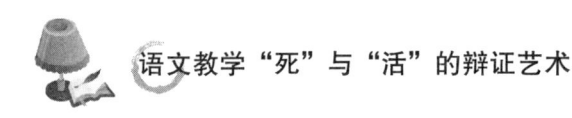

生：这首词表达出一种悲凉的感情，我觉得还不是非常悲伤，"离愁渐远"而又"渐无穷"表达得非常恰当。

师：第一个地点"候馆"也就是旅馆，从整体上来看这首词抒发了什么样的感情？

生：我认为是一种思乡之情。

师：是一种思乡、思念的感情，你是通过哪些词句看出来的？

生："离愁渐远渐无穷，迢迢不断如春水"，这就像引用李煜的"问君能有几多愁？恰似一江春水向东流"，用春水来写愁。

师：说"引用"不恰当，不过二者可算有异曲同工之妙。

这两首词的风格是否相同？（不相同）第一首词更接近《念奴娇 赤壁怀古》，第二首词是另一种风格。概括一下，这就是宋词中的两种风格——豪放风格与婉约风格。两者抒发的感情不一样，表达的感情当然也不一样。

（小结）《念奴娇 赤壁怀古》将写景、咏史、抒情有机地结合起来，极尽笔墨挥洒豪情，书写长江，书写赤壁，书写英雄周瑜，书写人生的况味，可谓"壮语盘空，情溢大江"。

附：板书设计

　　赤壁雄奇景　　英雄周郎颂　　失意酹江情

　　（写景）　　　（咏史）　　　（抒情）

教学反思

在教学过程中，我最看重的是培养学生的参与意识。

普通高中语文新课标要求学生应有主体参与意识，提高思维表达能力与鉴赏评价能力。课堂上，教师要对学生进行完整的思维训练，给学生思考的时间和空间，让学生的思想在交流中碰撞出火花。

苏轼为什么单单想起周瑜？我通过引入大量的史料让学生进行对比，在对比中学生自然就领会到了苏轼对年轻有为的周瑜的羡慕和崇拜，对自己生不逢时、老而无成的感慨，对自己悲惨境遇的失落、惆怅。这也为下

第四章 语文教学"死""活"兼顾之案例分析与点评

一个环节把握情感奠定了基础。下文"失意酹江情"的表达就水到渠成,毫无突兀感,学生也易于理解全文的思路了。

分析点评

"活"的语文应该是美的语文、诗意的语文、灵动的语文,是打通了文化,可以肆意穿行于文学殿堂里的语文。看来,真正的"活"是来自深厚的文化积淀。程老师对课堂的把握游刃有余,带领学生不仅将诗词的有关知识融会贯通,还赏析了词作的美。

程老师曾经谈到,他理想中的语文课堂氛围应该是充满文学气息与浪漫情怀,在诗意的创设中,以缤纷的语言引领学生走向对文化的膜拜。因此,在他的诗歌教学中,这种文学气息是贯穿课堂始终的。

程老师诗意的语言是语文课堂的底色,唤醒了学生灵活的思维。他用诗意的语言与学生对话,学生也回报以诗意的语言。师生对话充满智慧,课程资源有机生成。

"活"的语文课堂的构建,不仅要有师生的动态生成与合作交流,更应该让学生树立生命的意识,有一颗"诗心",把教材看作一个活生生的文本。在这堂课上,学生很好地走进了文本,体会到了苏轼面对赤壁时的怀古之情,真正与文本进行了诗意的融合,从而走进了人物的心灵,对生命有了深刻的感悟与解读,完成了生命的对话。

通过对程老师诗意语文课堂构建的分析,我们可以获得不少启示,比如,深厚的文学素养、诗意唯美的教学语言及高尚的人格魅力都是构建诗意语文课堂必不可少的条件。在新课程改革的形势下,我们更应该让这种充满语文味的课堂,如春风化雨滋润学生的成长,灌溉彼此的心田。

品析经典文本，提升学生问题解决能力

——中原名师胡卫党《孔雀东南飞》教学案例

> 课堂实录

师：爱情是人类最美好的情愫，也是文学作品永恒的主题。同学们知道哪些关于爱情的诗歌呢？

生：《关雎》。

师：能不能说说其中的诗句？

生："关关雎鸠，在河之洲。窈窕淑女，君子好逑。"

师：非常好。其他同学还知道哪些关于爱情的诗歌？

生：《蒹葭》。其中有这样的诗句："蒹葭苍苍，白露为霜。所谓伊人，在水一方。"

生：还有白居易的《长恨歌》。

师：你能够说出其中的名句吗？

生："在天愿作比翼鸟，在地愿为连理枝。天长地久有时尽，此恨绵绵无绝期。"

师：不错。还有补充吗？

生：老师，我知道李商隐的《无题》中有这样的诗句："身无彩凤双飞翼，心有灵犀一点通。"

生：还有这样几句："上邪！我欲与君相知，长命无绝衰。山无陵，江水为竭，冬雷震震，夏雨雪，天地合，乃敢与君绝！"但是我不知道这是谁写的。

师：哪位同学知道？

生：好像是白居易写的。

师：《上邪》是汉乐府《铙歌》中的一首情歌，全诗以第一人称的口

第四章　语文教学"死""活"兼顾之案例分析与点评

吻呼天为誓，直抒胸臆，表达了一个女子对爱情的热烈追求和执着坚定，作者不详。不知道作者没有关系，大家说得非常好。爱情是美好的，但爱情带给人的并不全是幸福。隔河相望的牛郎织女，化蝶双飞的梁祝，劳燕分飞的陆游和唐琬，他们演绎的都是催人泪下、荡气回肠、感天动地的爱情悲剧。今天，我们要学习的《孔雀东南飞》讲述的就是这样一段凄美的爱情故事。（板书课题）

【评析】拓展丰富，课堂生动，气氛活跃。

师：现在我来检测一下学案中的汉乐府名句的背诵情况。我说上句，同学们对下句。

师：少壮不努力——

生：老大徒伤悲。

师：人生不满百——

生：常怀千岁忧。

师：青青河畔草——

生：绵绵思远道。

【评析】这种背诵方式很好，即使是提问这样的课堂环节，我们也要试着采用多种形式，以激发学生的学习兴趣。

师：很好。乐府诗中有很多名句值得我们仔细品读。现在我们进入讨论环节，讨论内容是学案中的自学探究及拓展延伸部分，现在开始。

（学生讨论15分钟）

师：好，讨论结束。现在全班交流讨论成果。

第一题：为故事情节各部分拟写标题。要求模仿章回体小说标题的形式，既要概括内容，又要符合人物性格。哪一组先来发言？

小组发言人：

一、刘兰芝自请遣归　焦仲卿温言相劝

二、刘兰芝严妆作别　仲卿母怒气不止

三、分手处夫妻盟誓　到家来被迫改嫁

四、遭埋怨兰芝表白　痛失妻仲卿伤悲

五、刘兰芝清池明志　焦仲卿南枝殉情

六、两家人悔悟求合葬　警世人戒之慎勿忘

185

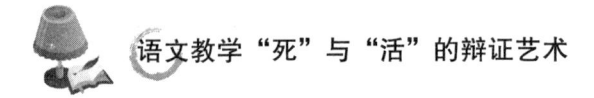

师：大家觉得第一组拟写得好不好？

生：好。

师：是不是还可以写得更好？

（生沉默）

师：我们要求写出人物性格，同学们看一看怎么改动一下，就能把人物的性格表现出来呢？在《红楼梦》中有这样的回目：薄命女偏逢薄命郎　葫芦僧判断葫芦案。我们看过这一段故事，这个薄命女是谁？

生：香菱。

师：对啊。香菱是薄命女，作者很巧妙地就用"薄命女"一词代替了香菱，那么本文中的刘兰芝是什么性格呢？婆婆是什么性格呢？焦仲卿又是什么性格呢？除了性格外，还可以写出他们的外貌、举止，这样一来我们就不是单纯地了解故事情节了，还能了解人物形象。

（生沉思）

生：我觉得"刘兰芝严妆作别　仲卿母怒气不止"可以改成"俏兰芝严妆作别　恶焦母怒气不止"。这样能够显示出刘兰芝的美丽和婆婆的无理。

（生报以热烈的掌声）

师：你们看，人物形象和性格都写出来了，非常好。其他同学要不要也试试啊？

（生笑，部分学生开始跃跃欲试）

生：我觉得"刘兰芝清池明志　焦仲卿南枝殉情"可以改成"痴情女清池明志　薄命郎南枝殉情"。刘兰芝坚守自己的爱情，可以说是一个痴情女子，焦仲卿无力掌控自己的幸福，应该算是薄命郎吧。

（掌声热烈）

【评析】此处胡老师的创新给学生带来了新鲜感，用模仿章回体小说拟写标题的方法来拟写各故事情节的标题，怎能不激发学生的斗志呢？

师：（笑）非常好。"痴情女"与"薄命郎"对得好，既十分工整，又合乎人物性格。还有哪个小组再来展示一下呢？

小组发言人：

一、不自专兰芝请速遣　无偏斜仲卿求慎留

第四章 语文教学"死""活"兼顾之案例分析与点评

二、著严妆新妇堂上别　会大道府吏车中誓
三、断来信拒嫁义郎体　屈暴兄许和太守子
四、魂依依清池东南枝　声恨恨鸳鸯双飞鸟

师：大家看看，这一组拟定的标题怎么样？

生：好。

师：好在哪里呢？

生：我觉得"魂依依清池东南枝　声恨恨鸳鸯双飞鸟"中的"魂依依""声恨恨"用得好，"依依"二字写出了刘兰芝和焦仲卿的缠绵爱情，"恨恨"二字则写出了他们说不尽的怨恨。

师：点评得很精彩。刚才同学们的表现很好，我们应该从中总结出概述内容及写对联的方法，可以吗？

（师生总结方法）

师：好。我们已经知道了《孔雀东南飞》的内容，这篇文章中有几个很生动的人物形象，请同学们谈谈，你最喜欢文中的哪个人物？为什么？结合文章进行分析。

【评析】人物形象的总结是叙事诗中一个很重要的考点，若死板地提出让学生总结人物形象，岂不无趣？面对一桩爱情悲剧，让学生谈谈自己欣赏哪个人物及理由，这样的问题更开放，学生更愿意开口，也更启人心智，能引发学生对人生和爱情进行思考。这也是新课标对学生情感、态度与价值观的要求。

小组发言人：我喜欢刘兰芝。

师：能说说你喜欢刘兰芝的原因吗？

小组发言人：兰芝美丽、聪明、勤劳、知书达理、头脑清醒、行动坚决、忠于爱情、不为荣华所动，她的身上凝聚了中国古代女子很多优秀的品质。

师：能结合课文具体阐述一下吗？

小组发言人：文中写兰芝"指如削葱根，口如含朱丹。纤纤作细步，精妙世无双"，可以看出兰芝的美丽无双；"十三能织素，十四学裁衣，十五弹箜篌，十六诵诗书""鸡鸣入机织，夜夜不得息。三日断五匹，大人故嫌迟"，可以看出兰芝的聪明能干；而她自请遣归，以死明志，从中可

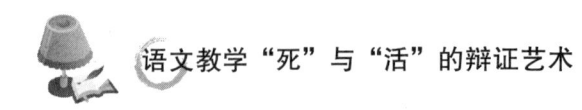

以看出她是一个对爱情忠贞的女子。

师：嗯，兰芝的确值得我们去喜欢。其他组有没有不同意见？

小组发言人：我们组认为焦仲卿是一个可爱的人物。

（生笑）

师：他可爱吗？从哪里可以看出他可爱呢？

小组发言人：仲卿的性格虽不如兰芝坚强，但他和兰芝一样，也是始终忠于爱情的，对封建压迫也是反抗到底的。一开始，当焦母要遣回兰芝时，他说："儿已薄禄相，幸复得此妇，结发同枕席，黄泉共为友。"不仅表达了他和兰芝深厚的感情，也委婉地表示了"今若遣此妇，终老不复取"的态度。后因不得已与兰芝分别，他又郑重声明"誓不相隔卿""誓天不相负"，直言不讳，态度坚决。最终他自缢于庭树，违背了"不孝有三，无后为大"的封建礼教。显而易见，这位忠于爱情的人物跟兰芝一样，骨子里充满了叛逆精神。

小组发言人：老师，我可以说几句吗？

师：当然可以。

小组发言人：我们认为焦仲卿舍弃母亲，选择"自挂东南枝"是自私的行为。从诗歌中可以看出，焦母除了焦仲卿，没有其他儿子了。母亲那么大年纪了，焦仲卿这样做是不孝，即使是在今天的社会也是不被认可的。

小组发言人：我认为万怡彤同学（小组发言人）说得对。焦仲卿没有给妻子幸福，也没有给母亲幸福，是个不成功的男人。

（生笑）

【评析】有关人物形象的争论将课堂推向高潮，这也是本节课的一个亮点。学生喜欢刘兰芝很自然，因为她美丽动人，个性鲜明。没有想到的是还有很多学生喜欢焦仲卿，他们感受到了焦仲卿的不容易，感受到了这一人物形象的复杂性。学生的争论也为最后的主题提出做了铺垫，在学生的争论中，主旨就自然显露了。一切水到渠成，由此可见胡老师的引导之妙。

师：大家怎么认为呢？

生：大家都有自己的看法，都是一家之言。其实我认为焦仲卿实在是很难两全，他的悲剧更多的是时代悲剧，他也是封建礼教的牺牲品。

生：焦仲卿是一个对爱情忠贞的形象。

师：同学们谈得都有道理。焦仲卿是作者以充满同情的笔触塑造的另一个正面形象，是作者歌颂的形象。大家认为呢？

生：是的。

师：其他组还有补充吗？

小组发言人：老师，我不代表我们组，我自己比较喜欢诗歌中的府吏。

（生笑）

师：你为什么喜欢府吏呢？

小组发言人：我觉得刘兰芝是被别人抛弃的人，可是府吏一点儿都不嫌弃她，还为儿子求婚。我觉得这一点是值得肯定的。

师：你是不是觉得刘兰芝再婚显得不够纯洁呀？

小组发言人：不是。我只是觉得生活在那个时代的人能够理解并接纳兰芝，实属不易。

（生笑）

师：嗯，这个确实是值得肯定的，不过当时的社会并不认为改嫁是一件有失节操的事，司马相如和卓文君的故事不也被传为美谈吗？蔡邕的女儿蔡文姬初嫁卫仲道，后为乱兵所掳，嫁给匈奴人，曹操以重金将她赎回，并将其嫁给董祀。别人也很羡慕啊！

【评析】此处的拓展丰富了学生的知识，若能简单讲及宋明理学对中国婚姻和女子的影响，也许会更好。

师：今天我们也不应该歧视像兰芝这样的不幸者啊，我们应该报以同情和理解，大家说，是不是啊？

生：（笑）是的。

师：作者为大家塑造了如此生动的形象，那么就让我们在朗读中再次鉴赏刘兰芝这一人物形象吧。现在请王诗雨同学朗读"兰芝严妆"一节。

（王诗雨读，结束后赢得热烈掌声）

师：《孔雀东南飞》之所以创造出如此鲜明的人物形象，具有如此动人的感染力，源于其铺陈及浪漫主义手法的运用。现在请各小组结合原

文，说说这些表现手法的作用，好吗？

生：好。

小组发言人：

1. 起兴手法的运用。以"孔雀东南飞，五里一徘徊"引出下文，并统摄全文，为全诗定下了一种徘徊依恋的基调和凄怆缠绵的气氛。

2. 铺陈排比手法的运用。一方面有利于人物的塑造，另一方面也给诗歌营造出声律和色彩之美。

3. 浪漫主义的结尾。诗歌结尾写两家合葬，用美丽的传说写了化鸟双飞、化木连理的理想结局，表达了人们对幸福生活的向往和对封建礼教的抗议。

（生鼓掌）

师：起兴这种手法，我们在初中的哪篇文章中学习过？

生：《木兰诗》。

师：还记得其中的句子吗？

生："东市买骏马，西市买鞍鞯，南市买辔头，北市买长鞭。"

师：还有吗？

生："爷娘闻女来，出郭相扶将；阿姊闻妹来，当户理红妆；小弟闻姊来，磨刀霍霍向猪羊。"

师：很好，请大家想一下，浪漫主义有没有消极的作用呢？

（生沉默）

师：莎士比亚有一部剧作，其中的主人公也是为捍卫爱情而殒身的，大家知道是什么吗？

生：《罗密欧与朱丽叶》。

师：这个故事的结尾怎样？化鸟双飞没有？

生：没有。

师：化木连理没有？

生：没有。

师：与《孔雀东南飞》的结尾有何不同之处呢？

生：这就是现实主义和浪漫主义的区别吧。

师：哪一种风格更具批判性呢？

第四章 语文教学"死""活"兼顾之案例分析与点评

生：现实主义。

师：是啊，中国的文学作品喜欢用浪漫主义的结尾，生时离散，死后团聚，朝夕相伴，情意缠绵，给人一种心理上的满足。鲁迅先生说过，悲剧将人生有价值的东西毁灭给人看，而浪漫的结尾有"瞒"和"骗"的作用。事实上，浪漫的结尾削弱了作品的批判力。

（生点头）

师：从安徽省潜山市"孔雀东南飞"雕像处出发，驱车 8 公里，便进入了怀宁县闻名遐迩的"孔雀园"。在这绿柳成荫的幽静处，焦刘相依而眠了近 2000 个春秋。这里除了孔雀坟，还有孔雀台遗址。经过岁月的洗礼，孔雀园大门两侧的楹联已经脱落，请运用你学过的对联知识，为孔雀园拟写一副楹联。我们来展示一下各组的成果，好吗？

生：好。

小组发言人：我们组有两个成果要展示。一个是"昔不能与子长相厮守　今能得随君相依而眠"；另一个是"梁祝化蝶千人颂　焦刘绝唱万古传"。

（生鼓掌）

小组发言人：我们组的是"朝朝暮暮殉情黄泉执手偕老　岁岁年年相依而眠孔雀相伴"。

小组发言人：我们组写的是"海枯石烂，此情不渝　地老天荒，与子偕老"。

师：太棒了！其他组来挑战一下，好吗？

小组发言人："夫妻到死恩未尽，焦刘化雀永缠绵"。

小组发言人："忆往昔，霸王别姬共生死；叹今朝，两情依依赴黄泉"。

师：非常好。真是"百花齐放春满园"啊！有的楹联写得非常工整，很好。我们把掌声送给这些同学。

（生报以热烈的掌声）

师：不知不觉中，我们这节课就接近尾声了。学习了《孔雀东南飞》，同学们能否总结一下我国古代长篇叙事诗的特点呢？

生：故事完整，情节曲折，人物形象丰满。

生：多用比兴、铺陈及浪漫主义手法。

生：故事的主题比较积极。

（师整理板书学生的答案）

师：几位同学说得非常好，我们祖国的古典文学就像一颗颗璀璨的珍珠，在文学的长河中熠熠生辉，汉乐府就是其中闪亮的一颗。希望同学们多读读汉乐府，传承优秀的古典文化，这也是我们在座每一个同学的职责。这些优秀的古典文化，值得我们用一生的时间来回味和珍藏。

教学反思

本课努力做到既立足文本，又开阔学生的视野，提升学生的语文素养。课堂目标基本完成，总体看来，主要存在以下几点成功与不足之处。

成功之处：第一，教学设计以探讨为主，问题设计有逐渐深入的过程，为解读文本确立了突破口，符合学情。第二，学生合作成功。学生研究讨论时，积极热烈，整个过程中有些学生妙语如珠，见解独到，不断碰撞出思维的火花，语言的组织能力与表达能力都有明显提高。第三，文本所涉及的话题是学生较感兴趣的内容，激发了学生探讨的兴趣。加上在教学过程中注意用风趣幽默的语言与学生互动，营造了轻松愉快的学习氛围，使得学生的课堂参与意识明显增强，一改以往老师唱独角戏的局面，学生主动参与，积极质疑，在此过程中，发现问题与解决问题的能力也得到了锻炼。

不足之处：时间控制不够理想，课堂小结部分显得有些仓促。此外，以分组形式开展探讨，在探讨过程中，各小组一般会推荐表达能力较好的同学发言，也就是说得到口头表达能力锻炼的群体还是有所局限。

分析点评

胡老师学识渊博，教学效果显著，教学艺术得到多位专家的好评，近年来他也受邀到很多学校讲课。从他的课中，我们可以汲取语文教学"死"与"活"的辩证艺术——"死""活"兼顾，课堂高效。

第四章　语文教学"死""活"兼顾之案例分析与点评

一、"死"在狠抓基础，落实背诵

胡老师的《孔雀东南飞》一课以爱情为话题导入，先让学生回顾了以往所学的以爱情为主题的诗歌，和学生一起背诵了《关雎》《蒹葭》，白居易的《长恨歌》及李商隐的《无题》中的名句。除此之外，胡老师还采用接龙方式，让学生背诵了汉乐府诗歌中的名句。这样的形式不但落实了学生的基础知识，而且训练了学生的思维。

二、"死"在狠抓基础，落实考点

胡老师让学生为《孔雀东南飞》的情节拟写标题。情节是叙事诗阅读的基础，抓好情节，是学生理解诗歌情感和人物形象的前提，也是叙事文学的一个重要考点。接着，胡老师又用炼字的方法让学生拟写标题，让他们对比自己升格前后的题目，明确思想内容的不同。诗歌炼字属于鉴赏诗歌语言中的一个常考考点，胡老师将其贯穿于日常教学中，值得学习。

还有一个环节是讨论诗歌中的主要人物形象，让学生说一说自己最喜欢的人物是谁。这个问题比较开放，调动了学生的积极性。一部分学生表述了他们喜欢刘兰芝的原因，另一部分学生则表示喜欢焦仲卿，胡老师引导学生对此提出异议，以此来激发学生的思维。学生认为焦仲卿也是充满了叛逆思想的。此时学生的见解已经比较成熟，他们认为焦仲卿实在很难两全，他的悲剧更多的是时代悲剧，他是封建礼教的牺牲品。

胡老师落实考点还有一处就是艺术手法的总结。学生能够根据自己的预习总结出艺术手法：运用起兴手法、铺陈排比手法及浪漫主义的结尾。

三、"活"在方法多样，课堂生动

在总结情节拟写标题的环节中，有一个很能提升学生能力的训练，就是让学生学习《红楼梦》标题拟定的方法来为《孔雀东南飞》的故事情节拟写标题，将人物的性格融入标题。如学习《红楼梦》中"薄命女偏逢薄

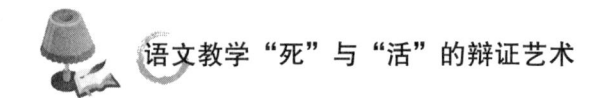

命郎　葫芦僧判断葫芦案"的标题，学生将原先拟写的标题"刘兰芝严妆作别　仲卿母怒气不止"改为"俏兰芝严妆作别　恶焦母怒气不止"。

胡老师让学生进行比较阅读，比较初中时所学的《木兰诗》及莎士比亚的戏剧《罗密欧与朱丽叶》，并且在对比中引入了浪漫主义和现实主义的手法。对中西方文学进行比较，这是很新颖的方法。

课堂结束的环节也是很有创意的，能够激发学生的兴趣。胡老师告诉学生，在安徽省潜山市有"孔雀东南飞"雕像，并让学生为孔雀园写一副楹联。

在整个教学过程中，教师视学生为一个个活泼的生命体，尊重学生，与学生平等对话，探究气氛浓郁，学生的个性获得发展，潜能得到开发。教育，说到底是为了培养人，学科教学是育人的重要组成部分，不具备现代教育观念，就会陷入重书轻人、机械操作的误区。这节课的教学处处以学生为本，以促进学生个性的健康发展为本，学生的求知欲望得到满足，揣摩语言，领悟文章的思想感情时，均能打开思想的闸门，知无不言，言无不尽，异彩纷呈。胡老师始终与学生处于平等的地位，不以权威者自居，而是积极参与讨论，谈论自己的阅读感受。有时要言不烦，意在点睛，给学生以深深的启迪；有时留给学生思考和继续探究的空间；有时深入开掘，以弥补学生探究的不足。教师、教材、学生相互碰撞、交融，奏出了美妙、和谐的语文交响乐。

语文教学要加强综合，注重知识之间、能力之间，以及知识、能力、情感之间的联系，重视积累、感悟、熏陶和培养语感，致力于学生语文素养的整体提高。这节课在这方面表现得十分突出。胡老师将关键的语言文字放在特定的语境中带领学生理解、品味、鉴赏，学生的感悟是灵动的，具有个性色彩的；指导学生朗读，培养学生良好的学习习惯与方法，带领学生研究作者与创作背景，探究作品的写作意图与价值取向，把知识传授、能力培养、智力发展与思想情操陶冶熔为一炉，发挥了语文的实用功能、发展功能、审美功能，使学生在潜移默化中多方面获得培养。

更难能可贵的是，胡老师不仅在各个教学环节中注意循循善诱、逐步深入，探求真知，还把自身的文化积淀融合于教学之中，提高课堂教学的质量与品位。对作者的总体认识与评价，对课文意义的阐发，对重点词句

第四章 语文教学"死""活"兼顾之案例分析与点评

的推敲延伸,看似信手拈来,实则是平日勤于阅读、积累的体现。而这些挥洒自如的讲解,对学生具有极强的吸引力、感染力和启发性,也是整节课的亮点。

《孔雀东南飞》语言优美、情节曲折、故事感人,具有很高的艺术成就,是汉乐府的名篇。在本节课的教学中,胡老师运用自主、合作、探究的学习方式,紧扣文本特点,凸显重点,以题带动赏析及阅读,达到了读与练完美结合的目的,最终实现了知、情、意融于一体的新型教学设想。

同主题诗共赏，借蒙太奇手法品析文本

——骨干教师邓彩霞"边塞诗阅读"教学案例

课堂实录

师：今天我们来学习四首边塞诗。古代的边塞给我们留下了浩如烟海的历史遗迹和文物，借助这些文物我们可以了解伟大祖国波澜壮阔的历史。还记得历史课本中的这张图片吗？（出示铜奔马图片）哪个同学来说一下。（生小声议论：马踏飞燕）你们说对了，想到就要大声说出来。

【评析】邓老师精心准备了学生较为熟悉的图片，以唤起学生的共同记忆，这是激发学生学习兴趣的有效方法，同时给课堂带来了乐趣。这样的课堂是开放而有趣的。

师：对，马踏飞燕，现在叫"铜奔马"。它的原型是1969年在甘肃省武威地区的一个将军墓中发现的。这匹马是什么样的形象？

生：千里马。

生：战马。

师：你们能由此想到什么成语？

生：千军万马。

生：马不停蹄。

师：还有什么？（指着铜奔马的前马蹄）它底下是一只燕子，有人说是龙雀，由此可以想到"天马行空"。大家知道武威地区，也就是发现铜马的这个地方，在古代叫什么名字吗？（学生摇头）古代叫凉州。大家学过《凉州词》吗？小学的时候我们学过两首。一首是王之涣的，还能想起来吗？

生：（齐）黄河远上白云间，一片孤城万仞山。羌笛何须怨杨柳，春风不度玉门关。

第四章 语文教学"死""活"兼顾之案例分析与点评

师：还有一首是王翰的，能想起来吗？

生：（齐）葡萄美酒夜光杯，欲饮琵琶马上催。醉卧沙场君莫笑，古来征战几人回？

师：好，我们来听一听。（播放歌曲《凉州词》）你们从这首曲子里能听出什么样的情感？

【评析】通过音乐来营造氛围，让学生有更多的感性体验，有利于学生更好地理解边塞诗。

生：悲凉。

生：视死如归。

师：对，视死如归，一种英雄主义精神，慷慨激昂。这个学期我们还学习了一首边塞诗《使至塞上》，请同学们背一遍。

生：单车欲问边，属国过居延。征蓬出汉塞，归雁入胡天。大漠孤烟直，长河落日圆。萧关逢候骑，都护在燕然。

师：其中最有名的两句是——

生：大漠孤烟直，长河落日圆。

师：王维的这首诗是边塞诗里写景的巅峰之作。我们今天来学四首新的边塞诗，感受一下诗中的壮怀激烈、慷慨悲歌。下面请大家大声地读这四首诗。

（生大声地朗读）

师：下面我来检查一下大家能不能把这四首诗读好，同学们开火车读。

（生朗读《从军行》）

师：读得很好，很流畅。下一个同学。

（出示文字）

从军行
［唐］杨炯

烽火_____西京，心中_____不平。

_____辞凤阙，铁骑绕_____。

雪暗_____旗画，风多_____鼓声。

宁为_____，胜作_____。

语文教学"死"与"活"的辩证艺术

（生朗读需填空的《从军行》）

师：你的声音应该再高一点。这首诗是这四首诗里面英雄主义情感最浓烈的。"宁为百夫长，胜作一书生。"要读出慷慨激昂的感情来。你再把最后两句读一遍。

生：宁为百夫长，胜作一书生。

师：好。下一个同学继续读。

（生朗读《陇西行》）

师：好，请坐。下一个同学。

（出示文字）

陇西行
[唐] 陈陶

誓扫_____，五千_____。

可怜_____，犹是_____。

（生朗读需填空的《陇西行》）

师：继续往下读。

（生朗读《春怨》）

师："妾"是什么意思？

生：女子的自称。

师：对，请坐。下一个同学。

（出示文字）

春　怨
[唐] 金昌绪

打起_____，莫_____。

啼_____，_____辽西。

（生朗读需填空的《春怨》）

师：好。下一个同学。

（生朗读《凉州词》）

师：好，下一个同学。

（出示文字）

第四章　语文教学"死""活"兼顾之案例分析与点评

凉州词

［唐］张籍

边城暮雨_____，芦笋初生_____。

无数_____，应驮_____。

（生朗读需填空的《凉州词》）

师："碛"是什么意思？

生：戈壁、沙漠。

师：就是"大漠孤烟直，长河落日圆"的那种沙漠。课后请大家熟读并背诵这四首诗，因课上时间有限，我就不让大家在课堂上背诵了。

今天我们学边塞诗，要用一种新的方法，跟之前的学习方法不太一样。我们用看电影的方法来学边塞诗，好不好？

生：（齐）好。

师：导演是干什么的？导演是制作影视作品的组织者和领导者。导演就是能从文学作品里面发现镜头的人，所以他是用镜头来讲故事的。今天，如果我们能从这四首边塞诗里面发现一个个的电影镜头，并把它们组接起来，那么我们就可以成为大导演了。我们要还原镜头的轨迹，看一看这些诗里面有哪些画面，是由什么样的镜头拍成的。这是我们今天学诗的方法。下面我会播放一个电影片段，很短，大家要瞪大眼睛看，看电影片段中的画面是怎样衔接起来的。

（生观看电影片段）

师：刚才我们看的这个电影片段，大家看过吗？（学生有的摇头，有的点头）《辛德勒的名单》，一部关于第二次世界大战的电影，大家听说过吗？

生：（齐）听说过。

师：这部电影主要讲述的是德国商人奥斯卡·辛德勒在第二次世界大战期间想方设法保护1000余名犹太人免遭法西斯杀害的故事。我们看的是电影刚开始的部分。今天我们先来学习电影连接镜头的方法。简单来讲，就是切换和组接。刚才这个电影片段有几个画面或场景？（学生沉思）刚开始一家人围在一起吃晚饭，接下来屋子里的人消失了，留下了还在继续燃烧的蜡烛。这就是切换。然后蜡烛慢慢熄灭了，最后的淡淡白烟变成了

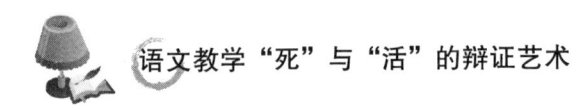

一股从火车里喷薄而出的浓烟。接下来你看到刚才消失的那一家人又由远及近地向我们走来——老人带着他的孩子们步履沉重地走过来。这就是蒙太奇手法：把不同的画面连接在一起。我们先来介绍两种类型的蒙太奇，一类是叙事蒙太奇，是影片中最常用的叙事方法。叙事有两种基本方法，一种是按照时间的顺序讲，先发生的事先讲，后发生的事后讲。还有一种是什么？大家想一想。

生：倒叙。

师：对，就是倒叙。先讲后发生的事，再回过头来讲故事的缘由。这是讲故事的两种基本方法。还有一类是表现蒙太奇。因为电影不仅要讲故事，还要表达观点，表现情感，我们把这一类镜头叫作表现蒙太奇。我们今天主要学习三种表现蒙太奇。第一种是抒情蒙太奇，就是通过一个镜头来表达情感。在讲故事的时候暂停下来插入一个空镜头。但是空镜头里面并不是没有东西，而是放入了海浪、青松、湖水、雄鹰、流云、高山等景物，通过这些景物来传达要表现的情感，这就是抒情蒙太奇。第二种是心理蒙太奇，就是通过镜头的连接来表现人物的梦境、回忆、闪念、幻觉、遐想、思索等精神活动，也就是说镜头里面出现的都是一些不太真实的虚幻的画面，特别像做梦，这就是心理蒙太奇。第三种是对比蒙太奇，就是把两种镜头放在一起表现生与死、苦与乐、贫与富、胜利与失败，形成反差。（板书以上概念）

我们回头看这个电影片段，它的叙事是连续的还是颠倒的？

生：（迟疑）颠倒的？

师：不是颠倒的，它是连续的。先是一起吃晚餐，最后被火车带到另外一个地方，是一个连续的过程。（生恍然大悟）看它的抒情蒙太奇，这里面有没有空镜头？

生：有。

师：哪一个？

生：蜡烛。

师：对，人走后留下的蜡烛。还有什么？

生：火车。

师：对，还有呼啸而来的火车，然后慢慢出现了人。这都是空镜头。

第四章　语文教学"死""活"兼顾之案例分析与点评

大家都很厉害。有没有心理蒙太奇呢？家里人都走了，可是歌声还在房间里回荡，歌声引起我们思索：人们去哪里了呢？为什么要离开自己的家呢？大家想一想，有没有对比蒙太奇？

生：有。

师：电影一开始是什么色彩的？后来又是什么色彩的？

生：一开始是彩色的，后来变成了黑白的。

师：这就是对比蒙太奇。再比如说，蜡烛熄灭时那细细长长的、若有若无的淡淡的白烟，和火车到站停靠时喷出的那股浓烟是不是形成了鲜明的对比？家庭聚餐的温馨场面和到另外一个城市流浪的画面，是不是形成了对比？

生：是。

师：下面结合我们刚才讲的蒙太奇的相关知识，请大家再来欣赏这段影片，看看这一次你能不能发现新的蒙太奇。

（生再次观看电影片段）

师：这回看懂了吧？以后再看电影的时候，请大家想一想老师讲过的这些蒙太奇。你有没有发现新的蒙太奇？

生：发现了一个对比蒙太奇，就是走来的一家人和那个给他们签字的人，他们一边是沮丧的，一边是高兴的。

【评析】寓教于乐、课堂生动是邓老师教学最大的特点。她用电影的蒙太奇来引导学生想象诗歌的画面，理解诗歌叙事的顺序，的确，教会学生背诵诗歌的意境、意象、情感等死知识，不如教会他们把文字转化为画面的思维方法。

师：是纳粹和犹太人在情绪上的对比，这是一个重要的发现。好，我们今天学蒙太奇的目的是什么？学诗歌，学唐诗。《使至塞上》最有名的两句，第一句"大漠孤烟直"（画简笔画"直"字）这是什么？眼睛。眼睛看到一道孤烟升起来。第二句——

生：长河落日圆。

师：这是落日，（画简笔画"莫"字）落在哪儿？落在草丛里面。这是什么？

生：河。

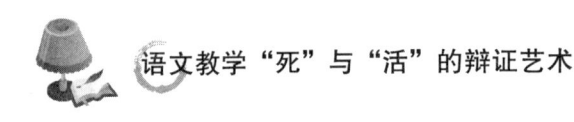

师：河，老师画得不太像。但你会有一种画面感，联系我们讲的蒙太奇，大家看一下，这个地方是哪一种蒙太奇？

（生思考）

师：大家想一想，《使至塞上》讲的是到哪里去啊？

生：边塞。

师：去边塞慰问将士。"征蓬出汉塞，归雁入胡天"，讲的是已经到了边塞，接下来应该写边塞的战事了，但他没有写，而是到了最后才提到"萧关逢候骑，都护在燕然"。在颔联和尾联之间，插入了对环境和景物的描写，这看似和慰问将士这件事没有太大关系，却抒发了作者的情感。所以，"大漠孤烟直，长河落日圆"是——

生：空镜头。

师：对。可见诗歌里面也会运用这样的蒙太奇手法。（指着简笔画"直"字）这是只眼睛对不对？这是孤烟，这是一个字，大漠孤烟直的"直"字的原始写法，古文字就是这样写的。（指着简笔画"莫"字）这也是一个字，大家想想，这是哪一个字？

生：暮。

师：暮，你说的是夕阳西下吗？它确实是落日，但它是"莫"字。"莫"字加上"氵"，是哪一个字？

生：漠。

师：这两个字实际上就是两幅画，"大漠孤烟直，长河落日圆"在这首诗里起抒情的作用。这就是抒情蒙太奇的运用。

（出示文字）

诗人通过精彩的文字描绘了一个个绚丽多彩、形象生动的画面，以蒙太奇的方式衔接各种意象，并引导读者的思想在画面之间穿梭游弋。其中，场景的承接、动静的交替、时间的辗转、空间的游移等形成了美轮美奂的诗歌意境和委婉动听的抒情旋律，引起了读者强烈的共鸣。

【评析】教师精辟的语言能够感染学生，这是语文教学"活"的艺术中谈到的教师必备的素养。特级教师于漪说："语言不是蜜，但可以粘住学生。"作为一名语文教师，应认识到教师语言的重要性，并不断地加以锤炼，在课堂上以准确优美的语言，去感染学生、激励学生、引导学生。

第四章　语文教学"死""活"兼顾之案例分析与点评

师：诗中场景的承接、动静的交替、时间的辗转、空间的游移都是蒙太奇手法的运用，所以苏东坡称赞道："味摩诘之诗，诗中有画；观摩诘之画，画中有诗。"王维的诗画艺术达到了很高的境界。我们今天的任务就是发现诗歌中的蒙太奇，发现诗歌中的镜头是怎么组接起来的。有的诗是写景的，有的诗是叙事的，有的诗是抒情的，有的诗既叙事也写景也抒情。如果它主要是叙事，是不是按照时间的顺序写的？它是一个连续的蒙太奇还是颠倒的蒙太奇呢？像《使至塞上》就是按照时间的先后顺序来写的。如果使用了抒情蒙太奇，看有没有空镜头；如果使用了心理蒙太奇，看有没有写心理的梦境、幻觉、遐想；如果使用了对比蒙太奇，看画面、意象有没有使用对比手法。这就是用蒙太奇的方法去解读一首诗，看其中的意象是如何呈现出来的，看它为什么能够引人入胜，让我们那么喜欢它，在艺术上一定是有规律的。我们先一起来分析，好不好？

生：好。

师：杨炯的《从军行》写的是什么？参军、打仗、保家卫国。从叙事上来讲，是连续的叙事还是颠倒的叙事？

生：颠倒的。

师：哪里颠倒了？

（生迟疑不决）

师：连续的叙事就是按照时间先后写，颠倒的叙事则是先写结果，再写什么？再看一下这首诗是连续的叙事还是颠倒的叙事。

生：诗人先写"烽火照西京"，他先看见了烽火。

师：他先要报告军情。

生：对，然后写"雪暗凋旗画，风多杂鼓声"。

师：慢慢来，看到敌人来了，将士们怎么样？

生：心里非常气愤。

师：非常气愤，"心中自不平"，对不对？然后要干什么？

生：要和敌人开战。

师：对，调动部队要干吗？去打仗，所以"牙璋辞凤阙"，然后这些将士去哪儿了？

生：勇闯敌人的老窝。

师：对，直闯敌人的老窝，"铁骑绕龙城"。这是按照时间先后顺序写的吗？

生：是。

师：然后呢？

生：开战了，开始敲鼓。

师：对，大家看这是按照连续的镜头来写的，这是叙事蒙太奇。好，我们看表现蒙太奇方面，它运用了哪些蒙太奇？比如说这里面有没有空镜头？

生：有。

师：哪一个是空镜头？

生："雪暗凋旗画，风多杂鼓声。"

师：这是一个空镜头，表现了什么？

生：场景。

师：一个什么样的场景？

生：战斗的场景。

师：嗯，战斗的场景。哪位同学可以给大家描述一下这个空镜头？这是一个什么样的空镜头？在这个空镜头里，你看见了什么，听到了什么？试着说一下，也可以把这两句诗翻译出来。

生：天色渐晚，雪下起来了……

师：雪下得大不大？

生：大。

师：漫天的飞雪，是不是？

生："凋旗画"，草木枯败凋零，失去了鲜艳的颜色。

师：不是草木凋零，而是这些旌旗失去了鲜艳的颜色，是不是？"风多杂鼓声"是什么意思？

生：寒风呼啸，夹杂着阵阵战鼓声。

师：这就是这个空镜头展示给我们的沙场景象。从中我们除了可以感受到一种紧张的气氛之外，还能感受到什么？壮阔、悲凉、恐惧。漫天的飞雪，震天的鼓声，这个空镜头没有直接写作战的场面，但我们可以想象得到。这里面有没有心理蒙太奇？

第四章 语文教学"死""活"兼顾之案例分析与点评

生:"心中自不平。"

师:嗯,还有没有?

生:"宁为百夫长。"

师:对,这是发的感慨。有没有对比蒙太奇?

生:"宁为百夫长,胜作一书生。"

师:对,英武的百夫长和文弱的书生形成对比。其实"雪暗"和"风多"也是对比。"雪暗"是看到的还是听到的?

生:看到的。

师:"风多"呢?

生:听到的。

师:这是什么和什么的对比?

生:视觉和听觉的对比。

师:视觉和听觉的对比。好,大家看,这首诗的颔联是"牙璋辞凤阙,铁骑绕龙城"。这个部队是在西京,是在京都,接着似乎一下子飞到了哪儿?飞到了敌人的老巢——西域龙城。通过这样的一种叙述节奏、写法,表现了什么样的状况?

生:当时的情况十分紧急。

师:军情十万火急,所以行军的速度十分迅速,如风驰电掣一般。刚才我们运用蒙太奇的手法对这首诗进行了分析,发现这首诗就是由一个个画面连接起来的,通过不同镜头的连接来表达诗人内心深处的思想情感。

师:接下来,我们就用这种方法来分析另外三首诗。课堂时间有限,我们做一下分工。第一组重点分析《陇西行》,第二组重点分析《春怨》,第三组重点分析《凉州词》。如果有剩余时间,还可以看另外两首,这样我们的效率就会高一些。

(生探讨,师巡视)

师:下面请各组与大家分享一下自己的探究结果。从第一组开始。

生:《陇西行》的叙事运用了连续蒙太奇。表现蒙太奇方面,运用了对比蒙太奇。"五千貂锦丧胡尘",人全死了,突出了战争的惨烈和悲壮;还运用了心理蒙太奇,"可怜无定河边骨,犹是春闺梦里人",作者对无定河边的尸骨感到很可惜,他们的妻子只能在梦中见到他们,表达了作者对

· 205 ·

语文教学"死"与"活"的辩证艺术

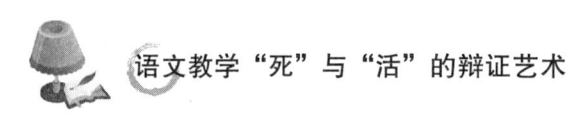

烈士们的同情。

师："说得很好。"五千貂锦"和"丧胡尘",这是一个强烈的对比。从"河边骨"联想到"春闺梦里人",这是心理蒙太奇。好!还有没有同学补充?

生：我觉得还有心理蒙太奇,"誓扫匈奴不顾身",就是下定必死的决心。

师：大家看《陇西行》的最后两句"可怜无定河边骨,犹是春闺梦里人",这是最打动我的。诗人把河边的累累白骨和后方妻子的思念联系在一起。"五千貂锦丧胡尘",战役结束了,下一句就是"可怜无定河边骨",一晃过去了多少岁月,从"犹是春闺梦里人"一句看,这个梦不知要做多少年啊!这首诗在叙事时间上的跳跃,应该引起我们的深思。从"丧胡尘"到"可怜无定河边骨",这里是时间上的跳跃。刚才我们讲的《从军行》,是空间上的跳跃,部队从西京一下子就飞到了龙城。而这里是时间上的跳跃。诗人在叙事的时候,速度一下子加快了,留下了很大的想象空间。所以,当我们看到"无定河边骨"的时候,要想一想,这些尸骨经过了多少年仍没有被掩埋起来?"春闺梦里人"的"梦"要做多少年才能醒?好了,下面请第二组汇报。

生：《春怨》的叙事是连续蒙太奇。

师：你们都同意他的说法吗?

生：我认为《春怨》的叙事是颠倒蒙太奇。

师：讲讲你的理由。

生：先有黄莺的叫声惊醒了她的梦,然后她才去驱赶黄莺的。

师：对。诗一开始先写的是驱赶黄莺,为什么驱赶呢?后面才说原因。因为黄莺惊醒了她的梦,打断了在梦中到辽西探望丈夫的行程。所以这是颠倒蒙太奇。那么从叙事上讲,这种颠倒的写法有什么好处?大家看,我把这首诗改写了一下：

(出示文字)

妾梦赴辽西,梦断黄莺啼。

莫教枝上啼,恼将莺儿驱。

师：老师把它改写成了连续蒙太奇,"妾梦赴辽西","辽西"是她丈

第四章 语文教学"死""活"兼顾之案例分析与点评

夫打仗的地方。她在梦中看望夫婿,正高兴呢,马上就要见到了。忽然,黄莺啼叫,你觉得在梦中,会是一种什么样的声音把她惊醒?

生:战马的嘶鸣声……

师:嗯。她在梦中听到的声音就不一定是黄莺的声音了。杀声震天,战马嘶鸣,都有可能。所以,"妾梦赴辽西",正美美做着梦呢,突然一声惊雷把她惊醒,这个惊雷其实就是黄莺的声音。再往下看,"莫教枝上啼",不要叫了,烦死人了,"恼将莺儿驱",这是一种什么样的蒙太奇啊?

生:(齐)连续蒙太奇。

师:嗯。我们通过对比,看原诗是连续的还是颠倒的?

生:(齐)颠倒的。

师:这样颠倒着写有什么好处啊?

生:设置悬念。

师:在表现蒙太奇方面,你们有新的发现吗?

生:我发现了心理蒙太奇,"啼时惊妾梦",写出了对丈夫的不舍和思念。

师:好,我们把《春怨》"惊妾梦"中的"梦"和《陇西行》"犹是春闺梦里人"中的那个"梦"连在一起看,你觉得黄莺的这一声啼叫,真的能够把她从梦里惊醒吗?

生:不能。

师:为什么?

(生思考)

师:它惊醒的是现实中做的梦,别忘了,"可怜无定河边骨",今天醒来,第二天的梦还要接着做,是不是啊?将两首诗放在一起来看,黄莺只能惊醒现实中的梦,更大的梦它很难唤醒,因为妻子的思念只有在见到了自己的丈夫时才能画上句号。可怜的是,他们有生之年恐怕无法再相见了。下面请第三组来汇报。

生:《凉州词》的叙事运用了连续蒙太奇。从"渐欲齐""遥过碛"和"到安西"可以看出叙事的连续性,写出了边疆丝绸之路上的景物和繁荣的景象。还运用了抒情蒙太奇,"边城暮雨雁飞低,芦笋初生渐欲齐",这里表达了边疆黄昏、暮雨、归燕和青青芦笋的生机勃勃。最后运用了心理

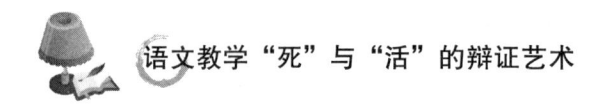

蒙太奇,"应驮白练到安西",这是诗人的推测,诗人听到了声声驼铃,联想到沙漠中正在赶往安西的驼队。

师:很好。通过铃声联想到了画面。实际上,诗人写诗的背景,大家可能不了解。当时的安西已经被吐蕃占领,不再属于唐朝的领土。诗人想到的不仅仅是地理意义上的安西,更是边关的危机,隐含着一种悲凉、悲痛的心理。大家看"无数铃声遥过碛",这个"铃声"的作用相当大,让他不仅仅想到骆驼商队,还遥想到商队穿过大漠,到达安西,而安西已经不再是唐朝的领土了。所以,这个"铃声"可了不得,可以唤起当时多少将士的爱国之心、雪耻之志。从这个角度分析后,让大家去拍个短片的话,相信你们会拍得相当好。

师:好,最后我们来看一看,边塞诗与唐朝的历史有什么关系?大家看地图。唐朝的历史将近300年,在这近300年的时间里,唐朝的版图发生了哪些变化?我们把地图也做成了蒙太奇镜头,大家睁大眼睛看这些变化。(播放变化的地图)618年的唐朝——626年的唐朝——673年的唐朝,这一大片国土,都是唐朝的。再往下看,又缩小了,安西在这儿;再看,781年的唐朝被一分为二了;再看,843年的唐朝只剩下了半壁江山;897年的唐朝缩小到了这一点点;到了907年,唐朝就灭亡了。通过唐朝疆域的变化,你能得到哪些信息?

生:唐朝由盛转衰。

师:通过唐朝的由盛转衰、版图变化,你能想到哪些事件?

生:安史之乱。

师:嗯,唐朝中期发生了安史之乱,还能想到什么?

生:藩镇割据。

师:藩镇割据,很好。在每一次版图变化的背后,都是残酷的战争,每一次战争都会造成大量的伤亡、人民的流离失所,造成很多我们刚才讲过的——春闺里面那难以团圆的梦,这就是唐朝疆域变化带给我们的思考。你觉得边塞诗在唐诗中处于什么样的地位?高还是低?

生:(齐)高。

师:高,最高的地位!边塞诗是唐诗中思想性最深刻、想象力最丰富、艺术性最强的,创作人数之多,诗作数量之大,超越前代。据说,唐代创作了两千余首边塞诗，而唐代以前的边塞诗，现存不到二百首。边塞诗在创作上贯穿了整个唐朝历史，前期它是昂扬奋发的格调，"宁为百夫长，胜作一书生"，反映了当时昂扬奋进的精神风貌。后期就比较低沉、幽怨了。这是我们今天，关于边塞诗应该留下的一点记忆。最后，我们再回到这个画面。（出示铜奔马图片）我希望大家在以后的学习中，特别是在古典文学的世界里，能够天马行空、纵横驰骋。下课。

（掌声四起）

教学反思

本节课，我以边塞诗为主题引导学生从整体入手，进行自主学习和探究，再由课内到课外，多角度感受边塞诗的风格与特点，突出了研读的主题，提高了教学的效率。由此，我们高三语文组得出了这样的经验。

第一，语文课堂容量要大，丰厚的内容能让学生感到新鲜，要以知识本身的魅力吸引学生，开阔学生的视野。

第二，扩大课堂的容量有两条途径，一是教师在查阅大量相关资料的基础上对教材进行深入解读，二是学生课前有主题地收集和整理资料。

第三，采用"以诗解诗"的古诗赏析方法。整节课的容量扩充不脱离古诗，以"边塞诗"为核心，以《使至塞上》这首诗为边塞诗的中心点，进行扩充，既有核心，又有范围，不至于离题。这节课的一个亮点是运用电影镜头蒙太奇的手法来理解诗歌的形象性，理解诗歌的叙事顺序，将学生的背诵积累与这节课要学习的古诗进行梳理和整合，让学生对边塞诗有了整体的了解，让课堂既有广度也有深度。

第四，课堂思维的含量要高。大容量的课堂要想让学生学得轻松，就要关注学生的思维训练。面对大量的内容，需要学生发现它们之间的连接点、共同点。思维既要发散开，又要收得拢。一旦学生能够运用发散思维、聚合思维、逻辑思维去赏析古诗，他们就能体会到学习古诗的乐趣。

第五，注重古诗的审美学习。正因为古诗的审美价值高，所以才流传千年。只有注重审美的学习，语文课堂才会充满美感，充满诗意。一字、

一句、一个标点、一个意象等,都是古诗中值得玩味的美的符号。

第六,举一反三,积累提高。让学生学会举一反三、触类旁通是教学的最高目标。在教学中,学生通过对几首边塞诗的自主研读,不仅发现了这类诗的规律和特色,提高了鉴赏古诗的能力,而且激发了学习古诗的兴趣,为课外拓展学习打下了基础。

当然,这节课也存在不足之处,如古诗的朗读指导显得较薄弱。因为课堂容量大,教学环节紧凑,留给学生思考、自由发言的时间稍显仓促,对问题的思考我引导得稍多了一点,以后还是要放手,给学生一点自主学习的空间。

分析点评

邓彩霞老师是漯河高中的骨干教师,教学成绩一向名列前茅,深受学生和家长的欢迎。就本课来说,邓老师确实做到了"死"与"活"兼顾,扎实而丰富。

一、"死"在耐心引导学生夯实基础

如课堂的导入部分,邓老师给学生充足的时间去回顾基础知识。她首先用"马踏飞燕"的图片来导入教学,并告诉学生它现在叫"铜奔马",它的原型是1969年在甘肃省武威地区的一个将军墓中被发现的。然后由武威地区在古代称作凉州自然过渡到《凉州词》,一首是王之涣的,还有一首是王翰的,邓老师引导学生一起背诵,这样不仅学生的积极性被调动了起来,而且夯实了学生的基础,使学生复习了诗歌。接着学生又齐背了《使至塞上》,邓老师还让学生用开火车的方式背诵了《从军行》《陇西行》《春怨》《凉州词》。

课堂上让学生齐背诗歌实际上也是进行诗词复习的有效方式。

邓老师不仅注重培养学生的基本能力,还注重锻炼学生的思维能力,如形象思维能力。这一节唐代边塞诗鉴赏课就是用来提升学生的形象思维

能力的。

对于如何将文字转换成画面这一问题,邓老师引入了电影镜头的连接方式——蒙太奇。这样的一种画面组接方式很适合学生用来解读诗歌,特别是画面感强的唐诗。

二、"活"在实现学生和文本的和谐

课堂教学的三个基本要素是教师、学生和文本。其基本的对话过程有教师与文本、教师与学生、学生与学生、学生与文本四种。第一种过程是教师的备课过程,是实现教师与文本和谐的过程,是为后面三个过程服务的;第二、第三种过程是教师与学生围绕学习目标展开双边活动(实际上是多边活动)的过程,这一过程是以文本为纽带的,离开文本则无从实施;第四种过程是学生阅读文本与文本对话的过程,是在已有知识的基础上发现和构建文本意义的过程。文本的价值,就是由学生在对文本的阅读理解、分析鉴赏过程中得以实现的。衡量学习目标是否圆满达成,关键是看文本的价值是否在这一过程中得以实现。因此,构建和谐课堂的关键是实现学生与文本的和谐。

课上,学生阅读文本时,邓老师巧妙地进行引导,没有直接告诉学生答案,而是带领学生与文本展开充分的对话,在此基础上再进行师生对话、生生对话,从而实现学生与文本的和谐。

邓老师选用的多文本阅读教学形式也是很新颖的,在一节课的教学时间内,增加了学生的阅读量,提升了学生的阅读速度,丰富了学生的阅读内容。邓老师充分利用多文本的优势,让学生成为阅读教学课堂的主体,真正成为阅读的主人,获得阅读的审美体验。同时,在阅读主题的确定和阅读材料的选择上,邓老师发挥了主导作用,帮助学生确定主题和关联点,选择阅读材料。在问题探究中,邓老师引导学生找准探究的切入点。最后,邓老师的点评总结也很到位。总之,这节多文本阅读课,没有让学生在茫茫"文"海中迷失方向,邓老师的引导给学生指明了方向,给学生的阅读体验增加了妙趣。

引导规范写作，使议论文升格有章可循

——骨干教师冯文权"高考议论文写作技巧指导"教学案例

课堂实录

一、导入新课

师：同学们好！俗话说："玉不琢，不成器。"玉石只有经过艺术家的精心雕刻，才能成为精美的艺术品。而作文也是如此，需要对它进行升格。升格式作文，是一次补偿式作文，是一次再思维作文。总之，作文升格训练，是全面提升作文质量的有效训练方法之一。下面我们就来探讨一下作文升格的技巧。就各种体裁来说，大家最需要哪种体裁的写作技巧呢？

生：议论文！

师：看来大家是目标明确呀！议论文是考试频率较高的文体，但却是我们大多数同学不太擅长的文体。我们今天一起来细致地思考它的规范和升格办法。

二、论点的升格

师：首先，请一位同学来朗读下面的理论，其他同学默读。

生：论点是作者在文章中提出的对某一个问题或某一类事件的看法、观点、主张。论点要具有深刻性与鲜明性。文章须言之有物、言之有理，而言之有物、言之有理须建立在言之有序的基础上，"序"就是结构。结构作为思路的体现，贵在有条理与清晰，其主要体现在分论点如何在紧扣总论点的基础上正确立论,且二者构成严密的逻辑体系。因此,在写作时除总论点要升格外,分论点也要成为升格时的关注点、聚焦点,不仅要使分论点体现深刻的剖析方向,其表述还必须讲究一定的顺序,语言精练,句式对称。这样,才能使整篇文章纲举目张、气韵生动、风格卓然。

师:同学们,听完之后,是不是特别想马上学会作文升格方法啊?

生:是。

师:那好,现在我们就来学习作文升格的方法,让我们的作文水平再上一个新台阶。下面我们来看一篇题目为《变通》的文章的分论点:

【升格前】

① 变通是转变人们固有的思维模式,从而走出困境的有效手段。

② 变通是一个国家、一个民族走出困境的唯一途径。

③ 变通是社会急剧转型时期走出困境的途径。

结论:变通,是获取成功的法宝。

师:同学们,我们一起来看一下升格前的分论点。作为《变通》一文的分论点,对变通的作用有着较为深入的思考,但分论点之间的联系不清晰,没有内在的整体感,缺乏逻辑的联结点。升格时,可以调换一下分论点的顺序,注意突出思维的伸展方向。大家试着自己修改一下。

(生思考并修改)

师:下面我们一起来看一下这位同学升格后的内容。

生:我来展示一下我升格后的分论点。

【升格后】

① 变通是转变人们固有思维模式的有效手段。

② 变通是社会急剧转型时期企业走出困境的唯一方法。

③ 变通是国家、民族走出困境的根本途径。

结论:变通,是获取成功的法宝。

师:同学们,大家说他的升格怎么样?

生:他的升格使得分论点有了清晰的逻辑顺序,三个分论点由个人到企业再到国家,属于递进顺序。这样文章就有了整体感,议论文的言之有序就体现出来了。

师:评价精准!希望我们以后拟写分论点能言之有序!我们在写议论

文时，还要注意到语言的严谨和准确性。下面我们鉴赏另外一篇题目仍为《变通》的文章的分论点：

【升格前】

① 变通是司马光砸缸的勇气。

② 变通是毛泽东毅然决然放弃延安的大气度、大智慧。

③ 变通是阿里巴巴创始人马云的与时俱进。

结论：学会变通是通向成功的不二法门。

师：作为《变通》一文的分论点，对变通的具体体现有着丰富的认识，但在表述分论点时不科学、欠推敲，判断动词"是"的前后内涵不一致。升格时，应该注意表述的准确严谨。下面请同学们试着让句子的表述更严谨一点。

（生思考并修改）

师：下面我们一起来看一下升格后的内容。

生：我来展示一下吧！

【升格后】

① 变通，体现在司马光砸缸的勇气中。

② 变通，体现在毛泽东放弃延安的气度里。

③ 变通，体现在马云与时俱进的思想里。

结论：学会变通是通向成功的不二法门。

师：这样修改后是不是严谨多了？

生：是的！

师：同学们，分论点除了要有序、严谨，还要注意用词要简练，结构求对称，避免分论点粗糙。下面同学们试着让这些句子表述简洁一点，看能否用对称结构。

【例子】《博弈》

【升格前】

① 智慧有助于博弈者取得胜利。

② 学会舍弃有助于博弈者取得胜利。

③ 改革创新有助于博弈者取得胜利。

结论：以上种种是博弈取胜的重要方法。

第四章　语文教学"死""活"兼顾之案例分析与点评

师：作为《博弈》一文的分论点，虽然紧扣博弈，选取了博弈者需要具备的条件，思维也算清晰，但表述上不够鲜明。升格时可从一定的角度对博弈者需要具备的条件进行功用的定性与区分，注意用词要简练，结构求对称。下面请同学们试着让句子的表述简洁一点，并使用对称结构。

（生思考并修改）

师：下面我们一起来看一位同学修改后的升格内容。

【升格后】

① 智慧，博弈者取胜的前提。

② 取舍，博弈者取胜的关键。

③ 创新，博弈者取胜的法宝。

结论：让我们学会博弈之道，争做人生的王者。

【评析】这是一节写作方法教学课，教师的教学设计条理分明。从框架和内容上来讲，这节课是"死"的，但是通过例证分析、师生互动，课堂逐渐丰满，也"活"了起来。

三、论据的升格

师：同学们，刚才我们学了三种作文论点的升格方法，下面我们再来学习一下论据的升格方法。同学们来齐读学习指导。

生：论据是证明论点正确的材料。首先，要想证明论点正确，论据必须让人觉得真实可信，能够充分证明论点。其次，论据要具有典型性，能收到"以一当十"的效果。再次，论据要新颖，写作时应尽可能寻找一些新鲜的、能给人以新的感受和启示的论据。写议论文，需要对论据进行升格，只有这样，作文才更有说服力。

1. 议论段落的格式

起始层：提出本段的论题或论点，称为"段首中心句"。通常是很简洁的一句话，特殊情况下，也可以写2～3句。

展开层：围绕起始部分的论题或论点，提供一定的事例论据或事理论据，按一定的顺序展开，对论据进行分析，对论点进行论证。事例可以是一个较具体的故事，也可以列举若干事实；事理可以是因果分析，也可以

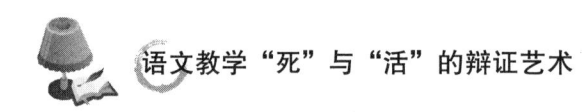

引用名言。展开一般有1~3个层次。

终结层：由展开部分引出一个合乎逻辑的结论，是对起始部分论点或中心的重申与深化，但用语不能和上面雷同或重复。

【格式图解】

起始层：中心句（分论点）。

展开层：①阐述句（分析论点或引用名句强调）。②单个或多个事实论据。③针对材料简要分析或假设论证。

终结层：回应段首观点句，归纳中心。

师：下面我们通过具体分析一些实例来更直观地学习论据升格的方法。

【例子】《学会放弃》

① 放弃是一种选择，没有明智的放弃就没有辉煌的选择。

② 古今中外，有多少著名人士正是因懂得放弃，能够放弃，而彪炳史册。

③ 李白放弃了富贵，却留住了"安能摧眉折腰事权贵，使我不得开心颜"的气节；司马迁放弃了尊严，以强烈的忧愤写成了恢宏巨著《史记》；钱学森放弃了美国优厚的待遇，毅然回国，成为"两弹一星"之父。

④ 他们的放弃，是对精神藩篱的一次突围，是对生命行囊的一次清理减负，是一种寻求主动、积极进取的人生态度。进退从容，积极乐观，必然会迎来光辉的未来。

【格式分析】①文段中心句（分论点）。②简单阐释本段的论点，为选材找准角度。③举例事实论证，选材典型。④针对材料，简要分析，切中肯綮。⑤回应段首观点句，归纳中心。

师：下面我们来一起总结一下议论文段落的构成。

（生讨论，师展示课件）

2. 材料升格的方法

（1）材料积累

① 事实材料。作为论据的事实材料，可以是以下三种形式：具体的事例，概括的事实，统计数字。

② 理论材料。作为论据的理论材料，可以是以下两种形式：前人的经

典著作、诗文佳句、名言警句，民间的谚语和俗语。

（2）材料叙述

① 论据叙述要紧扣论点，重点明确，有针对性。

议论文叙述事实论据，是为证明论点，因此，叙述事实要善于截取材料中能充分证明论点的部分，而舍去与论点无关的内容。叙述的重点不是把人物原来的经历和事件经过照抄照搬，而是服从议论需要的再创作，为议论提供依据，使叙述的材料与观点一致。论据的选择，关键在于要服从不同的议论观点，不同方向、角度的转述，会有不同的论证效果。

【例子】论点：远大的目标要与实际行动结合才能成功。

【升格前】

勾践被困在会稽山时，悲痛绝望，大夫文种进言，劝其向夫差示弱，并施行美人计。而夫差骄傲自大，不听忠臣伍子胥的谏言，结果给了勾践喘息的机会。越王勾践对夫差俯首帖耳，取得夫差的信任，回国后就确立了兴越灭吴的奋斗目标。他卧薪尝胆，励精图治，终于一举灭掉吴国。

【升格后】

越王勾践回国后就确立了兴越灭吴的奋斗目标，目标是美好的，但道路是艰辛的。为了这一目标，他葬死者、问伤者、吊有忧、贺有喜；为了这一目标，他屈尊下顾、礼贤下士；为了这一目标，他亲自耕作，与百姓同甘共苦。远大的目标加上长达十年的一步一步行动，终于使他最后一举歼灭吴国，成就了一代霸业。

师：通过阅读，我们发现升格前的论据，重点没有放到勾践是采取什么样的实际行动来实现他的目标的，没有紧扣论点，缺乏针对性。而升格后的论据则紧扣论点，重点明确，有针对性，说服力很强。

② 论据叙述要清楚明了，简练概括，不能叙例过详。

议论文叙述事实论据，是为证明论点，因此，叙述事实论据时必须简单、清楚和精要。要做到清楚而概括地叙述事实论据，要用概括性的语言来表达。

【例子】论点：人要有自尊。

【升格前】

自尊是项羽的"不肯过江东"。乌江之畔，乌江亭长在旁劝项王快快

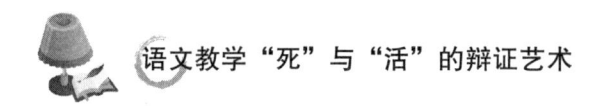

渡江，项王仰天长叹："我已无颜面见江东父老。"他单膝跪下，一手轻轻放下虞姬，一手将剑深深扎向泥土。片刻沉默之后，项王突然起身，长剑直指青天。清风吹拂着他的头发，他的身影愈发显得高大威武。只见一道银光划过，高大的身躯缓缓倒下，留下的，是满脸的自尊与刚强。

【升格后】

自尊是项羽的"不肯过江东"。项羽及至乌江，无路可走，幸有乌江亭长倚船而待。大好的机会摆在眼前。然而，在生与死、苟活与尊严之间，项羽从容赴死，仅留下一句"无颜面见江东父老"。至此，他的自尊、刚强已呼啸而出。

师：这个文段升格前的论据过于详细地描述了项羽的动作、神态。而升格后的论据清楚明了，简练概括，紧扣论点。

③ 论据叙述要析事明理，不能以例代理。

析事明理通常包含四部分：阐释论点、摆出材料、分析材料、重申论点。

【例子】论点：知识就是力量。

【升格前】

20世纪50年代初，钱学森冲破重重阻拦，终于回到了祖国的怀抱。美国海军次长金波尔在得知他要回国时，立即给美国移民当局写信，声称："我宁肯把这家伙毙了，也不能让他回国，因为对我们来说至关重要的东西，他知道得太多了。任何时候，他一个人都足以抵得上五个师。"可见，知识就是力量。

【升格后】

知识就是力量。它首先是一种难以量化的、伟大的精神智慧，当然更可以转化为具体的、可见的、巨大的物质力量。钱学森，一介书生，手无缚鸡之力，却可以抵得上五个师。为什么？因为知识，以及知识带来的创造性。可见，知识能够改变世界，知识就是力量。

师：大家看，升格前的论据以例代理，缺少分析。升格后的论据，叙议结合，有很强的说服力。

第四章　语文教学"死""活"兼顾之案例分析与点评

四、论证方法的升格

师：成功的议论文，大多数以说理见长。"讲道理"是议论文不可缺少的重要组成部分，所以，论证方法的升格就显得尤为重要。而作文中常出现的问题是：提出一个论点，举一个或若干论据后就草草收尾，结果因为缺乏论证过程，使论据和论点游离，或者以论据代替论证，缺乏说服力。

师：那么，提出论据后应如何分析说理呢？如何对论证方法进行升格呢？我们可以从以下几方面入手。

1. 正反对比说理

正反对比说理就是把正面论据（或观点）与反面论据（或观点）对照来分析。正反分析，对比鲜明，能很好地证明观点和深化观点。

【例子】论点：人要学会谦虚。

有真才实学的人总是虚怀若谷的，他们决不向人夸耀自己的才能，也决不把成绩作为资本。他们对事业兢兢业业，不断提高、充实、完善自己，从而达到更高的境界。而那些不学无术、一事无成的人不但不承认自身的不足，反而自高自大，不可一世。一旦取得点滴成绩，就不思进取。把点滴成绩看作莫大的荣誉，这种愚蠢可笑的行为不恰恰是无知的表现吗？

师：这个文段运用了什么手法？证明了什么观点？

生：运用了对比手法，有力地证明了"人要学会谦虚"这一论点。

2. 反向假设说理

反向假设说理，就是列举论据后，从正面或反面假设剖析，以展示论据和论点之间的内在联系，从而证明观点的正确。假设分析的一般方法是：叙正面事例从反面假设推论，叙反面事例从正面假设推论。

【例子】论点："立志"很重要。

王羲之九岁就开始练字，立志要做书法家，无论酷暑严寒还是刮风下雨，从不间断。他在绍兴兰亭的一个水池边练字，池水都被他洗笔砚染黑了。那俊秀飘逸的字体，千百年来被人们奉为瑰宝，古人诗赞云："古砚池中起墨波，右军书法妙如何？"假如王羲之没有少年立志，那么，他便

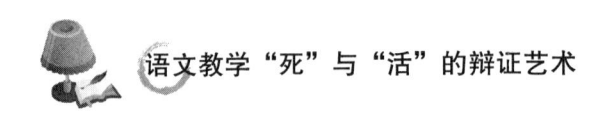

不会顶着酷暑严寒、冒着风吹雨打仍不间断地练习书法；假如王羲之没有少年立志，那么"墨染池水"的美传便不会出现；假如王羲之没有少年立志，那么《兰亭集序》便不会成为中华瑰宝。

师：这个文段运用了什么手法？证明了什么观点？

生：运用了反向假设说理，有力地证明了"'立志'很重要"的观点，议例与叙例相结合，正反映衬，很有说服力。

3. 例后剖析说理

师：举例之后分析事例中体现观点的内容，以"是什么—为什么—怎么样"的思路，探究其根源，发掘其本质，使内容逐步深化，使事例紧扣观点，从而发挥论证观点的作用。

【例子】论点：要虚心听取他人的意见。

三国时的马谡，镇守街亭，他把二十万大军驻扎在高山上，结果被司马懿的军队围山断水，放火烧山，蜀军不战而乱，几乎全军覆没，马谡也被依军法处置身首异处。街亭失守，是因为马谡不懂兵法吗？不，他自幼熟读兵法，曾献计于诸葛亮，使其七擒孟获，平定南方边境；又离间曹叡与司马懿，使司马懿被罢官。马谡的失败，是因为他狂妄自大，固执己见，不能听取别人的正确意见。"前事不忘，后事之师"，我们在决策、办事时不能盲目自信，要择善而从，虚心听取他人的意见，这样才能获得成功。

师：这个文段运用了什么例子？举例后是如何分析说理的？

生：先叙述马谡失守街亭的例子，然后分析马谡失败的原因，使内容逐步深化，使事例紧扣观点，论据很有说服力。

4. 类比事例说理

师：为了增强说理的气势，我们在进行议论文写作时常常用排比的形式列举一组相似的典型论据，让这些事实"胜于雄辩"。

【例子】论点：只有付出，才有收获。

左思为写《三都赋》，闭门谢客，耕耘数载。"衣带渐宽终不悔"的执着，换来了丰硕的成果，《三都赋》轰动全城，一时洛阳纸贵。李时珍为完成《本草纲目》，历时近三十年，三易其稿，才成就了这部享誉世界的"中国古代百科全书"。英国物理学家法拉第，为了揭示电和磁的奥秘整整奋斗了十年，最终成为揭示电磁奥秘的第一人。

左思、李时珍和法拉第，处于不同的时代，研究不同的领域，而他们成功的道路却是相同的——付出，执着地付出。付出心血和汗水，付出精力和智慧。当这种付出达到一定程度的时候，就一定能浇开成功的花朵。

师：这段材料运用了什么方法来说理？这种方法好在哪里？

生：材料运用了类比事例说理，增强了说理的气势，说理透彻，有力地论证了观点：只有付出，才有收获。

五、语言的升格

（师展示学习指导）

语言是思想传递与情感表达的载体。为了强化议论文文体的特征，为了使说理生动且思维深广，要注意语言必须与文章的内容、风格、特色相统一。这就要对语言进行升格，经过锤炼，努力使议论文语言更加准确、简洁、严密、优美。

（1）准确

表现在：①概念使用、引用准确；②状语、定语等修饰成分恰当；③材料、观点结合紧密。

（2）简洁

表现在：①叙述事例材料简洁明了，不以叙代议。②论述性语言简明扼要，干练流畅，不拖沓，不冗长。

（3）严密

表现在：判断和推理严密，语言表达周密，富有逻辑性，客观辩证。

（4）优美

表现在：能够运用各种修辞手法和技巧，使论述语言更具文采。

1. 善引诗词厚底蕴

诗歌，尤其是古典诗词，是语言的精华、词采的宝库，对文章创作有着非凡而绝妙的效用。"言之无文，行而不远"，好的文章离不开好的文采，在文中引用古典诗词是写好文章的一种有效手段。善于写文章的人，常在自己的文章中直接或间接地引用古典诗词来表情达意，营造优美的意

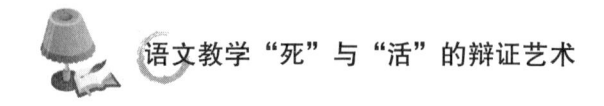

境，使文章词采华美，充满诗情画意，给人以美的享受，而且能很好地显示自己深厚的文学功底。

例如：选择是一个崭新的开端，选择高耸入云的峭崖，便须有"路曼曼其修远兮，吾将上下而求索"的信念；选择波浪汹涌的大海，便须有"长风破浪会有时，直挂云帆济沧海"的壮志豪情；选择寒风劲厉的荒漠，便须有"醉卧沙场君莫笑，古来征战几人回"的博大胸怀。

2. 妙用修辞文增辉

修辞的作用就是使语言生动形象。常用的修辞方法有比喻、拟人、夸张、对偶、排比、设问、反问等。善于恰当地使用修辞手法，可使文章生动形象，平添色彩与气势。

例如：理想是风，牵引着生命的小船到达成功的彼岸；理想是雨，滋润着人生的大树结出累累硕果；理想是路标，指引着我们在前进的道路上做出问心无愧的选择。

3. 活用句式文多姿

灵活运用句式可以避免一篇文章一个腔调，枯燥乏味。善于选择句式、变换句式，可以有效地增加文采，增强语言的表现力，使文章摇曳多姿、熠熠生辉。

（1）设问句、反问句的运用

例如：一个人怎样才能认识自己呢？绝不是通过思考，而是通过实践。（歌德）

（2）否定句、陈述句的运用

例如：人的价值并不取决于是否掌握真理或自认为真理在握，决定人价值的是追求真理的孜孜不倦的精神。（莱辛）

（3）关联句的合理运用

转折：人们在批判社会的时候，却往往忘记了自己的责任。（恩格斯）

因果：信念之所以宝贵，只是因为它是现实的，而绝不是因为它是我们的。（别林斯基）

（4）短句的运用

例如：人有意气，才能摧不垮，压不倒，追求不泯，意志不衰。

【例子】论证"宽容是一种委婉有效的教育方法"。

第四章 语文教学"死""活"兼顾之案例分析与点评

【升格前】

宽容是一种委婉有效的教育方法。当别人冒犯你时，你能一笑置之，原谅别人的过错，别人会感到内疚，进而改正错误。战国时期，蔺相如奉命出使秦国，不辱使命，完璧归赵。渑池之会上，他挺身而出，挫败秦王，因而被赵王拜为上卿，地位高于廉颇。老将廉颇有攻城野战之功，不愿处在蔺相如之下，于是扬言要羞辱蔺相如。面对廉颇的无礼冒犯，蔺相如没有计较，更没有还击，而是以赵国的大局为重，主动避让，终于感动了廉颇，廉颇负荆请罪。试想，如果不是蔺相如的宽容大度，能有这样的结果吗？

师：论证"宽容是一种委婉有效的教育方法"这一分论点时，能采用"将相和"的例子很好。但由于大家都熟悉"将相和"的材料，因此没有必要叙述得过于详细，这样不仅论证目的不够明确，还使得文章特征不够鲜明。升格时，完全可以围绕论点以议代叙。当然，还可以增加一些有时代气息的材料，以丰富论证。

【升格后】

宽容是一种委婉有效的教育方法。当别人冒犯你时，你能一笑置之，原谅别人的过错，别人会感到内疚，进而改正错误。大家一定记得"将相和"的故事，故事给我们的启迪是深刻的。试想，倘若蔺相如是个小肚鸡肠之辈，与廉颇斤斤计较、锱铢必较，恐怕赵国早已被强秦吞并。正是由于蔺相如为国家利益不计较个人得失的宽大胸怀，用克制回避的行动、理性低调的姿态感召并教育了廉颇，才使廉颇负荆请罪。将相和，使得强秦虽拥重兵却不敢轻易举兵伐赵。宽容竟产生了如此意想不到的巨大作用。宽容会让人生的道路越走越宽。"惟宽可以得人"，实属至理名言，反之则会步履维艰。

师：叙述事例语言概括、简洁，运用假设论证法、因果论证法使说理更透彻。

六、实战练习

师：请指出下列语段的不足之处，并进行升格修改。

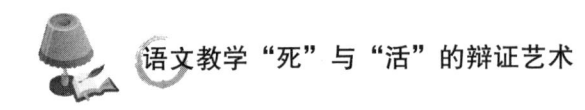

【评析】"死"的理论研习完毕，通过实战参与这种"活"的手法，让学生的学习得以巩固。

论点：懂得分担风雨的人，才能分享风雨过后阳光的喜悦与温暖。

阿里巴巴创立初期，只有少数的人愿意留下来和集团创始人马云一起奋战。公司在最困难的时候，马云和员工一起吃饭，一起休息，一起上街为公司宣传，许多人甚至愿意为公司无偿奉献自己的力量。在这样艰苦的岁月中，大家不离不弃，团结一心，共同走过了公司最困难的一段时期。后来，大家的同心协力终于使公司走出低谷，阿里巴巴也一跃成为国内知名的网络公司，大家也共同沐浴在了成功的喜悦之中。所以说，只要懂得分担风雨，就一定能见到阳光和彩虹。

师生共同明确语段不足之处：

（1）不简。以叙代议，举例不够简洁。

（2）不严。最后观点的总结过于绝对化，表述不够严密。

（3）不美。语言拖沓，感染力不强。

学生进行升格修改，形成书面材料。

七、课下作业

阅读下面的文字，根据要求作文。

中国著名企业家，阿里巴巴集团、淘宝网、支付宝创始人马云说："如果你毕业自名牌学校，你就用欣赏的眼光看看别人；如果你毕业于像我们这样的普通学校（注：马云毕业于杭州师范大学，即原杭州师范学院），你就用欣赏的眼光看看自己。"

这则材料引发了你怎样的思考？请结合自己的体验与感悟，不要脱离材料内容及含义的范围，写一篇不少于800字的文章。

要求：①自拟标题。②自定立意。③文体特征鲜明。④书写规范，标点准确。⑤写完之后，再进行升格修改。

（下课铃响起）

师：同学们，下课！

生：老师再见！

师：同学们再见！

> 教学反思

高考中，作文占据了半壁江山，其重要性可见一斑。当前高考作文的评分标准，对文体的要求也越来越严格、越来越明确。但是，反观现在学生的作文，文体不清的现象比比皆是。在审题立意不出大问题的前提下，作文水平要想发生质的飞跃比较难。所以文体的训练就显得比较重要了。

高考中的新材料作文大部分是要求写成议论文的，或者说因为材料的特点写成议论文是最合适的。而现状是很多高中生不会写议论文，一提到写议论文，学生就手足无措，无从下笔。即便"逼"他们动笔，写出来的文章也是千篇一律，十分乏味。个别学生甚至连议论文的基本结构都不懂，或论点不明，或论据不足，或论证不力，或结构混乱。

为此，我设计了升格议论文这样一节课，意在让学生明白写议论文的规范。下面是我设计的教学目标、教学策略和教学重难点。

教学目标：

（1）知识与能力：明确议论文的基本结构，学会议论文的写作方法。

（2）过程与方法：通过课堂展示、质疑讨论、尝试写作等活动，明白议论文升格的方法，提高议论文写作的能力。

（3）情感、态度与价值观：在充分认识自我的基础上，提高自我。

教学策略：

（1）关注学生的需求，目标设定以学生为中心，对学生的学习任务做明确表述。

（2）注重师生互动，生生互动。

（3）重视调动学生学习的主动性，创设情境，激发学生的学习兴趣。

（4）让学生感到"有法可依"，教会学生思维方法，进行发散性思维训练。

教学重难点：

（1）掌握议论文的基本结构模式。

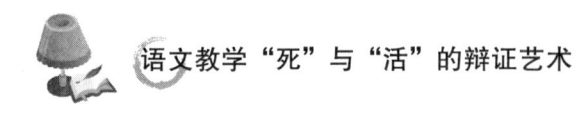

(2) 学会议论文的语段分析写法，会写典型的议论文。

(3) 掌握议论文写作的基本结构，学会列提纲。

(4) 学生如何确定论点，怎样引出论点，如何围绕论点确定几个论据、确定论据之间的连接方式，知道从哪方面来确定结论，即如何收尾，照应或深化总论点。

通过课件展示和讲解，基本上完成了预设的教学目标，让学生有了写议论文的规范意识，也基本上学会了列提纲。

在为学生建立了写作的章法和规范后，作文教学还有哪些工作呢？

第一，教师要指导学生积累写作素材并学会挖掘、运用素材。

首先，指导学生建立"论据收集本"，丰富自己的素材储备库。可以要求学生将自己平时积累的素材在课堂上分享，也可以让学生互相传阅、交流自己的"论据收集本"。

其次，指导学生思考、挖掘素材运用的主题，选取不同的立意角度，针对具体文题提出符合题意并具有文化价值的论点。要想让学生积累一定量的具有文化内涵的论据素材并形成对于文化现象的思维习惯，素材积累不仅要多而精，更要会思考和运用。

第二，教师要引导学生坚持议论文的写作和讲评升格练习。

"纸上得来终觉浅，绝知此事要躬行。"只有理论，只有积累，光说不练是不行的。可向学生推荐优秀的议论文，扩大学生的阅读量，培养学生良好的语感。

相信学生只要坚持积累，坚持练习，就会在议论文写作中获得乐趣、获得提高。

分析点评

冯文权老师是漯河高中的一位非常有学识、有才情的教师，擅长作文教学。这节课就是冯老师上的一节精彩的作文课，生动而扎实，可以作为语文教学"死"与"活"的辩证艺术运用的典范。

这节课"死"与"活"的艺术体现在何处？

第四章　语文教学"死""活"兼顾之案例分析与点评

"死"在给学生升格作文提供了章法。很多人可能会说"文无定法",教授学生写作的模板是在束缚学生的思维,这是语文教学中的弊端。事实上,任何一种技能的获得,都是要先打基础、学规范的。如果连章法都没有,那不是乱套了吗?冯老师的这节课就是议论文写作教学的规范课。先学规则,再模仿模板文章,进行大量积累、练习。学生就能领悟不"死"无以"活"的规律,从而遵循先"死"后"活"的语文学习路径,慢慢提高自己的作文水平。

"活"在充分发挥了信息技术独特的优越性,为学生提供了与写作相关的大量信息,图文并茂的知识极大地满足了学生强烈的求知欲,突破了传统教学的局限性,使得学生对写作有了清晰的认识。

品鉴经典，探究勇士精神

——骨干教师张晨华《荆轲刺秦王》教学案例

课堂实录

师：上课！

生：（齐）老师好！

师：同学们好！请坐！《荆轲刺秦王》我们已经"刺"了几节课，今天我们要完成一个研究性学习任务，这个任务比较重，课后大家还要写作文。今天要讨论的核心话题：勇士的气节与荆轲形象的文化内涵。这是我们要研究的题目，也是要大家作文的题目。

先给大家讲另外一个勇士的故事，也许大家会很感兴趣。

（出示课件）

这个勇士叫豫让，他是晋国人，曾经做过范氏及中行氏的门客，都遭到冷遇。后来到一个小诸侯王智伯那里去做门客，智伯特别尊崇他，把他当作知音。后来智伯跟赵襄子发生了矛盾，被赵襄子联合韩、魏灭掉了，智伯被灭了以后，豫让决定要为智伯报仇，他说："士为知己者死，女为悦己者容。今智伯知我，我必为报仇而死，以报智伯，则吾魂魄不愧矣。"

"吾魂魄不愧矣"，即人要对得起自己的良心，灵魂才会感到安宁。豫让说自己一定要对得起自己的良心，一定要为智伯而死，因为智伯最了解他，最尊重他。

于是豫让就把自己打扮成一个受过刑罚的人，为赵襄子扫厕所，因为只有受过刑罚的人才能进入赵襄子的厕所，豫让就藏在厕所里面。但是赵襄子这个人很精明，他知道自己结仇很多，连上厕所都带着两个护卫，赵襄子的两个护卫发现了隐藏在厕所里的豫让，把他捉了出来。赵襄子问他为何要这么做，豫让说："我是来为智伯报仇的，目的就是刺杀你。"赵襄

第四章　语文教学"死""活"兼顾之案例分析与点评

子很敬佩豫让的胆识，就把豫让放了。

被放了之后，豫让又想了一个办法，先是用一种漆涂在自己身上使皮肤烂得像癞疮，又吞下炭火使自己的声音变得嘶哑，乔装打扮后潜伏在赵襄子出入的一座桥底下。赵襄子过桥时，他的马突然受了惊，赵襄子便猜到是有人行刺，很可能又是豫让。于是派手下人搜查，果不其然，还是豫让。

豫让知道自己生还无望，无法完成刺杀赵襄子的誓愿了，就请求赵襄子脱下一件衣服，让他象征性地刺三剑。赵襄子满足了他的这个要求，豫让庄严地向赵襄子的衣服刺了三剑，然后自刎而死。豫让的事迹传开后，赵国的志士仁人无不为他的精神所感动，为他的死而悲泣。如果连你的敌人都对你产生敬畏，你就是了不起的英雄！

师：抗日战争时期，爱国将领张自忠战死在沙场，连日本人都向他的尸体敬礼。让你的敌人都敬畏你，这是什么力量啊？

（生思考，低声讨论）

师：这就是精神的力量，人格的力量。他们付出鲜血和生命，所追求的到底是什么？他们如此勇敢，他们的力量来自哪里？把这两个问题记下来，这是没有标准答案的问题，是需要我们用行动来回答的问题，也是人生的根本问题。中国古代的这些勇士，是一道亮光，用鲜血照亮并温暖了中国的历史。今天我们挖掘民族文化里的精神财富显得尤为紧迫，因为在一个飞速发展的时代、一个急剧变化的时代，温暖社会的良方，也许就藏在这些经典里面。

现在请大家看课文，荆轲出发之前，就已经牺牲掉两个人，这是大家清楚的。燕太子丹最初跟他的老师鞠武商量，说："大军压境，秦军要消灭我们，怎么办呢？"鞠武批评太子丹："你不应该把樊於期将军留在这里，而应该把他流放到匈奴那边去，秦王憎恨樊於期，他留在这里是一个巨大的祸害呀！"但是太子丹这个人很仁义，还是把樊於期留了下来。鞠武向太子丹推荐了一位名叫田光的勇士去刺杀秦王，但田光说："我老了，刺杀秦王这个任务我完成不了了。"田光又向太子丹推荐了荆轲。但是，按照古人之间不成文的规矩，身为国家谋士，这种国家机密是绝对不能泄露的，所以田光把这个计谋献出来之后，就主动自杀了。荆轲私下会见樊

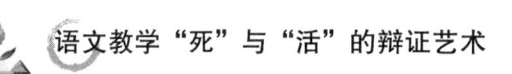

於期，与他商量："现在有一个计谋可以刺杀秦王，不过对你很残酷，要把你的脑袋献给秦王。"樊於期将军是什么态度呢？课本上有一句话——

生：（齐）"日夜切齿拊心也。"

师："日夜切齿拊心也，乃今得闻教！"遂自刎。要我的脑袋，没问题，给你！

荆轲出发之前还爆发了一场争论，大家来看一下课文，我们一起把这一段读一遍。

生：（齐读）顷之未发，太子迟之，疑其有改悔，乃复请之曰："日以尽矣，荆卿岂无意哉？丹请先遣秦武阳！"荆轲怒，叱太子曰："今日往而不反者，竖子也！今提一匕首入不测之强秦，仆所以留者，待吾客与俱。今太子迟之，请辞决矣！"遂发。

【评析】研究性课堂的导入，通过提供发散性的史料，让学生能够通过对比、归纳等手法，更加深入地了解战国时期燕赵之地的勇士精神，这是语文教学"活"的艺术的运用。

师：很好！这里有一个问题，荆轲为什么要跟太子丹吵架呢？而且是发怒，真正的发怒。大家想一下这个问题，荆轲出发之前与太子丹发生了激烈的争执，从中你能看出荆轲的气节与人格吗？荆轲在这里想要表达的是什么？谁来说一说？

生：我觉得荆轲想要表达的就是他刺杀秦王不复返的决心，因为他去刺杀秦王这件事"迟之"，太子丹怀疑他有"改悔"，荆轲就非常愤怒地呵叱太子丹："我今天去了是一去不复返的。"表达了自己承诺过的事情就要不死不休。

师：承诺的事就要兑现，也就是表明自己的决心，荆轲有没有决心去刺杀秦王？

生：有。

师：有的。荆轲这个时候完全是为了承诺和诺言在战斗，为了表现自己的人格在战斗。"你不是怀疑我吗？我最受不了的就是别人的怀疑，因为我不是有'改悔'这样低级想法的人。不就是去死吗？死对我来说是无所谓的。"这就是什么？

生：气节。

第四章 语文教学"死""活"兼顾之案例分析与点评

师：气节，勇士的气节。

师：下面我们来看《荆轲刺秦王》中最感人的"易水送别"这个场面，后人写诗无数予以歌颂，如"易水悲歌歇，秦庭侠骨香"，它何以有穿越时空的力量？

我们一起来研究"易水送别"这个场面，发掘它蕴含的文化意义。请大家把这一段齐读一遍。

生：（齐读）太子及宾客知其事者，皆白衣冠以送之。至易水上，既祖，取道。高渐离击筑，荆轲和而歌，为变徵之声，士皆垂泪涕泣。又前而为歌曰："风萧萧兮易水寒，壮士一去兮不复还！"复为慷慨羽声，士皆瞋目，发尽上指冠。于是荆轲遂就车而去，终已不顾。

师："风萧萧兮易水寒，壮士一去兮不复还！"在中国历史上，这两句诗激励了多少人，它为什么会有这种穿越时空的力量呢？这里面有哪些因素使这个画面具有震撼人心的力量？大家讨论后回答。

生：荆轲刺杀秦王成功会死，刺杀秦王不成功也会死，反正对他个人来说都是死路一条，但他依然要去。他是为了国家，也是为了大义而死。这是其中的一个感人之处。其二，周围的人都为他送行，与他同仇敌忾，同怒同悲。这真的很让人感动。

师：很让人感动，很让人震撼。这位同学说得很深刻，大家来点掌声！

（生鼓掌）

师：这位同学说出了荆轲一个很重要的品质——舍生取义。比生命更重要的是什么？是义，所谓"义"就是强调做人要遵循正道。

师：我觉得有这么几点值得大家去揣摩。第一，荆轲行为本身的悲壮色彩。刚才这位同学讲了，刺杀成功也得死，刺杀不成功也得死，反正这次去是回不来了。

生：我有点儿不同意老师的观点，老师说"刺杀成功也得死，刺杀不成功也得死"，但课本中写道："今日往而不反者，竖子也！""仆所以留者，待吾客与俱。"这就是说，就荆轲本人来讲，他觉得还是有活着回来的可能的，所以说荆轲并不是慷慨赴死而去的。这里的悲壮色彩在于他是以一己之力，以自己渺小的力量与秦国这样一个强大的国家对抗，在朝堂

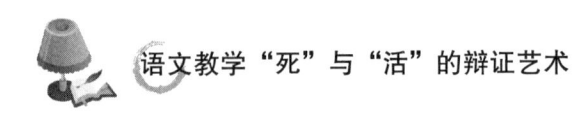

之上用一把匕首刺杀秦王，这种以卵击石的行为是很悲壮的。

师：对，以一己之力去对抗强秦。

生：他为了使燕国能够存活下来强行刺杀秦王，这一点是很悲壮的，并不是所谓的慷慨赴死。

师：大家说这个同学说得有没有道理呀？

生：（齐）有。（掌声）

师：这个同学对历史的看法有独到的地方，但是与我们这里讲的并不矛盾。为什么不矛盾？荆轲最初的想法是活捉秦王，然后让他跟燕王签订盟约。这当然是美好的愿望。但是必须做好不成功的准备，事实上就是不成功的。历史上就有人写诗讥讽过燕太子丹，如明代诗人何景明的《易水行》："寒风夕吹易水波，渐离击筑荆卿歌。白衣洒泪当祖路，日落登车去不顾。秦王殿上开地图，舞阳色沮那敢呼。手持匕首摘铜柱，事已不成空骂倨。噫嗟嗟！燕丹寡谋当灭身，光也自刎何足云？惜哉枉杀樊将军！"

生：荆轲失败了，我觉得正是因为荆轲的死使这件事具有了悲壮色彩。

师：你说得非常有道理！

我们课后还可以继续讨论这个问题。第一，我个人认为荆轲的行为本身具有悲壮色彩，你说的是他的死使这件事具有了悲壮色彩，这没有根本的冲突。第二，这次行为负载了另外的文化意义。那就是信义和责任，承诺过的事就一定要兑现，也就是一诺千金的文化精神。

师：荆轲还有一个朋友也在这个送别队伍之列，这个朋友叫什么？

生：（齐）高渐离。

师：高渐离的故事大家知道吗？

（生低声讨论）

师：看来大家知道一些。荆轲刺秦王失败以后的第五年，即公元前222年，燕国被秦所灭，秦兼并天下，秦王令人捉拿太子丹和荆轲的朋友高渐离，高渐离就逃到了一个叫宋子的地方，给人家做佣工。高渐离以擅长击筑闻名。一天，听到堂上的客人击筑，他批评说："你的筑击得不好。"于是主人就命他击筑，这一击就暴露了他的身份。秦王知道后，就把他召到宫里，让他击筑。高渐离想趁机给荆轲报仇，就用筑击杀秦王，

第四章 语文教学"死""活"兼顾之案例分析与点评

但没有成功,秦王派人熏瞎了他的眼睛。后来,他又有了第二次刺杀秦王的机会,因为秦王离不开他的音乐,他就在筑里灌满了铅,去击打秦王,但没有打中,后来被秦王杀掉了。由此我们可以看出,刺杀秦王这个行为并不是一种个体行为,而是一个群体性的选择。荆轲的背后站着很多义勇之士,那个时代像荆轲那样的勇士很多,不是个别现象。我们的国歌叫什么名字?

生:(齐)《义勇军进行曲》。

师:为什么叫《义勇军进行曲》呢?国难当头,我们要呼唤的是什么?义勇精神!一个民族缺乏了这种义勇精神,是没有凝聚力、没有战斗力的。我们的国歌就有对这种精神回归的强烈呼唤。中国文化史专家刘若愚在《中国之侠》一书中总结了中国古代关于侠的八个特征:一是助人为乐,二是公正,三是自由,四是忠于知己,五是勇敢,六是诚实、足以信赖,七是爱惜名誉,八是慷慨轻财。刘若愚是一个非常有眼光的学者,他对中国的侠义精神总结得很好。你们看,荆轲的身上有哪几种精神?

【评析】引导学生积极思考、发言,在对比中丰富他们对侠义精神的感性认知,这是语文教学"活"的艺术的运用。又引入《中国之侠》一书中对侠的八个特征的总结,使学生对中国的侠义精神有深刻的理性认识。

生:我认为荆轲身上体现得最为突出的精神是勇敢和爱惜名誉。勇敢体现在他敢于对樊於期提出那样的要求,他明知自己去刺杀秦王会死,还义不容辞地去完成这个艰巨的任务;爱惜名誉表现在当太子丹怀疑他"迟之"时,他说:"今太子迟之,请辞决矣!"遂发。

师:后面还有一句,"终已不顾","不顾"就是什么?(决不回头)回答得非常好,还体现了哪些精神呢?有没有体现出忠于知己?

生:我觉得他很重义。

师:重义,足以信赖。人不可信赖是最糟糕的。中华民族热爱武侠,很多文人都有侠客梦。下面我们来快速梳理一下这些侠客梦及其内涵。先秦的侠客精神如清溪出涧,奔流不息,贯穿了中国几千年文明史。建桃源世界,为理想殉节,千百年来被人们视作弥足珍贵的侠客精神。这并非那些逞血性之勇,却不顾民生疾苦,不思国家、民族命运的好武之徒的行为。侠客精神那种不朽的气节,构建了中华民族精神的重要部分。翻开厚

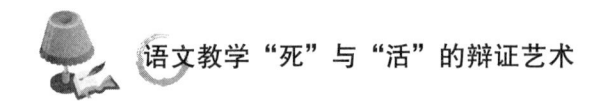

重的历史，司马迁就是一个具有侠客精神的文人。他在《史记·刺客列传》结尾说："自曹沫至荆轲五人，此其义或成或不成，然其立意较然，不欺其志，名垂后世，岂妄也哉！""立意较然"中的"较然"就是洁白的意思。他们心地是纯洁的，"不欺其志"就是不违背个人的良心，"名垂后世，岂妄也哉"，这一点难道是假的吗？

苏辙评价司马迁："太史公行天下，周览四海名山大川，与燕、赵间豪俊交游，故其文疏荡，颇有奇气。"没有豪侠之气，司马迁的文章怎么能写得这么好呢？苏辙是非常了解司马迁的，他总结得很好。"……岂尝执笔学为如此之文哉？其气充乎其中而溢乎其貌，动乎其言而见乎其文，而不自知也。"侠客独立不羁的性格、豪迈跌宕的激情，以及飞扬燃烧的生命情调，确实令文弱书生"虽不能至，心向往之"，即使不能"起而行侠"，也要"坐而论侠"。千古文人侠客梦，唐代诗人贾岛也写过侠客梦的诗"十年磨一剑，霜刃未曾试。今日把示君，谁有不平事？"大家齐读一遍。

（生齐读）

师：陶渊明的诗，我们都觉得平淡，说他是隐逸诗人。但是朱熹有另外一种看法，我认为朱熹读懂了陶渊明，他说："渊明诗，人皆说平淡，余看他自豪放，但豪放得来不觉耳。""不觉"，看不出来。看他的《咏荆轲》一诗，可知他其实是一个有侠客精神的人。龚自珍说："陶潜诗喜说荆轲，想见停云发浩歌。吟到恩仇心事涌，江湖侠骨恐无多。"大家把这首诗朗诵一遍！

（生齐读）

师：过去人们瞧不起女流之辈，嘲笑她们说：女人能干出英雄事业吗？但是确有这样的人。今年暑假我特地到绍兴去瞻仰了秋瑾被杀害的地方——古轩亭口。古轩亭口有一座秋瑾的塑像。当年秋瑾从日本回国以后，和徐锡麟约定起义，失败以后，清军到绍兴去抓她，她说："同志们先走，我一个人在这里。"被捕时，她端坐于室内，死时年仅32岁。"不惜千金买宝刀，貂裘换酒也堪豪。一腔热血勤珍重，洒去犹能化碧涛。"这就是她写的《对酒》。秋瑾，人称作"鉴湖女侠"。

下面布置一个研究性作业，请大家课外收集有关义士田横五百士的资

第四章 语文教学"死""活"兼顾之案例分析与点评

料,并阅读《史记·刺客列传》,写一篇 1000 字左右的文章,话题是"勇士的气节与荆轲形象的文化内涵"。

下课!谢谢大家!

教学反思

本课的教学目的在于文意兼容,寻意为重,因此我设计了一节研究性学习课,通过发散性的脉络引领,对比历史上其他勇士的故事,让学生对文本中荆轲这一勇士有更深入的理解,对中国勇士精神有理性的认识。整节课基本能够按照预定节奏完成任务,学生也有精彩的表现。在课堂的开始和最后,我都强调了研究性学习的特点,布置学生写话题作文,以此进一步加深学生对课文"意"的领悟。

分析点评

张晨华老师是漯河高中的骨干教师,她擅长创新,一直走在教学改革的前沿。这节课就是语文教学"活"的艺术的一种尝试。

张老师没有像一般教师一样在课堂上注重对文本中的文句进行辨析,而是从思想的角度进行拓展。这样的教法是很冒险的,最大的险处就是散漫,然而她既在思想境界上放得开,又在课堂思维上收得拢,做到了开合自如。这首先得力于张老师的学识。其次,也得力于她成功地激起学生的想象。正是因为如此,她才敢于把这么丰富的思想,放在许多本来毫不相干的故事中,她的功夫体现在不着痕迹地串连。有了这样丰富的思想背景,进入文本、把握文本的基本思想就水到渠成了。张老师是有勇气的,她摆脱了目前课堂上流行的不断提问的教学模式,而是以讲授为主,从容地在逻辑上系统展开对课文的品鉴。更难能可贵的是,这样的讲授方式也激起了学生的思维活力,使师生的交流不但是平等的,而且是有深度的,这种境界正是许多教师心向往之的。要达到这种深度,除了在学养上长期下苦功夫外,没有什么捷径。

学大家评点法，推敲探究小说人物形象

——青年教师柴研珂《林黛玉进贾府》教学案例

课堂实录

师：上节课我让大家概括了《林黛玉进贾府》的主要内容，大家认为这部分是借林妹妹的眼第一次展示了全书的典型环境——贾府，第一次介绍了贾府的主要人物。这节课我们首先来鉴赏男女主人公的第一次见面——宝黛初会。

古人有不动笔墨不读书的习惯，就是边读边想边记，这就是评点法。这节课，我们回归传统的读书方法。

明清以来，对四大名著的评点可以说是异彩纷呈，流派众多。你们知道人们公认的比较好的是哪几种评点本吗？

生：脂砚斋评点《红楼梦》。

生：金圣叹评点《水浒传》。

师：很好，知道两个已经很不简单了。

（多媒体出示"四大名著著名评点"，另两个是毛宗岗评点《三国演义》、李卓吾评点《西游记》）

师：从某种意义上说，他们的评点是另一种极具价值的名著。那么，什么是评点法呢？

（多媒体出示评点法）

评点法是一种研究性的学习方法。在阅读过程中，圈圈点点，心有所感，笔墨追录，三言两语，生动传神。可以评点字词，也可评点句段；可以评点人物，也可评点情节、环境等。

师：方法就这么简单，但纸上得来终觉浅——

生：绝知此事要躬行。

第四章 语文教学"死""活"兼顾之案例分析与点评

师：看你行不行，敬请你点评。给同学们两分钟时间，整理上节课的评点，然后自由发言。

【评析】本节课是学习《林黛玉进贾府》的第二节课，是精心引导体味的课。开课就引导学生进行探究式学习，体现了语文教学"活"的艺术。

生：我认为宝黛见面时的描写好。黛玉一见，便吃一大惊，心下想道：好像在哪里见过；而宝玉看罢，就笑了，并且说见过林妹妹。从他们见面的不同表现，可以看出他们不同的性格：黛玉内向，小心谨慎；宝玉外向，性格直爽。

师：很准确！这位同学评点得很好，抓住了两人见面的典型细节，利用比较分析的方法评点得很到位。两人见面都有似曾相识的感觉，用李商隐的诗句概括是什么？

生：心有灵犀一点通。

师：据说，男女初次见面时三分钟内的感觉就决定了他们以后有没有戏，（生笑）你们同意吗？

生：（齐）同意。

师：两人见面这么有感觉在全书中有什么作用？

生：和前面的"木石前盟"相照应，也为两人后来的爱情发展埋下了伏笔。

师：很好。回答类似的问题时我们要联系文章的前后。谁还想评点其他地方？

生：我想评点的是黛玉回答宝玉的问话。宝玉问："妹妹可曾读书？"黛玉道："不曾读，只上了一年学，些须认得几个字。"而在前面贾母问的时候，黛玉说："只刚念了《四书》。"从前后不同的回答中可以看出黛玉在贾府是步步留心，时时在意的。

师：怎么看出来的呢？

生：黛玉在回答贾母的话时已经很谦虚了，但当她问贾母姊妹们读什么书的时候，贾母说："读的是什么书，不过是认得两个字，不是睁眼的瞎子罢了！"由此可以看出贾母不太喜欢女孩子读书，并且让黛玉感觉自己的话说得大了，所以当宝玉再问时，黛玉的回答更谦虚了。

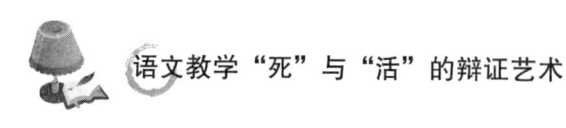

师：评点得很到位。谁还发现了什么其他的妙处或有什么疑问？

生：我有疑问。为什么宝玉忽然摔玉？

师：问得很好！哪位同学可以帮他解答这个问题？

生：摔玉可以看出宝玉的叛逆性格。

师：这是在评点宝玉行为表现的意义，似乎没有解释出摔玉的原因。大家想想，宝玉是忽然摔玉的吗？

生：不完全是。前文王夫人已经说过他是"疯疯傻傻"的，"若这一日姊妹们和他多说一句话，他心里一乐，便生出多少事来"。

师：是啊，宝玉是典型的给点阳光就灿烂的人，但他是不是看见谁都摔玉啊？

生：（齐）不是。

师：宝玉发狂的强度是和他对面前女孩的喜爱程度成正比的。他对黛玉是怎么评价的？

生：神仙似的妹妹。

师：是啊，他太喜欢林妹妹了，太认同林妹妹了，太想和她一致了。你从哪里可以看出他想和林妹妹一致呢？

生：宝玉说："我也不要这劳什子了！"从"也"字可以看出。

师：太棒了。这就是我们评点时要注意抓关键词。宝玉太认可林妹妹了，他既直率又任性，所以摔玉。他摔了玉，贾母还宠爱他吗？

生：爱。从"贾母急的搂了宝玉"可以看出。

生：从贾母编了谎话哄宝玉也可以看出。

师：贾母骂宝玉"孽障"是出于"爱"还是"恨"？

生：（齐）爱！

师：还是爱恨兼有呢？

生：（齐）兼有。

师：如果贾母更爱黛玉，她会怎样做呢？

生：她会搂过黛玉。

生：她会真骂宝玉是"孽障"。

师：是啊。她应该急忙搂了黛玉道："孽障！你妹妹远道而来，你吓着她了。"（生笑）

第四章 语文教学"死""活"兼顾之案例分析与点评

师：大家注意到没有，宝玉摔玉的时候说"家里姐姐妹妹都没有"，为什么不说"家里哥哥弟弟都没有"呢？

生：因为宝玉喜欢女孩。

生：因为宝玉没有兄弟。

师：贾府除了宝玉外没有男孩吗？

生：（齐）有。

师：这反映了宝玉把女孩当人看。（生笑）我们现在当然把女孩当人了，但注意宝玉生活的时代女人的地位很低。而宝玉甚至对丫鬟都能平等对待，这是难能可贵的。这么看来，《红楼梦》确实是伟大的，它的伟大之一就是把女人当人看。曹雪芹饱含深情地谱写了一曲女性的颂歌，《红楼梦》中的女子几乎个个都是美丽聪慧、冰清玉洁的。作者通过宝玉这一形象表达了自己的思想感情。也正因为宝玉把女人当人看，他在当时的人们眼里是什么样子呢？

生：是孽根祸胎，是混世魔王。

生：从《西江月》二词中可以看出，在当时的人们看来，他是无能、不肖的傻子、狂人。

师：刚才我们分析了宝玉摔玉这样的典型细节，这是评点法的抓手之一。我们评点时要抓住关键词、重点句和典型细节，通过比较分析和探究进行评点，评点的语言要尽量简洁，思想要尽量独到和深刻。当然，思想要达到一定的深刻性对于同学们来说是有难度的，但随着阅历的增加，我们对作品的理解也会越来越深刻。曹雪芹说："世事洞明皆学问，人情练达即文章。"文学即人学。我们不断修改作品评点的过程就是阅读不断深入的过程。有人说宝玉摔玉是反抗封建社会的行为，你同意吗？

生：不同意。因为当时的贾宝玉年龄还很小，不可能有那么深刻的思想。

生：我也不同意。曹雪芹的思想也没有达到那么高的层次。

师：孟子曰："尽信书，则不如无书。"亚里士多德说："吾爱吾师，吾更爱真理。"我希望大家在评点时都能保持自己的个性，不人云亦云。

现在我们来初步小结一下评点法。（多媒体出示评点法的流程图）

探究归纳

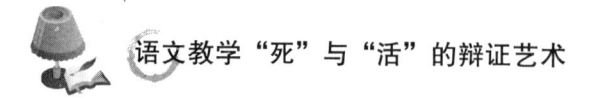

抓关键词　简洁性
找重点句　独创性
析典型细节　深刻性
比较分析

【评析】教学形式上的灵活、发散，学生参与的活跃、迸发，都是在教师规范的引导之下，最终引出了学习的核心内容——研读《红楼梦》等古典文学作品的基本方法，这就是由"活"入"死"。

师：接下来，我们评点王熙凤出场的那段文字。给大家两分钟，用刚学的方法完善你课前的评点，也可以讨论，然后自由发言。

生：王熙凤的出场写得好，未见其人，先闻其声，形象地写出了人物泼辣的性格特点。

师：仅仅写出了性格特点吗？

生：还写出了王熙凤在贾府的特殊地位。

师：很全面。谁还要评点？

生：王熙凤连续问黛玉问题，写得好。写出了王熙凤待人热情和考虑问题周到的特点。

师：大家认为王熙凤的一串问题需不需要黛玉回答？

生：（齐）不需要。

师：因此她的问话表现更多的是——

生：（齐）走过场。

师：王熙凤对黛玉的连续提问是关心的表示，更是走过场。谁还有新的评点？

生：从王熙凤回答王夫人的问话可以看出她是一个精明强干的管家。

师：你认为哪几个词是关键词呢？

生："这倒是我先料着了"的"先"和"我已预备下了"的"已"。

生：我认为王熙凤的"哭"是假的。因为她正笑着却很快就"用帕拭泪"，当贾母说"快再休提前话"时，她又"忙转悲为喜"了，变化太快了。

生：从王熙凤的哭更看出她虚情假意，善于演戏。

师：是啊！"哭"的表象下，显现的是她的机智逢迎。若说我没哭，

第四章　语文教学"死""活"兼顾之案例分析与点评

没看见我用帕拭泪吗？若说我哭而无泪，没看见我用帕拭过了吗？（生会心地笑）可见，曹雪芹非常善于通过典型细节来刻画人物。

生：王熙凤夸林黛玉的语言描写也很妙。"天下真有这样标致的人物，我今儿才算见了！"可以看出她很会讨好林黛玉。

师：是为了讨好林黛玉吗？

生：是为了讨好贾母。

师：有道理。那么刚才那两句话中的关键词应该是什么呢？

生："真"和"今儿"。

生：应该是"真"和"才"。

师：大家读一下，应该是什么？

生：（齐）"真"和"才"。

师：正确。她用两个很有分量的词将对黛玉的赞美提高到惊叹的程度，而且表达得自然、得体。但是，心理学家说，千万不要在一个女孩面前夸另一个女孩漂亮，尤其是男生。（生笑）看来，王熙凤也不高明啊！

生：我不同意。王熙凤说这些是为她接下来的话做铺垫。因为她接着就说："况且这通身的气派，竟不像老祖宗的外孙女儿，竟是个嫡亲的孙女，怨不得老祖宗天天口头心头一时不忘。"可以看出她夸黛玉是为了说明只有老祖宗才有这么漂亮的外孙女。

生：也夸了在场的贾母的三个嫡亲孙女。

师：在场的还有迎春、探春、惜春三姐妹的母亲邢夫人和王夫人，她们听了高兴吗？

生：（齐）高兴。

师：从中我们可以看出王熙凤的八面玲珑，只一句话，就把在场的主要人物一一夸遍，不愧是阿谀逢迎的高手。（生笑）

王熙凤是一有机会就拍老祖宗马屁的。不过仔细想来，并不是任何场合、任何情景之下都适宜于拍马屁。拍得乖巧，拍得让人听了喜欢而不反感，是极不容易的事。且看第三十八回，写贾母带着一大家子在水池上的藕香榭欣赏风景，心里高兴，就说起小时候在枕霞阁玩儿，不小心失脚掉进了水里，几乎没淹死，救起来后头上却碰破了一块，现今鬓角上还有指头顶儿大的一块窝。在这种情景之下，如果你是王熙凤，你会怎么拍马

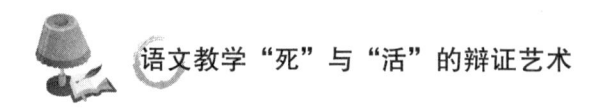

屁呢？

生：老祖宗，大难不死，必有后福。

师：好吗？

生：（齐）不太好。

生：老祖宗，有坑儿叫残缺美。（生笑）

师：对一个八十多岁的老太太谈美是她最喜欢听的吗？

生：（齐）不是。

师：对于老太太来说，美已经是过去时了，更何况是残缺美。（生笑）可见这里拍马屁的难度系数很高，非一般功力所能为也。那么王熙凤说的是什么呢？当时她说："那时要活不得，如今这么大福可叫谁享呢？可知老祖宗从小儿的福寿就不小。神差鬼使，碰出那个窝儿来，好盛福寿的！寿星老儿头上原是一个窝儿，因为万福万寿盛满了，所以倒凸高出些来了。"王熙凤从福、寿两个方面发挥，贾母听了会高兴吗？

生：（齐）会。

师：因此我们抓住重点句，就可以准确地评点人物的性格。几句话就活脱脱地刻画出了凤姐的世故聪明！

师：为什么没有同学评点王熙凤的外貌描写呢？

生：我认为作者把王熙凤写得富贵而美丽，恍若神妃仙子。

师：是很美，丹凤眼和柳叶眉都是很美的。但请大家注意，她的丹凤眼是"三角"的，柳叶眉是"吊梢"的，给你什么感觉啊？

生：狡黠。

生：难对付。

师：从对眼睛的描写可以归纳出贾宝玉、林黛玉和王熙凤的性格各有什么特点呢？

生：宝玉多情，黛玉多愁，凤姐多威。

师：太棒了！那么大家从王熙凤的服装打扮上除了看出富贵之外，还能看出什么呢？

生：很高贵。

师：她都有什么装饰啊？

生：头上戴着金丝八宝攒珠髻，绾着朝阳五凤挂珠钗；项上带着赤金

第四章 语文教学"死""活"兼顾之案例分析与点评

盘螭璎珞圈；裙边系着豆绿宫绦，双衡比目玫瑰佩。

师：这么多的金银珠宝集一身，给人的感觉是高贵吗？

生：不是，是俗气。

师：凡事都要恰到好处。女子更要自然高雅，才是大美。

同学们评点得很好，现在我们来看看脂砚斋是怎么评点的。我们举两个例子，请看大屏幕。（多媒体出示服饰外貌描写及评点）

脂砚斋评曰：服饰依次按照头、颈、腰的顺序而写。（对于外貌）甲戌眉批：试问诸公，从来小说中可有写形追像至此者？

师：这是什么意思？

生：是说以前的小说描写人物没有像曹雪芹这么传神的。

师：这个评价是很高的。以前的小说描写人物经常是程式化的，如"此女有闭月羞花之姿，沉鱼落雁之貌，乃江南第一美女"等，你知道她长什么样吗？

生：不知道。

师：因此，我们写作时要善于抓住人物的特点，写出人物的个性特征。要不就用侧面烘托的手法，我们学过的《陌上桑》，就用这种方法刻画了哪个美女啊？

生：罗敷。

师：请看脂砚斋的另一处评点。（多媒体出示）

甲戌眉批：余知此缎阿凤并未拿出，此借王夫人之语，机变欺人处耳。若信彼果拿出预备，不独被阿凤瞒过，亦且被石头瞒过了。

师：和我们刚才评点的相同吗？

生：不同。我们刚才以为她真拿出来了，所以认为她精明能干；但根据脂砚斋的评点，她并没有拿出，那就是机变狡猾了。

师：你的评点不断修改的过程，就是你的阅读不断深入的过程。谁能概括一下王熙凤的形象？

【评析】引导学生通过字斟句酌、反复对比，品评出文章对人物形象描写的精妙之处，语文教师"活"的艺术尽在此处。

（生各有见地）

师：（多媒体出示对王熙凤的形象特点的总结）这节课我们用评点法

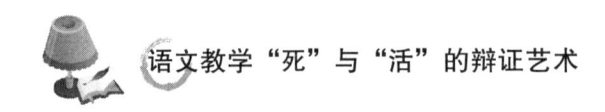

鉴赏了课文。有人说:"名著是人人都希望自己读过但人人都不喜欢读的作品。"你同意吗?当我们真正进入曹雪芹为我们创造的文学大观园时,定会禁不住沉醉其中,欲罢不能。到那时,你也许就不同意这种说法了。希望同学们课下有机会能通读《红楼梦》。谢谢大家!

教学反思

在本节课的教学构思上,我计划通过这节课的学习,让学生认识阅读古代小说的意义,掌握阅读方法。落脚点就在于把课文切割成不同的板块,选择人物形象作为本节课教学的核心内容。通过组织学生从各个角度对文章语言进行思索、体味,使学生领略《红楼梦》之文思精妙,进一步激发对全文各段作者处理精妙的研读和探究兴趣,甚至对全书产生阅读的渴求。

分析点评

柴研珂老师是漯河高中的一位功底扎实、学识丰富的青年教师。她的课朴实而有内涵。这节课充分体现了语文教学"死"与"活"的辩证艺术。

一、"死"在立足文本,狠抓基础

通过这节课的学习,让学生认识阅读古代小说的意义,掌握阅读方法。为了达到这一教学目的,柴老师智慧地把课文切割成不同的板块,选择人物形象作为本节课教学的核心内容,既可以面对整篇课文,又可以相对集中教学内容,不至于蜻蜓点水,使学生走马观花式地学习。

在鉴赏人物形象的时候,主要抓住特定场景中人物语言的描写,让学生快速阅读,圈点语言,理清思路。在分析贾宝玉、林黛玉的性格特点时,抓住二人见面时的典型细节,引导学生比较二人初次见面时语言风格的不同,并分析林黛玉回答贾母问题的语言,贾宝玉摔玉之后贾母的语言,由此来总结贾宝玉和林黛玉不同的性格特征——贾宝玉是外向的,林黛玉是内向的。

在探究的过程中,柴老师始终紧扣课本,引导学生抓关键词,找重点句,分析典型细节。如引导学生分析王熙凤的性格特征时,重点分析了文本中对王熙凤外貌和服饰的描写,得出了王熙凤高贵但又落于俗气的特征。接着分析文中对王熙凤语言的描写,其中有两处特别精彩的细节:一处是王熙凤见到林黛玉第一面的时候极力夸赞林黛玉的语言,另一处是《红楼梦》第三十八回中贾母说起自己小时候欣赏风景时差点儿丢命后王熙凤的语言。欣赏了王熙凤的语言艺术后,学生也心服口服,认识到王熙凤的聪明世故。最后柴老师又总结了曹雪芹在塑造人物时和传统小说的不同,开阔了学生的视野。

也许,大家会有这样的疑问:这样咬文嚼字是不是太死板了?事实上,这样的课堂不仅不死板,反而恰恰体现了语文学习的本真,是一节扎实而丰富的语文课。

在教学中,柴老师狠抓基础,善于引导学生抓住重点词语品味揣摩,凸显了语文课程是学习语言文字运用这一本真特性。语文教学,重在学习语言文字的运用。如果抛开了语言文字运用的学习,语文教学就可能走向"泛语文""假语文"的泥潭。将语言文字运用始终贯穿于课堂学习之中,也是引导学生从重点词语或句子的研讨中进一步理解文意,体悟作者的情感和深意的有效途径。

二、"活"在课堂民主,学生主体意识突出,团队通力合作

语文教学应关注学生的发展,以学生为本,充分发挥学生的主体作用。这节课能够围绕学生的需求设计问题与合作讨论等环节;注重师生对话、生生对话,鼓励学生积极探究。在教学中,柴老师是学生思维的引导者、情境的创设者,引导学生在答疑中有所发现,锻炼思维。面对学生不太准确的回答,柴老师进行方向引导,直至学生回答正确。

当然,语文课堂教学本身就是一门遗憾的艺术。柴老师的这节课还可

语文教学"死"与"活"的辩证艺术

以采取更好的教学组织形式,进一步放权给学生。这节课基本上采用的还是教师预设提问,然后通过阅读讨论来解决问题的教学方法。如果教师能够引导学生通过阅读课文自主发现问题、提出问题,再通过研讨对话来解决问题,教学的针对性就会更强一些,教学的效果可能会更好一些。

希望漯河高中语文人能够像柴老师这样,在语文教学"死"与"活"的辩证艺术理论探索中日日渐进。

注重品读细节，问题设计生成教学精彩

——青年教师赵晓嫔《项脊轩志》教学案例

课堂实录

师：同学们，上课前，我们来猜一个谜语，做做"脑保健操"。谜面是"衣锦还乡"，请猜一位明代著名散文家的名字。

生：（齐声）归有光。

师：谜面和谜底有内在的联系吗？

生：归有光就是回家脸面有光彩，和衣锦还乡的意思差不多。

师：对。大家已经完成了预习导读作业，知道了事实上归有光一生科考不顺，仕途坎坷，最终也没有衣锦还乡。今天，我们就来学习归有光的一篇散文《项脊轩志》（板书），这篇文章被誉为"明文第一"，我们一起来感受、鉴赏一下。

【评析】本课的导入比较成功，不仅达到了吸引学生注意力的目的，而且实现了内容的导入。归有光的名字和衣锦还乡的谜语不是生凑在一起的，它们的内在意蕴一致，并且这一意蕴又是与归有光的精神世界有关的。科举成功、光宗耀祖是归有光最初的人生追求。正因为他在这条路上走得艰辛，才写出了细腻感人的真情文章。本课的导入灵活、不生涩，并且能引发学生对归有光生平的思考。

师：请大家看大屏幕，今天我们的第一个任务是读准字音，弄清句意。老师请同学来读，一人一段，我们一起拿起笔（边说边拿起笔，学生也拿起笔），认真听，标出我们认为生僻难懂的词语和句子。下面我们请四个小组的组长读课文，一人读一段。

（四个小组的组长读，其他学生认真倾听并做标记）

师：刚才组长们读得很认真，同学们听得也很认真。有读得不准的词

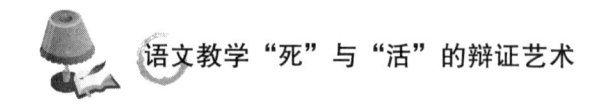

语和句子吗？

生：老师，我认为"或凭几学书"的"几"应读第一声，而不读第三声。

师：为什么不读第三声？

生：因为"几"在这里是"桌子"的意思，而不是"几个"的意思。

师：根据句意推断语音，很好。

生："庭中通南北为一"应读作"庭中/通南北为一"。

师：同学们同意他的这种读法吗？

生：不同意，应读作"庭/中通南北为一"。

师：为什么呢？

生：这个句子的意思是"整个庭院是相通的，南北组成一个整体"。如果读作"庭中/通南北为一"，意思就不一样了。

师：理解得很好！刚才同学们的争论很有意义。在文言文的学习中，断句对句意的理解是十分重要的，大家也知道，这是高考的重要考点。

生："轩凡四遭火"应该读作"轩/凡四遭火"，而不应读作"轩凡/四遭火"，因为这个句子的主语是"轩"，后面的内容都是陈述"轩"如何的。

师：从语法的角度来断句，很好。同学们的基础知识很扎实。还有没有不理解的词语和句子？说出来我们一起解决。

生：老师，"凡再变矣"，我不明白。

师：四个字都不明白吗？

生：不是，只是"再"理解不准，译成"再次"，有点儿讲不通。

师：这位同学读得很认真，那么请你读读上文，并说说你的理解。

生："庭中始为篱，已为墙"，这句话的意思是，庭院中开始的时候围上篱笆，然后砌上了墙。

师：对呀，那么后面一句中的这个"再"怎么理解？

生：（微笑）我知道了，是"两次"的意思。

师：知道在阅读文言文时要结合上下文的语境来理解词义，很好。一个词语的意义往往有好多个，但在某一具体的语境中一般只有一个意义，所以语境对阅读文言文是极为重要的。

第四章 语文教学"死""活"兼顾之案例分析与点评

生：老师，第 3 自然段中的"得不焚"理解为"得到不焚烧"很别扭吧？

师：这个问题有些挑战性，因为就这三个字来看，字字落实，可以这样讲。请这位摇头摇得最厉害的同学说说自己的理解。

生：我觉得不应该理解成"得到不焚烧"。

师：你们还记得"得"在文言文中还有另外一个意义吗？我也经常提到的，谁记得？

生：应该是"能够"吧（说完后和其他同学都流露出恍然大悟的神情）。我知道了，这个句子应该理解为"项脊轩能够不被焚烧"。

师：对，同学们，对这个句子的理解让我们知道学习文言文要特别注意什么？

生：（很兴奋地齐声喊）一词多义！

师：同学们，我们完成了第一个目标——理顺了文字。我想回过头来问大家：本课的题目是什么意思？

（学生纷纷举手）

生："项脊轩"是作者的书斋名，"志"是"记"，题目的意思就是记述项脊轩的一些事情。

师：不错，哪位同学有补充？

生："志"是通过记述事物抒发感情、感受的一种文体。

师：对，这篇文章就是通过记述项脊轩中发生的事来抒发作者的感受。

【评析】课堂的第二个环节主要是疏通文义。这样的课是比较扎实的，适合中等水平的学生，体现了注重基础、"死"夯基础的原则。在这一环节中，教师引导学生读准字音，记住字音、字义，推断生僻文言词语的意思。这是读懂古代散文最重要的一环。高中语文新课标对文言文的要求最重要的就是准确地理解文章的意思。这一教学环节体现了"死"的艺术。

师：那么，作者对自己的书斋有何感受呢？让我们再次一起读课文，大屏幕上显示了我们这一遍阅读的任务是体味作者在项脊轩中的生活感受。大家在预习时有没有发现文中有一句话明显体现了作者在书斋中迥异的情感？是哪一句呢？

249

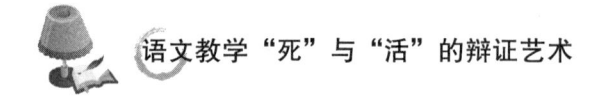

师：找到了吗？（学生点头）那我们一起来读一读。（师生齐读："然余居于此，多可喜，亦多可悲。"教师板书：喜、悲）这句话在结构上起什么作用？

生：（齐声）承上启下。

师：这就告诉我们，第1自然段是写"喜"，第2、3、4自然段是写"悲"。我们先来看他何喜之有。大家齐读第1自然段。

（生齐读）

师：我没看出什么可喜的呀，只不过是一间又小又破又暗的小屋子嘛，哪里看出他快乐呢？你们说说。

生："借书满架，偃仰啸歌，冥然兀坐，万籁有声。"从这几句能看出他在这里读书很快乐，特别是"偃仰"和"啸歌"，从中可以看出他生活悠然自得，豪放自若。

师：说得很好，其他同学有补充吗？

生："三五之夜，明月半墙，桂影斑驳，风移影动，珊珊可爱。"这些画面写得很优美，乐景传乐情，可见作者读书时是很快乐的。

师：是的，这几句描写的夜晚很宁谧，很优美，像诗歌。王国维说："一切景语皆情语。"从描写的画面中我们就知道作者"喜"。可是，书屋如此破败，还"雨泽下注"，为什么身处其间会"喜"？

生：老屋虽陋，但是生活怡然自得，这样的情感在中国文人中很常见。比如，我们初中时学过的《陋室铭》，"喜"是因为"斯是陋室，惟吾德馨"。

师：联想得妙！你说的就是中国文人安贫乐道的情怀吧？

生：老师说得更好！

师：（开心地笑）谢谢你的肯定！

师：作者少年时就身处陋室，超然读书，"喜"在其中，我们理解的还是比较透彻的。可是，作者有哪些人生的"悲"呢？同学们默读下面的段落，说说你的理解。

生：有四悲，第一是他的伯父、叔父分家时把家里弄得一团糟。

师：一团糟，很形象！从哪里看出整个家庭的不和谐？

生："迨诸父异爨"这一段，一会儿再详细分析，老师，先让我把他

第四章　语文教学"死""活"兼顾之案例分析与点评

人生的"悲"做一个概括。

师：同意，你说！

生：第二是他的母亲很爱他，后来去世了。

师：对，我补充一句，归有光 8 岁的时候母亲就去世了。

生：第三是祖母去世，第四是挚爱的妻子逝世。

师：一共是四点，读完一遍课文后，要把大致内容概括出来。好，我们来看一下（投影）：归有光在书斋里不单是读书，还感受到了一些人和事。第一是家族的分裂，第二是回忆母亲，第三是追忆祖母，第四是回忆亡妻。这四件事都是归有光内心的痛。现在我们来分工合作，第一组同学找一下家族分裂中最能表现归有光痛心的一句话，然后大家评一评。第二组同学找回忆母亲和祖母中最能表现其痛心的一句话，再评一评。第三组同学品评回忆亡妻这一部分。

师：现在我们请每一组的代表来说一说。

生：我从"庭中始为篱，已为墙，凡再变矣"一句可以看出作者的痛。

师：你为什么觉得他痛苦呢？

生：因为刚开始说"庭中通南北为一"，就是说是一个完整的院子，而分家以后，一个好好的家就分裂了。兄弟分家以后，多了一道篱笆，后来又重新砌了一道墙，弄得院子里到处都是墙。

师：你觉得作者为什么会感觉痛心呢？

生：因为原来都是一家人，结果却分开了。

师：伯父、叔父分家后立一道篱笆还觉得不够，又改为一道墙，想做彻底的隔绝。这些兄弟们之间到底发生了什么事，我们不知道。但是从墙的几次变化来看，这些兄弟之间已经非常不和了。在书房中读书的归有光看到这种情形，心里会有什么感觉呢？

生：（深有所悟，点头）痛心。

师：第二组，写母亲的部分，哪个同学起来讲？

生：这一段记叙是通过家里的一个奶娘来转述的，因为刚才老师说归有光的母亲在他 8 岁时就去世了。

师：对，他 8 岁时母亲就去世了，那么他对母亲的印象只有通过别人

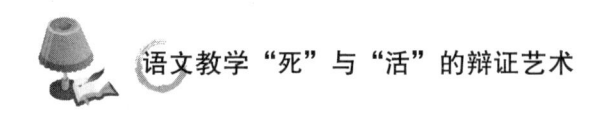

转述了。同学们想一想，一个孩子对母亲的印象居然要靠别人来转述，这件事本身就让人有什么感受？

生：痛心。

师：第二组，写祖母的部分，哪个同学起来讲？

生：我觉得应该是从"顷之"一直到"令人长号不自禁"。

师：你觉得这几句话最能体现归有光痛心，那你先给大家读一读，好不好？

（学生读）

师：你为什么觉得这几句话最能体现归有光痛心呢？

生：因为古时读书人都想取得功名，慈爱的祖母把希望寄托在归有光的身上，他怕让爱自己的人失望。现在祖母已经不在了，而他还没有实现祖母的希望。所以，每次看到祖母的遗物，他都感到非常痛心。

师：我们继续往下交流。

生：我们第三组最喜欢"庭有枇杷树，吾妻死之年所手植也，今已亭亭如盖矣"，这句话寄情于物，虽然平淡，但表现了作者对妻子深沉的思念随着树的生长而增加。这句话最能表现他的痛心。

师：你说得对，结尾一句，寥寥21个字，却历来被人赞颂，表现了作者的痛心。结尾的写景为什么这么有表现力呢？你刚才说，因为寄情于物，引发人的想象，言有尽而意无穷。那么还有什么原因让这个结尾如此有表现力？

生：还因为上文的叙述和结尾是形成对比的。

师：说得好！是怎么形成对比的？

生：归有光写思念妻子这一部分是昔乐今悲。他回忆妻子嫁过来后的生活细节，没有沉重，只有轻松和快乐。我想这是归有光生活中少有的亮色吧！他回忆妻子经常来到项脊轩中，有时问他古代发生的故事，有时向他学习写字。妻子回了娘家，应妹妹们要求描述夫妻之间的甜蜜，总会提到阁子，妹妹们非常向往，很是羡慕姐姐找到了如意郎君，总追问着姐姐阁子是什么样的，阁子里发生了什么事。妻子回家借妹妹们说的话委婉地向夫君诉说她的幸福，而作者此时写下的时候就有甜蜜缠绵之感。可是这样的美好戛然而止，妻子不在了，只留下作者面对旧物空悲伤，这会让我

第四章 语文教学"死""活"兼顾之案例分析与点评

们想起很多"物是人非"主题的诗句，让人悲不能已。

师：想起很多诗句？

生：老师，我想来补充一些诗句。

师：看来你是情动于衷啦！大家掌声鼓励！

生：我首先想到了宋代李清照的"物是人非事事休，欲语泪先流"，国破家亡，至爱夫君逝去，面对旧物，李清照难以抑制伤痛。我还想到了唐代崔护的"人面不知何处去，桃花依旧笑春风"，春风又吹，桃花又盛放，回到曾经相遇的地方，爱慕之人却无处寻觅，伤痛难抑。我还想到了宋代欧阳修的"今年元夜时，月与灯依旧。不见去年人，泪湿春衫袖"，元宵佳节，月圆之时，不见去年同游的人，怎不泪湿春衫？

师：你确实有丰富的积累！我们写作的过程就是这样一个发散思维的过程，挑选运用你知识宝库里的素材，合理安排，不就成就美文了嘛！但前提是你的宝库里得装得满满的。

师：感谢几位同学的解读，我们都被这棵树感动了。这一棵树，是亭亭玉立的妻子的化身，是幸福生活的见证，是忠贞爱情的象征。如今，物虽在，人已去，占据心头的只是一片怅惘之情，睹物思人，怎不令人黯然神伤？好文章的结尾，贵有余味，如余音绕梁，三日不绝。作者如此结尾，不言情而情无限，言有尽而意无穷，言简，意丰，情深，耐人寻味。请大家朗读这一句话，要读出情感，读出真情。

（学生读）

师：情感是人与人之间联系的纽带，而真情是这条纽带中最牢固的一环。在社会飞速发展的今天，有人感叹真情不在了。其实，正如生活中不是没有美，而是缺少发现一样，生活中也不是没有真情，而是缺少体会。真情无声，至爱无言。真情是一首诗，需要用心去吟咏；真情是一首歌，需要用心去吟唱；真情是一幅画，需要用心去描绘。只有用心去感受，你才能体会到真情的存在；只有用心去呵护，真情才会长久。让我们再一次朗读《项脊轩志》结尾一句，在充满真情的氛围中结束我们这一节课的教学。

（师生深情朗读）

师：下课！同学们再见！

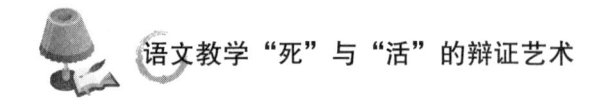

生：老师再见！

（学生热烈鼓掌）

教学反思

本节课，我紧抓"室"—"轩"—"室"的称呼转换线展开教学。这一转换线是归氏家族的命运变化线，是作者的心情嬗变线，也是课堂教学的审美线。三线合一，将文本的内在结构自然转化成教学的内在结构，进而使学生产生思维的舞蹈、情感的和弦，这是本课的一大亮点。虽文本线索众多，但因教学以"轩"内悲喜的审美体验为核心，所以整个教学过程依然能收放自如。

在紧扣主线的基础上，我通过多种形式的互动，努力体现无时不在的教学张力。这种教学张力既是教师深厚学养和较强思辨能力的体现，也是学生思维能力的迸发，二者的结合使这节课达到了充分的生命融合、深度的思想对话、高度的认知升华的教学境界。

分析点评

赵晓嫔老师的课堂充分体现了语文教学"死"与"活"的辩证艺术，这主要表现在两个方面：一是"死"抓基础扣得实，文言字词不放松，文本基础细解读，障碍处处扫得清；二是"活"用多法放开手，学生主体记心头，课堂目标不拥挤，主线突出悟真情。整节课既扎扎实实，又情意融融；既有语文味，又有人情味；既使学生在解文断句、推断文意方面有所增进，又让学生在阅读散文时掌握了品读细节、披文入情的方法。

赵老师"死"抓基础，在细节品读过程中对文字的关注是值得肯定的。比如，对作者名字的解读，这是一处细节。从一个人的名字可以看出家族的期望和价值观。我想这也是对学生以后研究历史人物的一个启发吧。面对学生对"凡再变矣"一句的困惑，赵老师没有直接提示"变了两次"的意思，而是引导学生结合上下文语境理解词义。"得不焚"等文字

第四章 语文教学"死""活"兼顾之案例分析与点评

细节也都处理得很好。

刘勰在《文心雕龙》中曾说:"缀文者情动而辞发,观文者披文而入情。"归有光的《项脊轩志》一文,以清淡之笔写平常之事,以细节之微叙人间至情。对这样至情至性之文本,赵老师的这堂阅读教学课很好地把握了文本的特质,以"品读细节,探究悲喜之情"为教学内容,以品读探究为活动主线,以师生对话来推进教学过程。无论是品读讨论,还是对话探究,都落到文本、文字细节的关键之处。正是对文本的细读品味,让语文阅读教学落到实处,让课堂魅力显现。

黄宗羲说:"予读震川文之为女妇者,一往深情,每以一二细事见之,使人欲涕。"赵老师善抓主线,让学生找到承上启下的情感线索。有了这一线索,归有光所写的"细事"就层次清晰、易于把握了。赵老师在解读引导中始终抓住"悲""喜"两个关键点,应该说是切中肯綮的。一个切口小的问题,有利于学生深入地探究,围绕课文核心内容层层深入,极大地激发了学生的学习兴趣。

在解读"喜"的情感时,我们看到了学生具有较高的素养,出口就是较为标准的术语"乐景传乐情""一切景语皆情语",优美之景物表达的是快乐之情。当然,学生也品味到了少年归有光的豪迈、好学。赵老师发现学生理解了这一部分,但她还是乘机追问为什么作者身处陋室会"喜",学生也够机敏,立即联想到了刘禹锡的《陋室铭》。赵老师又拓展了中国文人安贫乐道的情怀。我们此时又看到了亮点,在教学中,教师要有敏锐的问题意识,要深入研读文本,精心设计问题,让问题的设计生成教学的精彩。多一句追问,就多一分精彩;多一分倾听,就多一分生成。用追问将问题深入,使思考明晰。适时地追问一句"为什么",也许就会使课堂产生意想不到的生成和收获。

解读"悲"的情感时,学生梳理出四种悲伤的感情后,赵老师选择了最后一种让学生去细细品读。我觉得她有自己的考虑,一节课时间有限,一定要有所取舍,有详有略。只有这样才能充分调动学生的积极性,让他们有充足的时间发表自己的看法。

在学生已经领悟到"庭有枇杷树,吾妻死之年所手植也,今已亭亭如盖矣"的结尾是寄情于景的艺术手法时,赵老师又回头来引导他们品味最

语文教学"死"与"活"的辩证艺术

后一部分采用的其他艺术手法。学生体会到了归有光情感的昔乐今悲。发言的学生在赵老师的引导下对归有光回忆妻子的细节品味得特别到位。学生结合具体语句的解读体味平淡的细节中包含的深长意味,再现"从余问古事""凭几学书""述诸小妹语""庭有枇杷树"等人、事情境,并从中体会到作者对妻子的怀念之情。

赵老师发现了文本的特点,并发掘出其教学内涵,引领学生利用生活经验对文本进行创造和丰富,让学生用丰富而灵动的想象来填补空白。这样的训练不仅充分调动了学生的想象力和情感体验,而且培育和发展了学生的语言能力和思维能力,使他们走进文本,加深了对文本的理解,成就了品读教学的无限精彩。教师们听课时对那位列举"物是人非"诗句的学生印象深刻,正是因为赵老师营造了开放的课堂环境,激发了学生的积极性,才使得学生联想到了自己平时积累的诗句,滔滔不绝,大胆表现。

语文教师就要这样善于挖掘文本中可能隐藏着的情感画面或生活场景,进行创造性的发挥,让文本的情感具象起来、立体起来,从而转化成学生易于感知的内容,由此让学生走进文本的情感世界,去构建情感丰富的课堂。

大家都知道,教学是遗憾的艺术,本课当然也不例外。品读,当以读为本,总感觉这节课学生读得不够充分。如"三五之夜,明月半墙,桂影斑驳,风移影动,珊珊可爱"这些段落就应该让学生反复诵读,在诵读中体会语言的意味,在诵读中倾听作者的倾诉。诵读,是阅读教学中不容忽视的环节,理应引起我们的重视。

后 记

遥记辛未（1991），我从华中师范大学汉语言文学系毕业。虽然回报桑梓、献身教育的决心早已下定，但当我站在沙河与澧河交汇处的河堤上，看着奔涌而去的河水时，一股豪情油然而生：漯河，您的孩子回来了！我将努力拼搏，为您增光添彩！从那一年起，我一头扎进漯河市高级中学的语文课堂，并在一轮循环教学后，一直留在高三年级的课堂。至新世纪到来，九年之间虽然经历了教师、班主任、备课组长、教研副组长、教研组长、政教主任、办公室主任、副校长等多种角色变化，但我最爱的还是一线语文教师和班主任的身份，我与我的学生们一起告别懵懂和青涩，怀着对新世纪的憧憬、向往，带着高考语文全校第一、全市第一、全省第一的荣耀，快乐而骄傲地跨入了 21 世纪。

岁在戊戌（2018），从教已二十七年。在学生们的追梦之旅上，我有幸成为陪伴者与引领者，备觉荣耀：数千学子，风雨同舟，同力同向，皆成家国栋梁，无限荣光；二十七载，春风化雨，妙手著文，奋发图强，喜看桃李满园，梦想飞翔。

二十七年，似乎弹指一挥间，翻开一本本教案，细细抚摸，字里行间仿佛闪现一届届学生的笑脸，不经意间，也会掀落一两片没有粘牢的教余碎语。

带着蔚蓝色希冀，心和梦一起飞，相信美好的未来触手可及……

我愿做引路人，让语文美不胜收，让课堂上的精彩永远像一个感叹号……

但愿多少年后，我可以像泰戈尔一样说：天空中没有鸟的痕迹，但我已飞过……

它们因久掩而弥新，多数是钢笔字样，蓝色笔迹，结尾清一色的省略

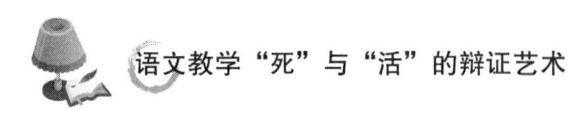

号，仿佛透着永不知足的渴求。我想，这便是我作为一名语文人的初心吧。陶行知说："生活、工作、学习倘使都能自动，则教育之收效定能事半功倍。"碎语类似于批注，作为我教学初期主动思维的点滴表现，至少说明一个愿意进步的人，时间会近乎偏爱地允许他越来越强大。也正是在整理这些碎语的过程中，我逐渐还原出自己青涩、成熟、理性的成长路径。

这让我不由得想起了宋代吉州青原惟信禅师说过的一段很有名的话："老僧三十年前未参禅时，见山是山，见水是水。及至后来，亲见知识，有个入处，见山不是山，见水不是水。而今得个休歇处，依前见山只是山，见水只是水。"结合自己的一路成长，我姑且斗胆把语文教学的一些个人经验总结为："多"与"少"的辩证艺术、"快"与"慢"的辩证艺术、"死"与"活"的辩证艺术。每一种经验，都对应了前文所讲立足一线、脱胎换骨的三个成长阶段，并契合了一名优秀语文教师的三个特点：一是学科教学特点，二是心理特点，三是专业化成长特点。三本书力求采用发展的观点，尽可能做到理论和实践相结合，有效地呈现语文教学的辩证艺术，希望能为一线语文教师的课堂教学抛砖引玉。所以，回顾二十七年的教学生涯，跨越两个世纪，陪伴学生们成人成才，并传播三门艺术（姑且叫艺术吧），虽时有食不甘味、寝不安席，甚而忐忑不安，但自感无愧于心，无悔于行，无怍于德。

这三本书，每本均五易其稿，最终能够出版，非独我个人之功。前面有张文质、闫学、刘燕飞等导师的引领示范，精准把脉；背后是漯河市高级中学各位同仁如张荣谦、冯文权、张晨华、柴研珂、冯淑英、胡卫党、徐春玲、张小乐、赵晓嫔、邓彩霞等老师的友情助力，建言雕琢，尤其是张荣谦老师，做了大量工作，付出了辛勤的汗水。更有河南省基础教育教学研究室主任邵水潮、副主任丁武营等各位领导、专家悉心指导、大力支持。最令人欣喜和感动的是，中国教育学会名誉会长、北京师范大学资深教授、教育泰斗、我的偶像顾明远老先生为本书欣然作序。我原本只是想翻看教案中的蓝色风景，可是大家给了我无限广阔的蔚蓝天空。在此一并表示我最诚挚的谢意！

另外，书中使用到的精彩课例，均是我校教师的独创并经实践检验

后 记

过，大家在背后默默地付出了很多劳动。对于这些教师，我同样心存感激：正是他们的智慧滋养，让我走得越来越自信和无畏。

最后，我愿用我满腔的深情感谢教学。日复一日，年复一年，三尺讲台，三生有幸。秉承一颗纯粹的师心，让一直不曾停止的思索和探求，催绽一个个美丽的青春梦，共圆最美的中国梦，此乐何极！

教有法无定法因材施教，学无类有门类术业专攻。作为一名高中语文教学的探索者，我会不忘初心，砥砺前行。这三本书，思索不深，见解固浅，难免流于粗陋，见笑于大方之家；甚或有谬误之处，失察不觉，欢迎专家、同行多加批评、指正，不胜感激。

王海东
2018 年夏于漯河市高级中学

N